DER BASAR

„Wir bewegen uns aus der höchsten in die niedrigste Welt, vom Kalifen zum Barbier, vom armseligen Fischer zum fürstlichen Kaufherrn, und es ist *eine* Menschlichkeit, die mit breiter, leichter Woge uns hebt und trägt; wir sind unter Geistern, unter Zauberern, unter Dämonen und fühlen uns wiederum zu Hause." Dieses Gefühl von Geborgenheit, wie es Hugo von Hofmannsthal beschrieb, hat wohl jeder, der einmal durch einen Basar bummelte, gespürt. Als eine „Stadt in der Stadt", die neben den Einrichtungen für Handel, Finanzwesen, Handwerk und Gewerbe auch Brunnen und Bäder, Kaffee- und Krankenhäuser, Herbergen, Koranschulen und Moscheen umfaßt, ist er aber auch ein überaus komplexes, in Jahrhunderten gewachsenes Sozial- und Raumgefüge. Die Kulturgeschichte des Handels, die Sozialstruktur der arabischen Stadt sowie die Beschreibung von über einem Dutzend der schönsten Basare und der traditionsreichsten Handwerke machen das Buch zu einem einzigartigen Panoptikum einer immer noch großen Kultur.

*Walter M. Weiss,* 1961 geboren, studierte Geschichte, Publizistik sowie Politikwissenschaft und arbeitet seit über zehn Jahren als Chefredakteur und Publizist für unterschiedliche Zeitschriften. Er veröffentlichte diverse Kultur- und Reiseführer und lebt als freier Autor mit Themenschwerpunkt „Islamische Länder" in Wien.
*Kurt-Michael Westermann,* 1951 geboren, hat seine Welt schon früh mit der Kamera festgehalten. Nach einer Setzerlehre und dem Abschluß an der Hochschule für Gestaltung in Bremen hat er dort als Lehrbeauftragter und an zahlreichen Theatern gewirkt und arbeitet heute für namhafte Magazine und für Agenturen.

# DER BASAR

## MITTELPUNKT DES LEBENS IN DER ISLAMISCHEN WELT

GESCHICHTE
UND GEGENWART
EINES MENSCHENGERECHTEN
STADTMODELLS

WALTER M. WEISS
TEXT

KURT-MICHAEL WESTERMANN
PHOTOGRAPHIE

EMIN T. BALIC
PLANILLUSTRATIONEN

DEUTSCHER TASCHENBUCH VERLAG

Auf den Seiten 8 bis 21 *Im Reich der Sinne* sind folgende Motive zu sehen:

Berber-Palast der alten Kasbah in Ouarzazate, Südmarokko
Wochenmarkt in Agadez, Niger
Die Oase Ghadaia im Mzab, Algerien
Straßenkreuzung im Basarzentrum von Aleppo, Syrien
Teehaus auf dem Kamelmarkt von Imbaba, Kairo
Ein Abschnitt der Hauptverkehrsachse Talaa Seghira in Fes
Stoffdrucker in den Suqs von Aleppo, Syrien

Die Kalligraphien am Beginn jedes Kapitels stammen aus *SUFI, Expressions of the Mystic Quest* von Laleh Bakhtiar, 2. Auflage, erschienen 1991 bei Thames & Hudson, London. Wir danken dem Verlag für die Abdruckgenehmigung.

*Seite 22:* Khane Firaun, das „Schatzhaus des Pharao" in Petra
*Seite 36:* Eingangsportal der Imam Reza-Moschee in Meschhed, Ostiran
*Seite 68:* Spiegel- und Antiquitätenladen in den Suqs von Marrakesch
*Seite 140:* Basarszene in Rissani, Südmarokko

September 2000
Deutscher Taschenbuch Verlag GmbH & Co. KG,
München
www.dtv.de

(ISBN 3-85447-508-X)
Umschlagkonzept: Balk & Brumshagen
Umschlagfoto: © Kurt-Michael Westermann
Die graphische Gestaltung des Werkes stammt von Andrea Schraml.
Idee und Recherche für die Stadt- und Basarpläne stammen von
Walter M. Weiss, die Illustrationen verfertigte Emin T. Balic,
die Computergraphik Z. Serdarevic und J. Armanda.
Das Lektorat besorgte Barbara Sternthal, die technische Herstellung Franz Hanns.
Die Reproduktion der Photos erfolgte bei Reproform Wien.
Gesamtherstellung: Gutenberg, Wiener Neustadt.
Gesetzt aus der Garamond 12/14˙
Gedruckt auf säurefreiem, chlorfrei gebleichtem Papier
Printed in Germany · ISBN 3-423-30783-8

# INHALT

*Gottes ist der Osten und der Westen;*
*wo immer ihr euch hinwendet, dort ist das Antlitz Gottes.*
*Wahrlich, Gott ist allumfassend und wissend.*

KORAN, 11. 115

# VORWORT

Meine erste einschlägige Begegnung hatte ich Anfang der achtziger Jahre in Kairo. Es war draußen in der Totenstadt. Der Chamsin, der berüchtigte Wüstenwind, hatte die Welt in einen grauen Staubmantel gehüllt. Der Rauch von den nahen, glosenden Müllhalden biß in den Augen. Die Luft glühte. Die Gassen zwischen den dicht bewohnten Grabhäuschen und Bretterverschlägen waren menschenleer, mit Abfall übersät, von grenzenloser Tristesse. Da tauchte eine junge Frau in einer regenbogenbunten, zerschlissenen Dschellabiya auf. Sie schleppte sich mit zwei vollen Wasserkanistern ab. Als sich unsere Wege kreuzten, überraschte sie mich mit einem lachenden Gruß. Was für ein Lachen das war! All die zermürbende Armut, signalisierten ihre Augen, die du hier siehst, kann meinem Innersten nichts anhaben. Für mich ist der Alltag keine bedrückende Last, weil ich meine Kraft aus anderen Quellen schöpfe. Ein solches Lachen in einem europäischen Armenviertel? Undenkbar!

Ungefähr dreißig Reisen habe ich seither in islamische Länder unternommen und ihre großartigsten Moscheen, Paläste und Landschaften gesehen. Doch am meisten – und ich schreibe das im Wissen um die ganze Widersprüchlichkeit des allzulange gepflegten, romantisierenden Bildes vom „spirituellen" Orient – hat mich überall diese Heiterkeit und Gegenwärtigkeit der Menschen bezaubert. Und ihr unerschütterliches Gottvertrauen. Antoine de Saint-Exupéry hat einmal gemeint: „Es gibt Leute vom Typ Autobahn und Leute vom Typ Fußpfad. Die Leute vom Typ Autobahn langweilen mich. Ich langweile mich auf dem Asphalt zwischen den Kilometersteinen. Diese Leute visieren etwas ganz Bestimmtes an. Einen Gewinn, einen Erfolg. Entlang der Pfade stehen statt Kilometersteinen Haselsträucher. Und man flaniert dahin, um Haselnüsse zu knacken. Man ist da, um da zu sein." In den Gassen der Basare stehen keine Kilometersteine.

Massenmedien neigen oft zu Vereinfachung und Schwarzweißmalerei. Auf ihrer Suche nach Feindbildern sind sie seit einigen Jahren wieder einmal im arabischen Raum fündig. Wie schon so oft seit der Zeit der Kreuzzüge gilt das Morgen- dem Abendland (und auf andere Weise auch das Abend- dem Morgenland) als akute Bedrohung. Weil sich aber hier wie dort in dem Meinungsgetöse nur die lauten Propagandisten, nicht aber die leisen Denker Gehör verschaffen, mutiert in der kollektiven Vorstellung des Westens jeder Moslem zum unberechenbaren Fanatiker.

Allerdings ist dankbar anzumerken, daß neuerdings eine junge, um Differenzierung bemühte Generation von Orientalisten und Islamwissenschaftlern ins Rampenlicht der Öffentlichkeit drängt und neue Wertungen wagt, wo allzulange ein paar Medienroutiniers lamentierend Klischees wiederkäuten. Umso verblüffender ist freilich, daß sich nur ganz wenige Autoren (und wenn, dann fast ausnahmslos auf streng akademischem Feld) mit dem Phänomen des Basars auseinandergesetzt haben. Es war bisher kaum ein Buch erhältlich, das diese traditionsreiche und ganz eigenständige Errungenschaft der islamischen Kultur in all ihren Facetten und auch für interessierte Laien verständlich aufbereitet.

Womit wir bei den Absichten wären, die dem vorliegenden Band zugrunde liegen: Zwei standen für uns, Autor und Photograph, im Vordergrund. Zum einen jene, aufzuklären und zu vermitteln – denn ein Basar ist viel mehr als jenes malerische Labyrinth aus Werkstätten und Läden, in dem man sich als Tourist mit Souvenirs eindeckt und danach verirrt. Er ist eine „Stadt in der Stadt" mit einer ganz spezifischen Wirtschafts- und Lebensform und einem geistigen Fundament, von dem die westliche Gesellschaft gerade heute, wo sie gezwungen ist, Begriffe wie Arbeit und Zeit und Solidarität neu zu definieren, eine Menge lernen könnte.

Zum anderen ging es uns um eine Bestandsaufnahme. Denn so intakt viele Basare beim ersten Eindruck auch wirken mögen: Immer mehr ihrer traditionellen Eigenheiten – alte Gebäude und Berufe, Sitten und Werte sowie das ästhetische Empfinden, drohen unter dem Einfluß der westlichen, technisch-industriellen Zivilisation endgültig zu verschwinden.

Wie hat ein Scheich aus Tanger bemerkt, als die Europäer in seiner neu besetzten Heimatstadt die elektrische Beleuchtung einführten: „Wenn diese Leute fünfmal am Tag beten würden, ließen sie solche Kindereien bleiben."

Walter M. Weiss

# DIE ENDLOSE KARAWANE

## EINE KURZE GESCHICHTE DES HANDELS

*Die großen Routen*
*Transportmittel Kamel*

# AUF DEN SPUREN VON WEIHRAUCH, BERNSTEIN, SEIDE UND GOLD

Der Basar in jener traditionellen und komplexen Ausformung, die wir noch heute in vielen Städten des Orients bewundern können, ist – was noch ausführlich zu erläutern sein wird – eine eigenständige Errungenschaft der islamischen Kultur. Der Urtrieb aber, der seiner Entstehung zugrunde liegt, nämlich mit Gewinn zu tauschen und Handel zu treiben, ist natürlich so alt wie die menschliche Zivilisation. Bereits die ersten Kulturen an den Ufern des Euphrat, Tigris und Nil unterhielten rege Geschäftskontakte, indem sie einander auf dem Rücken von Kamelen und auch Eseln allerlei wertvolle Waffen und Metalle, Edelsteine, Textilien und Nahrungsmittel lieferten. Bald mündeten auch seltene Gewürze und Duftstoffe aus Indien und Südarabien, Elfenbein aus dem Inneren Afrikas und Hölzer sowie Pelze aus den Gebieten nördlich des Kaspischen Meeres in den stetig anschwellenden Warenstrom. Die Assyrer schufen dann bereits ein regelrechtes, von Brunnen gesäumtes Straßennetz, und fertigten davon sogar Pläne an.

Als frühe Meister der Kommunikation entpuppten

*Bedingt durch das Klima, die Bedrohung durch Nomaden und den niederen sozialen Rang der Bauern wurde Landwirtschaft im Orient früher nur selten flächendeckend betrieben. Wüsten und Steppen blieben, was sie waren – unwegsame Meere mit Oasen und Städten als Häfen und Karawansereien als künstlichen Eilanden.*
*Im Bild: ein Stützpunkt in der ostiranischen Wüste zwischen Kerman und Bam.*

sich aber die altpersischen Achaimeniden. Sie standen mit praktisch allen Völkern der damals bekannten Welt in Verbindung. Ihre Hauptmünze, der goldene *darikon*, war selbst in den entlegensten Orten des Riesenreiches als Währung anerkannt und ermöglichte ihnen, als erste Zölle und Steuern zu vereinheitlichen. Ihre Könige träumten gar von einer Umrundung Afrikas und vom Bau eines Kanals zwischen Mittel- und Rotem Meer. Der glänzendste Beweis ihres logistischen Geschicks gelang ihnen jedoch mit der Erfindung der Post: Es war Kyros der Große (um 550 v. Chr.), der entlang der neu erbauten sogenannten Königsstraße, die von Susa 2.700 km weit über Armenien, Kappadokien, Phrygien und Lydien bis in das ägäische Sardes führte, in Abständen von rund 25 Kilometern Rasthäuser anlegen ließ. Dort konnten Tag und Nacht sowohl Pferde als auch Kuriere gewechselt werden, sodaß die Botschaften, wie Herodot schwärmte, „fast rascher als die Kraniche über das Land hinflogen". Diese insgesamt 111 ersten Karawansereien der Geschichte hatten freilich auch noch einen anderen Zweck: Sie boten den Handelsreisenden nächtens Schutz vor Wegelagerern und den Unbilden der Witterung. Und sie dienten jenen Militärpatrouillen als Stützpunkte, die neuerdings tagsüber die Karawanen eskortierten.

*Zu den mächtigsten Wehranlagen entlang der Seidenstraße gehört Qasr as-Sharqi (oben). Mitten in der Wüste, auf halbem Weg zwischen Palmyra und Euphrat gelegen, umfaßten seine ursprünglich 16 km langen Mauern neben dem weitläufigen Khankomplex einen riesigen, künstlich bewässerten Garten. Unten: Kamele auf dem Weg zum Rennplatz von Dubai.*

Vermutlich schon bevor Alexander der Große mit seinem Heer Richtung Osten aufbrach, verband ein durchgehender Handelsweg Kleinasien und die Levante mit dem fernen China. Doch nicht vor dem ersten vorchristlichen Jahrhundert, als die Römer mehr und mehr Gefallen an einem bis dahin unbekannten, unvergleichlich feinen Stoff fanden, erhielt diese Route ihren legendären Namen. Die „Seidenstraße" führte von den chinesischen Hauptstädten Luoyang und Chang'an in zwei Bögen südlich und nördlich der Wüste Taklamakan nach Kashgar und weiter nach Samarkand und Buchara. Von dort zweigte ein Weg nach Norden ab zum Kaspischen Meer. Auf ihm gelangten Waren über Wolga oder Don bis zur Bernsteinstraße und weiter an die Ostsee und ans Weiße Meer. (Von wo sich später die Araber Pelze, Sklaven, Falken, Waffen, vor allem aber das vielbegehrte Amber holten.) Die Hauptstrecke hingegen berührte weiter im Westen Merv, Nishapur und Hamadan (von wo eine Straße nordwärts zum Schwarzmeerhafen Trapezunt, eine andere südwärts nach Isfahan und Hor-

*Im syrischen Raum kreuzten sich bereits in der Antike die großen Fernhandelswege Asiens, Europas und Afrikas. Einen zentralen Schnittpunkt bildete die Oase Palmyra (unten – Reste der Kolonnadenstraße, im Hintergrund die arabische Burg). Ihre wirtschaftliche Wichtigkeit wuchs parallel zum Niedergang des Nabatäerreiches Anfang des zweiten nachchristlichen Jahrhunderts und erreichte den Höhepunkt um 270 unter der sagenumwobenen Kaiserin Zenobia.*
*Nicht minder bedeutend war die Region für den Welthandel in islamischer Zeit. Monumentale Karawansereien, wie jene vorbildlich restaurierte am Fuß der Zitadelle von Apamea (oben), säumten die Routen zwischen Aleppo und Damaskus beziehungsweise Euphrat und Mittelmeer.*

mus führte) und schließlich Bagdad und Palmyra. In der ehemaligen Residenz der Kaiserin Zenobia gabelte sich die Seidenstraße ein letztes Mal. Der nördliche Ast endete in Antiochia, der südliche hinter Damaskus, Tyrus und Gaza in Kairo.

Diese insgesamt 14.000 km lange Transversale war nicht nur Handelsweg für begehrte Güter, sondern auch eine Kulturbrücke zwischen Morgen- und Abendland, über die Erfindungen und neue Gedanken ausgetauscht wurden. So gelangten in islamischer Zeit aus dem Osten unter anderem Spiegel, Lacke und Heilsubstanzen wie der später bei der Produktion von Schießpulver und Mottengift so wichtige Kampfer, aber auch Porzellan und Papier, der magnetische Kompaß und die Technik des Druckens in den Westen. In die Gegenrichtung fanden neben Gold, Glas und Edelsteinen auch Glaubenssätze ihren Weg. Vor allem nestorianische Christen und Anhänger des längst ausgestorbenen Manichäismus missionierten in den Weiten Asiens mit großem Erfolg.

Die weitaus wichtigste Ware war jedoch die Seide. Für sie zahlten die Europäer die höchsten Preise. Für sie waren die Händler bereit, die schlimmsten Strapazen auf sich zu nehmen. Angeblich hat eine chinesische Prinzessin bereits um 500 n. Chr. in ihrem Haar einige Kokons außer Landes geschmuggelt (anderen Quellen zufolge waren christliche Mönche die Missetäter). Trotzdem machte sich die Eifersucht, mit der die Chinesen viele Jahrhunderte lang über das Geheimnis der Seidenherstellung wachten, bezahlt. Denn den Europäern, genauer: den Mauren in Spanien und den Normannen auf Sizilien, gelang es erst im 11. Jahrhundert, die Raupen des Maulbeerspinners gewerbsmäßig zu züchten.

Offenbar stand aber nicht so sehr der Wunsch im Vordergrund, die Pioniere der Industriespionage auf frischer Tat zu ertappen, wenn die Machthaber die Fernstraßen schon früh militärisch befestigten. Vielmehr galt es, das weitverbreitete Banditenwesen einzudämmen, das jede Handelsreise zu einem Hasardspiel machte. Deshalb hatten schon die Sogdier in Zentralasien Mitte des ersten vorchristlichen Jahrtausends entlang der Karawanenwege ihre Wehrburgen errichtet und weiter östlich buddhistische Mönche ihre stark befestigten Klosterherbergen. Auch die Grenzforts der Römer in der Syrischen Wüste und ihre Gegenstücke im Westen Chinas sollten nicht nur das jeweils eigene Territorium, sondern ebenso die durchziehenden Kaufleute schützen. Die Sicherheit zu erhöhen – das hatten auch internationale Handelsverträge zum Ziel, wie sie etwa 115 v. Chr. schon der Partherkönig Mithridates II. mit der chinesischen Han-Dynastie schloß. Zur Römerzeit gab es dann in vielen Städten private und amtliche Auskunftsstellen, die Händler mit aktuellen Informationen versorgten. Dort konnte man sich Reisebreviers erstellen lassen, die Angaben über Herbergen, Entfernungen und Möglichkeiten zum Pferdewechsel und Proviantkauf enthielten.

Die Seefahrt spielte in den frühen Tagen des Welthandels eine eher untergeordnete Rolle. Offenbar galten die Götter der Meere damals als noch unberechenbarer denn jene an Land. Zwar wurden Schiffe bereits unter den Pharaonen und alten Babyloniern gezimmert. Die Ägypter holten sich schon im dritten Jahrtausend ihr Bauholz aus dem Libanon auf dem Wasserweg. Und um 2000 v. Chr. befuhren die Kreter das östliche, und wenig später die Phöniker das gesamte Mittelmeer. Aber auf den Fernstrecken zwischen Ostafrika, Arabien, China und Indien waren die Kapitäne noch ängstlich bemüht, die Küste nicht aus den Augen zu verlieren.

Erst als um 200 v. Chr. der Grieche Hippalus das System der Monsunwinde erkannte und vorzeigte, wie man mit ihrer Hilfe von Arabien quer über den Ozean direkt nach Indien und wieder zurück segeln kann, verdichtete sich auch im Osten der transkontinentale Schiffsverkehr. Zur Zeitenwende – die gefürchteten Gewässer des Roten Meeres waren mittlerweile genauer erforscht und die Navigationstechniken entscheidend verbessert – hatte die römische Handelsmarine zwischen Ägypten und dem Subkontinent bereits 120 Frachtschiffe im Dauereinsatz. Die Chinesen gelangten in der Gegenrichtung per Schiff bis an den Euphrat.

Der Atlantik hingegen blieb auf den nautischen Karten der Kaufleute das ganze Altertum über ein weißer Fleck. Gewiß, die Phöniker waren angeblich schon 600 v. Chr. zwischen den Säulen des Herkules bis zu den Kanaren und Azoren vorgestoßen. Doch entlang der westafrikanischen Küste suchten noch die Genuesen und Portugiesen, die sich am Ende des Mittelalters bis hierher vorwagten, vergebens nach nennenswerten Häfen. Der Grund: Die großen Handelszentren lagen im Landesinneren, an Flüssen wie dem Niger oder Kongo. Und der Güteraustausch mit den Völkern des Nordens erfolgte statt über den stürmischen Ozean durch das Sandmeer der Sahara.

Eine Drehscheibe des Welthandels bildete bereits vor der Antike die Arabische Halbinsel. An ihrer Südküste und im Norden des heutigen Somalia wuchsen die für die religiösen Riten der Ägypter und Babylonier so unverzichtbaren Aromastoffe Myrrhe und Weihrauch. Schon die Untertanen der Königin von Saba und deren Nachbarn aus den angrenzenden Vasallenreichen zogen aus diesem natürlichen Reichtum Profit. Sie organisierten auf Handelswegen, die von Südarabien über das jemenitische Bergland und durch den Hedschas bis ans Mittelmeer führten, den Nachschub und betätigten sich außerdem als Zwischenhändler für Güter aus Indien. Um 300 v. Chr. entstand dann im Norden Arabiens ein in seiner Art einmaliger Karawanenstaat: Das Wüstenvolk der Nabatäer war im Zuge der durch die babylonische Gefangenschaft der Juden ausgelösten lokalen Völkerwanderung in das Gebiet zwischen Aqaba und dem Toten Meer geströmt. Anfangs hauptsächlich als Karawanenräuber aktiv, betrieben sie von ihrer Hauptstadt Petra aus bald selbst den Ferntransport im großen Stil. Sie schufen einen Sicherheitskordon mit Wachposten und bewachten Brunnen, und legten an den Kreuzungen der Straßen Warendepots an. In der Oase Hegra pflegten sie das duftende Räucherwerk von den Südarabern zu übernehmen. Von dort schleppten ihre Kamelkolonnen es in dreißig bis vierzig Tagesmärschen entweder über die Weihrauchstraße bis zu den Häfen Gaza oder Rhinocolura, dem späteren el-Arish, oder tiefer im Landesinneren durch das Wadi Sirhan nach Bosra und Damaskus.

*Eines von unzähligen steinernen Indizien für die große Tradition des Ost-West-Handels, gelegen an der Fernstraße zwischen dem Zentraliran und Pakistan: die 300 Jahre alten Ruinen von Bam (oben). Den modernen Ökonomen mag das Prinzip seltsam anmuten: Der islamische, mittelalterliche Staat war nie um eine positive Außenhandelsbilanz bemüht. Im Gegenteil: Der Import wurde stets mehr gefördert als der Export. Denn da sich die Produktion in Grenzen hielt, drohte dauernd die Gefahr des Mangels. Nach Belieben fremde Waren kaufen zu können – darauf beruhten Macht und Wohlstand. Und Dinare sowie Dirhems, die beiden Standardmünzen, waren dank der reichen Gold- und Silbervorkommen auf der Sinai, in Nubien, Chorassan und Westafrika für gewöhnlich mehr als genug vorhanden.*

Um Christi Geburt erreichte der nabatäische Staat seine größte Ausdehnung. Es war ein Staat ohne eigentliche Grenzen, ohne Steuerpflichten, soziale Unruhen und mit nur wenigen Sklaven – ein ungewöhnlich friedsamer Staat, dessen Streben einzig dem Gewinn durch Handel galt, und dessen Stärke darin bestand, daß er Erzeuger und Verbraucher der von ihm beförderten Ware konsequent getrennt halten konnte. Der Erfolg dieser Strategie geriet erstmals nach dem Jahre 106 in Gefahr, als die Römer den Norden der Halbinsel zur ‚Provincia Arabia' erklärten und die Schiffahrt auf dem Roten Meer forcierten. Doch endgültig verloren die Nabatäer ihr Monopol erst durch das Eindringen neuer Nomadenstämme. Diese forderten anfangs nur Schutzabgaben, allmählich jedoch nahmen sie den innerarabischen Landtransport selbst in die Hand.

Einer dieser Stämme, die Qoraischiten, hatte sich etwa auf halber Strecke zwischen Jemen und Mittelmeer in einem unfruchtbaren Tal niedergelassen und dort, wo sich mehrere Karawanenwege kreuzten, eine kleine, oligarchische Handelsrepublik errichtet. Dieser Ort, er hieß Mekka, entwickelte sich bald zu einer lokalen Metropole, in der regelmäßig Warenmessen und Volksfeste stattfanden und all-

*Ein markantes Beispiel für den rasanten Aufstieg – und Fall – eines Handelsstützpunkts stellt der Hafen Mokha am Südausgang des Roten Meeres dar. Als Europa im 17. Jahrhundert von der Sucht nach Kaffee erfaßt wurde, stammte ein Großteil der stimulierenden Bohnen aus den Plantagen in den jemenitischen Bergen. Und sein Export lief über Mokha – solange, bis der Coffeastrauch andere Kontinente eroberte.*
*Oben: die Reste einer Moschee und eines osmanischen Händlerhauses.*
*Zu den eindrucksvollsten Vorläufern städtischer (Markt-) Anlagen zählen die Kasbahs wie man sie noch im südlichen Marokko findet. Es sind Wohnburgen aus Stampferde und ornamental versetzten Lehmziegeln, entstanden in der Grauzone zwischen Nomadentum und seßhafter Kultur. Unten: die Siedlung Ait Benhaddou nahe der Stadt Ouarzazate.*

jährlich die berühmtesten Poeten um Dichter-Lorbeeren wetteiferten. Die Hauptattraktion der Stadt war die Kultstätte der Kaaba, ein von Götzenbildern umringter würfelförmiger Steinbau, in dessen Mauer ein schwarzer Meteorit eingelassen war und den alljährlich zur Wallfahrtszeit Abertausende Menschen ehrfürchtig umwanderten.
Es geschah in diesem heidnischen Mekka, daß – angeblich 571 – jener Familie, die das Vorrecht genoß, den Pilgern das heilige Wasser des Zemzem-Brunnens auszuteilen, ein Sohn geboren ward. Sein Name lautete lange Zeit Abul-Qasim. Später dann wurde er Mohammed genannt, „der Gepriesene".

Mohammed war, bevor ihm (ab dem Jahr 610) Gott im Schlaf ein heiliges Buch offenbarte und er zum Religionsstifter wurde, selbst als Händler tätig gewesen. Er hatte mit etwa 25 Jahren die deutlich ältere Kaufmannswitwe Chadidscha geehelicht und war als deren Sachwalter mit einer Karawane bis nach Syrien gelangt – eine Erfahrung, die, wie die folgenden Kapitel zeigen werden, der Händlerbranche im Islam einen besonderen Stellenwert sicherte.
Nach Mohammeds Tod (632) expandierte die junge Weltmacht in beispiellosem Tempo. Seine Anhänger unterwarfen bereits 633 Südmesopotamien und zwei Jahre später Damaskus. 642 hatten sie Persien und Ägypten eingenommen. 711 überquerten sie die Straße von Gibraltar. 732 standen ihre Heere im westlichen Frankreich. Und knapp zwanzig Jahre danach fügten sie tief in Mittelasien den Chinesen eine empfindliche Niederlage zu.
Es wird immer wieder behauptet, der Vormarsch der Araber hätte den internationalen Warenverkehr stark beeinträchtigt. Tatsächlich waren durch ihn kurzfristig gewisse Handelswege unterbrochen. Doch bereits Mitte des 8. Jahrhunderts flossen die Warenströme – vor allem zwischen der Levante, Arabien und dem Fernen Osten – breiter als je zuvor. Hinderliche Grenzen, wie etwa jene zwischen byzantinischem und sassanidischem Reich, waren gefallen. Zudem erleichterte die Verbreitung des Arabischen als neue Lingua franca die Geschäftskontakte. Bald ließen sich moslemische Kaufleute in Indien, Malaysia und Indonesien nieder. (Wodurch auf friedliche Weise auch der Islam in diese Regionen gelangte.) Und die von Mohammed auferlegte Pflicht zur *hadsch*, zur Pilgerfahrt nach Mekka, kurbelte den Handel zusätzlich an. Denn die heiligen Städte des Hedschas wurden von Damaskus und Kairo aus mit eigens erstellten Karawanen versorgt, die später, zur Blütezeit des Osmanischen Reiches, Zehntausende Tiere umfaßten. Auch die Gläubigen selbst pflegten Waren mit sich zu führen, um durch deren Verkauf ihre Reise zu finanzieren.
Schon im 10. Jahrhundert hatten die Araber viele kommerzielle Techniken aus der Antike vervollkommnet. Sie praktizierten bargeldlosen Zahlungsverkehr in Form von Wechselbriefen und Schecks (unser Wort stammt vom arabischen *schakk),* und kannten auch Kreditbriefe, die sich wie Reiseschecks im ganzen Reich einlösen ließen. Reiche Kaufleute nutzten, da es ein Bankensystem im heutigen Sinne nicht gab, den Handel zur Verwertung ihres Kapitals. Sie betätigten sich als Geldleiher, -wechsler und Finanziers. Um das Risiko ihrer hochspekulativen Geschäfte zu verringern (schließlich dauerte der Warentransport oft Monate – in dieser Zeit konnten am Zielort leicht die Preise verfallen sein), schlossen sie sich zu Handelsgesellschaften auf Zeit zusammen. Auch knüpften sie bereits früh über Kontinente hinweg ein Netz von Kontakten, indem sie in fremden Städten einheimische Berufsgenossen zu ihren Vertretern machten, die für sie Zollangelegenheiten erledigten und gegen schriftliche Anweisungen Zahlungen tätigten.

Die Araber hatten den Wagen als Transportmittel durch das Kamel ersetzt. Es schien ihnen brauchbarer, weil sich seine Füße im Gegensatz zu Rädern jedem Gelände anpassen konnten und auch Hindernisse wie Furten oder Pässe leichter überwanden. Gepflasterte Straßen, wie sie die Perser und Römer angelegt hatten, waren dadurch überflüssig. Als keineswegs überflüssig erwiesen sich jedoch jene von Kyros erfundenen Rast- und Lagerhäuser entlang der Fernrouten, die wir heute mit einer späteren türkischen Bezeichnung Karawansereien nennen. Im Gegenteil: Ihre Zahl nahm parallel zum Aufschwung des Handels zu.
Als Ibn Battuta, der große Weltreisende des islami-

schen Mittelalters, im Juli 1326 Kairo in Richtung Damaskus verließ, notierte er in seinem Tagebuch: „Nach jeder Tagesetappe findet man an dieser Strecke ein Rasthaus, das sie ‚khan' nennen, wo sich die Reisenden mit ihren Tieren niederlassen. Diese Khane sind von hohen Mauern eingefaßt und haben einen einzigen Eingang. Ihr Hof ist von Ställen und Schlafnischen gesäumt. Sie verfügen über einen öffentlichen Brunnen und über einen Laden, in dem jeder kaufen kann, was er für sich und seine Tiere braucht." Was Battuta nicht erwähnte: Schon lange vor seiner Zeit verfügten manche Khane über zahlreiche Läden und Lager, über Mühlen, Bäckereien und Teehäuser, ja sogar Bäder und Moscheen. Sie waren kleine, außerstädtische Basare, die den Keim der Urbanität und Seßhaftigkeit ins offene Land pflanzten. Die eindrucksvollsten Exemplare stammen aus der Ära der Seldschuken und stehen – teils gut erhalten, teils als Ruinen – noch heute in den Hochebenen Zentralanatoliens.

So unvorstellbar weit die moslemischen Kaufleute in den Osten, Süden und auch Westen vordrangen – Europa war ihnen wenig vertraut. Zwar griffen in der islamischen Frühzeit syrische Seeräuber immer wieder die griechische Küste an, Sizilien stand über zwei Jahrhunderte unter arabischer Herrschaft, und Maghrebiner sowie Mauren fielen in Unteritalien und Südspanien ein, von wo sie zeitweise sogar bis in schweizerische Alpentäler vorstießen. Aber die wichtigen französischen und norditalienischen Mittelmeerhäfen wurden von den orientalischen Kaufleuten ziemlich lange ignoriert. (In Venedig etwa waren die Osmanen die ersten, die einen Fondaco, ein Handelshaus, errichteten.)

Auch der Landweg Richtung Nordwesten war den Moslems lange Zeit suspekt. Die Karpaten und Alpen galten ihnen als Grenze zwischen der bewohnten Welt und dem Reich der Finsternis.

Die Westeuropäer hingegen taten sich ihrerseits im Osten sehr rege um. Schon die ersten Kreuzfahrer und Jerusalem-Pilger entdeckten die in der Antike frequentierten Routen entlang der Donau und durch den Balkan nach Kleinasien neu. Und noch früher hatte bereits Karl der Große eine Abordnung von Diplomaten zu Harun ar-Raschid entsandt. Es waren vor allem Juden, die zu dieser Zeit den Fernhandel aus Westeuropa Richtung Süden und Osten organisierten. Weshalb? Zum einen, weil ihre christlichen Kollegen zumindest in den frühen Jahrhunderten aus religiösen Gründen nur ungern in muslimisches „Feindesgebiet" reisten. Zum anderen, weil Juden dank ihrer unfreiwilligen Mobilität in der Regel polyglotter und mit den Straßenverhältnissen besser vertraut waren. Auch konnten sie, wo immer

zwischen Atlantik und Indischem Ozean sie sich gerade befanden, mit der Hilfe ansässiger Glaubensbrüder rechnen. Legendär sind die sogenannten *rahdaniya* (persisch für „Wegekundige") – eine Gruppe jüdischer Kaufleute, die sowohl über das Rote Meer als auch den Persischen Golf oder Südrußland und Innerasien regelmäßig zwischen Westeuropa und China pendelten.

Vom 12. Jahrhundert an dominierten dann die italienischen Seefahrer aus Amalfi, Genua, Pisa und vor allem Venedig den Ost-West-Handel. In ihren Niederlassungen in der Levante und entlang der Schwarzmeer-Küste beluden sie ihre Schiffe mit all den exotischen Gütern, die der europäische Adel so heftig begehrte – mit kostbaren Geweben, Teppichen, Spiegeln, Porzellan, Heilstoffen und jenen Gewürzen (allen voran Pfeffer), mit deren Hilfe sich die eintönige Winterkost, das gepökelte Fleisch, abwechslungsreicher zubereiten ließ. Wollten sie allerdings weiter nach Osten – durch Syrien und Persien oder Ägypten –, versperrten ihnen die Türken und Araber den Weg. Allzu einträglich war das Handelsmonopol auf den Strecken nach China und Indien.

*Die ältesten Reste eines vorislamischen „Basars" haben Archäologen in Dura-Europos im äußersten Osten des heutigen Syrien freigelegt. Die Ruinen (oben) sind etwa 2.300 Jahre alt. Seinen Gründern, den Seleukiden, diente der Ort am Ufer des Euphrat als Wegposten zwischen den Zentren am Mittelmeer und in Mesopotamien, den nachfolgenden Parthern jedoch als Grenzfeste gegenüber dem römischen Imperium. Schon damals besorgten in erster Linie gut organisierte Großkarawanen den Fernhandel. Versprengte Einzelreisende bildeten, nicht zuletzt aus Sicherheitsgründen, die Ausnahme.*

Der Schranken hob sich erst um das Jahr 1250. Und zwar dank eines Volkes, dessen Wirkung auf die Welt ansonsten als verheerend beurteilt wird – der Mongolen. Denn sie, die unter der Führung Dschingis und Khubilai Chans so unsagbares Elend über halb Asien und Osteuropa brachten, verhalfen paradoxerweise dem Fernhandel zu einer Blüte. Ihr riesiges Reich – es erstreckte sich zeitweise von den Karpaten bis nach Korea – bildete eine bislang beispiellos große Freihandelszone. Die Chane erwiesen sich allen Religionen gegenüber als tolerant und luden scharenweise Missionare und Diplomaten aus Europa an ihren Hof. Auch Händ-

ler, gleichgültig woher sie kamen und woran sie glaubten, ermunterten sie zu weiten Reisen, indem sie die Steuern und Zölle senkten, ihnen Geleitbriefe mit auf ihre Wege gaben, Wegelagerer rigoros bestraften und so auf den Überlandstraßen für Sicherheit sorgten. Mit ihrer Hilfe kam auch Marco Polo von Venedig über die Seidenstraße bis nach Cathay (China) und zurück.

Ein Jahrhundert lang florierte das Geschäft der Europäer und Araber mit dem Fernen Osten. Dann verfielen die mongolischen Herrscher der Dekadenz. Die Chinesen rebellierten, begründeten 1368 ihre eigene, die Ming-Dynastie und isolierten sich von der restlichen Welt. Eine Generation später, 1405, starb Timur. Auch sein Reich zerfiel. Ein weiteres Mal ging im Osten ein Schranken zu. Als schließlich noch im selben Jahrhundert der Portugiese Vasco da Gama im Auftrag seines Königs, Manuel, den Seeweg nach Indien entdeckte, verlor der Orient endgültig seine beherrschende Position im transkontinentalen Warenverkehr.

*Der Seefahrt begegneten die Araber traditionell mit Skepsis. Sogar General Amr ibn al-As, furchtloser Eroberer Palästinas und Ägyptens, soll über sie geäußert haben: „Das Vertrauen ist dabei gering, die Angst groß. Der Mensch auf dem Meer ist ein Insekt auf einem Holzsplitter – stets in Gefahr von den Wellen verschlungen zu werden; und stets zu Tode erschrocken.“ Bei der Flußschiffahrt gab es solche Bedenken nicht. Der Nil etwa dient seit urdenklichen Zeiten als Verkehrsweg – oben: Feluken bei Kairo; unten: Sudanesen im Hafen von asch-Schallal bei Assuan, auf die Fähre nach Wadi Halfa wartend.*

Wenn man sich in Erinnerung ruft, wie versiert die Araber zu dieser Zeit in der Kunst der Nautik waren, wundert man sich, daß nicht sie als erste die Passage am Kap der Guten Hoffnung gefunden haben. Immerhin waren es arabische Seefahrer, die, lange bevor die islamischen Krieger auf dem Landweg den Subkontinent erreichten, bereits in dessen Häfen eifrig Handel trieben. Und immerhin waren es vornehmlich Perser, Irakis und Omanis, die schon im 9. und 10. Jahrhundert mit ihren Dhaus zwischen allen wichtigen Stützpunkten im Golf und im Indischen Ozean – von Basra und Siraf, Aden und Hormus bis nach Sansibar, Ceylon und Malaysien – ein enges Netz von Routen knüpften. Außerdem: Hatten nicht arabische Kosmographen wie etwa al-Idrisi, dem der Normannenkönig Roger II. seine berühmte Weltkarte verdankte, als erste theoretisch die Behauptung des Ptolemäus widerlegt, der Indische Ozean sei ein Binnenmeer? Und dies zu einer Zeit, als ihre europäischen Kollegen, tief in katholischen Dogmen gefangen, von den bahnbrechenden Theorien des griechischen Naturforschers aus der Antike nicht einmal noch gehört hatten. Und schrieb nicht jener Ibn Madschid, der nach seinem Tod zum Schutzpatron aller moslemischen Matrosen werden sollte, um das Jahr 1490 ein nautisches Handbuch, das auf manchen Gebieten noch heute gültig ist? Wohl nicht ohne Grund ist Sindbad, einer der maßgeblichen Helden in den Erzählungen aus Tausendundeiner Nacht, ausgerechnet Seefahrer.

Wieso also eroberten an der Wende zur Neuzeit nicht die Araber die Weltmeere?

Eine Antwort liegt im Aberglauben. So wie die Portugiesen lange Zeit nicht gewagt hatten, an der Westküste Afrikas südlich der Kanaren vorzudringen, weil dort „das Verderben drohte“, so bildete für die Araber an der Ostseite die Straße von Mocambique den „point of no return“. Gleich zweimal steht im Koran geschrieben, Gott habe die beiden Meere durch eine Barriere getrennt, die kein Mensch überwinden könne. Außerdem war die Seefahrt den Arabern generell nicht ganz geheuer.

Daneben gab es allerdings auch ganz praktische Gründe: zum einen die Geographie ihrer Heimat. Die Arabische Halbinsel verfügt weder über schiffbare Flüsse noch über natürliche Häfen oder ein bevölkertes Hinterland. Die messerscharfen Korallenriffe entlang ihrer Küsten drohen jeden Rumpf aufzuschlitzen. Auch findet sich keiner der für den Schiffsbau nötigen Rohstoffe – weder Holz noch Harz noch Eisen noch der für die Herstellung von Leinensegeln unerläßliche Flachs. Ein anderer Grund liegt in der Schiffstechnologie: Die Araber hatten zwar das dreieckige, sogenannte lateinische Segel im Mittelmeerraum bekannt gemacht und das Heckruder erfunden. Doch die Planken ihrer Schiffe hielten sie, im Gegensatz zu den Europäern und Chinesen, nicht durch Nägel, sondern durch Taue aus Kokosfasern zusammen. Was, vor allem bei Stürmen auf hoher See, die Haltbarkeit erheblich beeinträchtigte. (Eine Legende erklärt den Brauch mit einem unterseeischen Magnetberg, der die Nägel angeblich aus dem Holz ziehe.)

Eine Antwort könnte freilich auch jene sein, die, einem in Amerika beliebten Witz zufolge, eine pikierte Dame aus vornehmster Ostküstenfamilie auf die Frage, weshalb sie niemals reise, gibt: „Warum sollte ich? Ich bin doch schon hier!“ Bekanntlich waren es Händler aus Tunis, denen Vasco da Gama bei seiner

Landung an der Küste von Malabar zuallererst begegnete. Ihre Glaubensbrüder waren damals auf chinesischen Schiffen längst bis nach Korea gelangt. Und es zählt zu den großen Ironien der Weltgeschichte, daß just der unvergleichliche Ibn Madschid selbst es war, der unwissentlich dem portugiesischen Kapitän auf dessen letzter Etappe von Malindi nach Calicut den Weg wies und so die Niederlage der arabischen Händler gegen ihre Rivalen aus Europa wenn schon nicht herbeiführte, so zumindest beschleunigte.

Auf den Sandmeeren der Wüsten waren die Araber freilich unbestritten die Meisternavigatoren. Bereits lange vor dem Auftauchen des Islam hatten sich die Beduinen auf den Nachtmärschen zu ihren Weideplätzen mit den astronomischen Konstellationen vertraut gemacht. Sie wußten über 250 Sterne zu unterscheiden. Als sie dann im Namen Allahs Nordafrika eroberten, stießen sie auf den Spuren der Garamanten und Römer auch tief in die Sahara vor. Ihr Anführer, Oqba ibn Nafi, gelangte schon im Jahr 666 auf dem Weg durch die Cyrenaica und den Fezzan in die Nähe des Tschadsees. Weiter noch als die Soldaten wagten sich bald die islamischen Händler in die endlose Einöde. Ganz im Westen kamen sie von Marrakesch, später von Fes und Sijilmassa über Taghaza und Timbuktu bis an die Grenzen des sagenumwobenen Königreichs von Mali, einer schier unerschöpflichen Quelle von Sklaven und Gold. Eine andere Route begann in Tunis beziehungsweise auf Dscherba und führte über Ghadames, an Hoggar- und Air-Gebirge vorbei, nach Gao am Niger beziehungsweise über Agadez nach Kano; und eine dritte von den ägyptischen Oasen Dachla und Charga westwärts bis nach Ghat. Die Hauptachse in Nord-Süd-Richtung jedoch verlief von Tripolis in die alten Königreiche von Kanem und Bornu an den Ufern des Tschadsees. Aus diesen Gegenden importierten die Araber Elfenbein, Straußenfedern, Sklaven, Soda und das beim Gerben und Färben von Häuten unverzichtbare Alaun. In die Gegenrichtung lieferten sie Eisen, Papier und Araberpferde und später auch Feuerwaffen und Stahl.
Diese Transsaharakarawanen, die Distanzen von mehreren tausend Kilometern überwanden und aus bis zu 25.000 Kamelen bestanden, haben zu Beginn dieses Jahrhunderts ihren Betrieb endgültig eingestellt. Die Gründe dafür waren vielfältig und hingen alle mit dem wachsenden Einfluß der europäischen Mächte in Nord- und Westafrika zusammen: Ein Grund war das Verbot der Sklaverei, das die Händler ihrer wichtigsten Ware beraubte. Einen anderen bildeten die künstlichen Grenzen zwischen den neugeschaffenen Staaten – Algerien, Libyen, Mali, Niger und Tschad –, die durch ihre Bürokratie den Karawaniers ihr Geschäft vergällten. Ein übriges tat die moderne Verkehrsinfrastruktur: Die Häfen entlang der Westküste wurden erweitert und Eisenbahnlinien sowie LKW-Pisten in das Hinterland bis hinein in den Sahelraum gebaut. Zudem brachen neuartige Wirtschaftsformen wie Geldverkehr und Lohnarbeit mit zerstörerischer Wucht in das alte System des Tauschhandels ein.
Erhalten haben sich jedoch bis zum heutigen Tag – allen Kriegen und Kolonisierungen, Raubzügen und Revolten zum Trotz – einige saharische Binnenkarawanen. Die berühmteste ist die von Tuaregs organisierte und *tarhalamt* genannte Salzkarawane zwischen Bilma und der Saline Fachi im Nordosten des heutigen Niger. Sie ist Teil eines komplizierten Karawanenzyklus, durch den die Märkte in dem Dreieck Agadez – Kano – Bilma/Fachi beliefert werden. Der zentrale Umschlagplatz in diesem, vom saisonalen Jahreslauf bestimmten Warenkarussell ist das Gebiet der Kawar-Oasen östlich der Wüste Ténéré. Als dort Ende der sechziger Jahre eine katastrophale Dürreperiode einsetzte, geriet das System ernsthaft in Gefahr. Und als die Regenmesser Anfang der Achtziger schließlich absolute Rekordminima anzeigten, wurde die Salzkarawane eingestellt und von der Regierung durch Lastwagen ersetzt. Eine uralte Tradition, so dachte man, sei endgültig gestorben. Doch siehe da: 1986 erlebte die archaische Transportmethode eine Renaissance – so, als habe es sich bei der Unterbrechung bloß um ein klimabedingtes Intermezzo gehandelt.
Das Kamel hatte noch einmal gesiegt.

*Die Abhängigkeit des Fernhandels vom Erdöl begann nicht erst mit dem Aufkommen des LKW, sondern in gewissem Sinne bereits im Mittelalter. Schon Marco Polo erwähnte, daß das Schwarze Gold als Heilmittel für Hauterkrankungen bei Kamelen unverzichtbar war. Noch früher, im 10. Jahrhundert, bezeichneten arabische Autoren Baku, den Hafen am Kaspischen See, als jenen Ort, von dem Karawanen Erdöl nach ganz Asien bringen. Und Evliya Celebi, der berühmte türkische Chronist, schrieb 1666: „In Baku gibt es manchen unfruchtbaren Ort. Wenn ein Mensch oder ein Tier den Fuß dorthin setzt und einige Zeit stehen bleibt, beginnt der Fuß zu brennen. Dort graben die Karawanenführer Löcher in die Erde, stellen Kessel hinein, und gleich ist das Essen gar. Wunderbar ist die Weisheit Gottes!“*

# ALLAHS GRÖSSTES GESCHENK

Die technischen Daten dieses lebenden LKWs auf vier Beinen sind in der Tat beeindruckend, beweisen sie doch, wie ökonomisch und umweltgerecht sein Schöpfer vorzugehen wußte. Er erreicht auf längeren Strecken eine Spitzengeschwindigkeit von zwanzig Kilometern in der Stunde, seine Dauergeschwindigkeit beträgt – in beladenem Zustand – vier bis fünf. Reichweite: 150 km pro Tag. Maximale Nutzlast: 200 kg. Verschleiß: äußerst gering. Tankinhalt: bis zu 135 l Wasser. Zugleich größte Sparsamkeit im Verbrauch: Selbst im Sommer ist nur alle vierzehn Tage ein Stopp an einer Tränke wirklich nötig. Zwischendurch reichen zum reibungslosen Betrieb notfalls auch ein paar Ästchen von holzigen Stauden, einige Büschel Gras oder, in der Vollwüste, sogar trockenes Stroh. Die Haltbarkeit liegt bei fünfundzwanzig bis dreißig Jahren. Wesentlichstes Handikap: die niedrige Reproduktionsrate. Die Stuten gebären in ihrem Leben höchstens zehnmal. Ihr Nachwuchs ist erst nach drei bis vier Jahren geschlechtsreif.

*Die Zeit der großen Fernkarawanen ist seit dem Siegeszug des Autos und der Eisenbahn vorbei. Zumindest beinahe: Die zwei letzten, die in der Sahara regelmäßig durchgeführt werden, sind die „Assalai" genannte zwischen Taoudeni und Timbuktu in Mali und die „Tarhalamt" zwischen den Oasen Bilma und Fachi in Niger. Beide dienen vor allem dem Salzhandel.*

In Gebrauch sind zwei Standardtypen: das zweihöckrige, baktrische Trampeltier (*camelus ferus*). Es hat einen plumpen, aber stämmigen Körper, zotteliges Wollhaar und ist in den gebirgigen Gegenden Zentralasiens und Westchinas zu Hause. Und das schlankere und schnellere einhöckrige Dromedar (*camelus dromedarius*), das aus Nordafrika und Arabien stammt und im allgemeinen Sprachgebrauch unter dem Begriff „Kamel“ firmiert. Das Sortiment umfaßt aber auch mehrere Sonderanfertigungen: das meist sehr hellfarbige, eigentümlich disproportionierte *Iforas-Kamel* aus der zentralen Sahara zum Beispiel, dessen normal entwickelter Vorderteil im grotesken Gegensatz zu seinem völlig verkümmerten Hinterteil steht. Oder jene helläugigen und tauben Schecken, die sich ein Tuareg-Stamm in den Air-Bergen herangezüchtet hat, weil sie besonders gutmütige und fügsame Lasttiere abgeben.

Gemeinsam sind all diesen Modellen mehrere faszinierende Konstruktionsdetails. In heißen Trockenzeiten können sie etwa, um den Flüssigkeitsverlust beim Schwitzen hinauszuzögern, ihre Körpertemperatur auf 46° C ansteigen lassen. Zugleich erhöhen sie den Gehalt an Harnstoff im Urin auf das Zweieinhalbfache des bei Säugetieren üblichen Werts. Auch beim Atmen wird wertvolles Wasser gespart, denn ihre Nasengänge sind so verwinkelt, daß die Luft auf ihrem langen Weg beim Einatmen um zehn Grad abgekühlt und beim Ausatmen entfeuchtet wird. Beim Trinken – Kamele vermögen innerhalb weniger Minuten über einen Hektoliter zu saufen – lagert sich das Wasser nicht im Magen, sondern in den Gewebezellen und im Blutkreislauf ab. Die roten, seltsam ovalen Blutkörperchen können sich um das 240fache ihres Volumens ausdehnen. Zehren die Tiere von ihrem Wasservorrat, können sie buchstäblich schrumpfen und dabei, ohne Schaden zu erleiden, bis zu einem Viertel ihres Körpergewichts verlieren. Gegen die Grelle der Sonne sind ihnen extrem lange Wimpern gewachsen, gegen die Hitze des Sandes breite, schwielige Sohlen. Und mit ihren Nieren, die mühelos eine Überdosis Natriumchlorid verarbeiten, haben sie auch bestens gegen das häufig schlechte, salzige Brunnenwasser vorgesorgt.

Für *ein* Detail an ihrem Design gibt es allerdings keine einleuchtende Begründung: für die vergleichsweise Winzigkeit des Fortpflanzungsorgans der Männchen. Die Beduinen erklären sich das Kuriosum mit einer Anekdote aus dem Alltag an Bord der Arche Noah. Ihr zufolge soll der Kapitän, nachdem alle Passagiere Quartier bezogen hatten, die männlichen unter ihnen gebeten haben, ihr bestes Stück

*Märsche über lange Distanzen bedeuten für Tier und Mensch ungeheure Strapazen. Meist wird bereits, nach einem hastigen Frühstück, beim ersten Morgenlicht aufgebrochen und erst spät in der Nacht das nächste Lager aufgeschlagen. Den Großteil der Zeit wandern die Karawaniers zu Fuß. Nur in der größten Hitze, um die Mittagszeit, reiten sie. Pausen gibt es praktisch keine. Gegessen und getrunken wird im Gehen. Zu den wichtigsten Requisiten zählen Sattel samt Satteldecken und der Nasenring, an dem die Zügel befestigt sind; daneben eine Trinkschale aus Messing, eine Reitgerte aus gedrehter Haut und Taschen sowie ein Wasserschlauch aus Leder. Zur Orientierung benützt der Karawanenführer Berge, Dünen, Steinmännchen, oder – auf viel begangenen Routen – die von den Kamelkolonnen im Boden hinterlassenen „Geleise“. Legendär war der „Baum der Ténéré“, eine im Umkreis von hundert Kilometern allein an einem Brunnen stehende Akazie. Sie wurde vor einigen Jahren von einem unvorsichtigen LKW-Fahrer gefällt.*

für die Dauer der Reise abzugeben. Wohin hätte man bei dem akuten Platzmangel auch mit dem zu erwartenden Nachwuchs sollen? Als dann die Sintflut abebbte, die Tiere an Land gingen und wieder mit allem Nötigen ausgerüstet wurden, sei ein Gedränge entstanden, und der kleine Esel habe irrtümlich bekommen, was zuvor des Kamels gewesen war. Vielleicht ist es dieses Manko, das Kamelhengste zur Brunstzeit überaus eifersüchtig werden läßt. So eifersüchtig und aggressiv, daß die meisten vorsorglich schon früh kastriert werden. Vielleicht liegt aber in der verhängnisvollen Verwechslung auch der tiefere Grund für ihr generell unberechenbares Temperament: Kamele erkennen ihren Besitzer nie als ihren Herren an. Sie laufen ihm davon, wann immer es geht – was häufig langwierige Suchaktionen zur Folge hat. Sie lassen sich von ihm ebenso widerwillig einfangen wie von Fremden – was Viehdieben das Handwerk erheblich erleichtert. Und sie sind extrem nachtragend und rachsüchtig – weshalb noch heute der Glaube weit verbreitet ist, daß die dämonischen und geisterhaften Dschinnen ihre Ahnen sind und gelegentlich ihre Gestalt annehmen.

Überhaupt sind die „Schiffe der Wüste“ psychisch, aber auch körperlich labiler, als ihr Ruf vermuten ließe. So reagieren sie sehr empfindlich auf schmutziges Wasser oder unbekömmliche Pflanzen und fallen häufig rätselhaften Krankheiten zum Opfer. Nach kräftezehrenden Touren brauchen sie ein Vielfaches an Zeit zur Erholung. Wenn sie über die Maßen geschunden werden, verweigern sie nicht etwa rechtzeitig die Leistung. Vielmehr geben sie bis zum letzten Moment ihr Bestes, um dann unvermutet einfach stehenzubleiben – und zu sterben. Der Zeugungsakt läuft wegen des äußerst linkischen Verhaltens beider Beteiligten und der erwähnten organischen Unzulänglichkeit selten ohne Komplikationen ab. Auch der Geburtsvorgang birgt ungewöhnlich viele Risken, denn die Jungen werden oft durch ihren Fall aus relativ großer Höhe oder durch versehentliche Tritte ihrer Mütter verletzt. Und selbst das Melken, übrigens reine Männerarbeit, gestaltet sich als heikler Balanceakt – nicht nur, weil der Hirte auf einem Bein stehend und den Kopf in der Tierflanke abstützend den Melkkübel auf seinem angewinkelten Oberschenkel im Gleichgewicht halten muß, sondern auch, weil das Kamel den „Störenfried“ immer wieder zu beißen versucht.

Kein Wunder also, daß die Beduinen diesen störrischen Gefährten mit allerlei Tricks beizukommen trachten. Daß sie zum Beispiel ihre Fohlen, um sie der Milch zu entwöhnen, morgens im Lager anbinden. Womit sie außerdem die Muttertiere abends

*Berühmtheit genoß die alljährliche Pilgerkarawane von Kairo beziehungsweise Damaskus nach Mekka. Ihre Geschichte geht bis in die Zeit der Abbasiden zurück. Unter den Osmanen war sie ein bürokratisch durchorganisiertes Unternehmen, an dem Zehntausende Tiere und Menschen beteiligt waren, darunter – neben den Gläubigen – Krieger, Kaufleute und Kadis, Wasserträger und Wüstenlotsen. Abmarsch und Rückkehr waren stets von großen Festen begleitet, in deren Mittelpunkt die Fahne des Propheten und der Staatspalanquin, das baldachinförmige Hoheitszeichen des Sultans, standen. Beide symbolisierten die legitime Herrschaft über die heilige Stadt. An die Tradition der Kairoer Pilgerkarawane erinnert indirekt noch der Kamelmarkt im Stadtteil Imbaba (wo die Aufnahmen dieser Seite entstanden). Er ist der größte des ganzen Orient.*

zur Rückkehr von der Weide zwingen. Oder daß sie ihren Liebling, um ihn bei langen Märschen auf Trab zu halten, mit Leckerbissen verwöhnen und mit rhythmischen Gesängen anspornen. Besondere Phantasie entwickeln sie, wenn es darum geht, einer Stute, deren Junges gestorben ist, ein anderes Fohlen unterzuschieben, damit sie wieder Milch gibt. Dann versuchen sie, wie Gerhard Göttler in seinem vorzüglichen Buch über die Tuareg schreibt, „mit einer Raubtiermaskerade und Schreckgeschrei einen Schutzreflex auszulösen, der dem fremden Jungen (hoffentlich) erlaubt, bei ihr zu trinken". Oder sie „stopfen das Fell des verstorbenen Fohlens aus und bringen es der Stute beim Melken nahe". Zeigt dies keinen Erfolg, greifen sie zu radikaleren Methoden. Dann „nähen sie der Stute den Anus zu und bringen ihr blutige Schnitte in den Nüstern bei. Hat sich eine große Menge Kot angesammelt, öffnen sie den Verschluß. Die plötzliche Entleerung soll der Stute eine Geburt vortäuschen. Gleichzeitig führen sie ihr das fremde Fohlen vor, und hoffen ihren Geruchssinn durch die Nüsternverletzungen so beeinträchtigt zu haben, daß sie es als ihr eigenes annimmt und sich in seiner Anwesenheit melken läßt".

Die Brutalität solcher Praktiken steht nur in scheinbarem Widerspruch zu der abgöttischen Liebe, die Beduinen ihren vierbeinigen Gefährten entgegenbringen. Erstere ist Voraussetzung für das Überleben unter den extremen Bedingungen der Wüste. Letztere entspringt wohl der Dankbarkeit, daß dieses Überleben gelingt.

Vater der Einsamkeit", „Sohn der Geduld", „Unverzagtes Herz", „Funkelndes Schwert" oder „Wunder der Tugend" ... Ungezählt sind die Metaphern, mit denen Poeten die Eigenschaften des Kamels gepriesen haben. Die arabische Sprache kennt über 160 Synonyme für dieses Tier. Das Wort *dschamal* etwa steht, unterschiedlich betont, sowohl für das Kamel als auch für eine schöne Frau. Will ein Araber seine Gemahlin besonders loben, nennt er sie sein „treues Kamel". (Was seine Geschlechtsgenossen früher nicht hinderte, ihren Frauen als Reittier fast immer nur Esel zuzuweisen.) Eine Witwe unterstreicht die Qualitäten ihres verstorbenen Mannes mit dem Klageruf „Oh mein Kamel!". Beduinen lassen sich im Fell ihres Lieblingstieres bestatten, um ihm auch im Jenseits nahe zu sein. Erscheint ein Kamel im Traum, wird dies als gutes Omen gedeutet. Und in der Mythologie gelten die Sterne als „weidende Kamele, die bei Allah ihren ewigen Frieden gefunden haben".

Die Wurzeln dieser Wertschätzung reichen tief in die Vergangenheit. Schon kurz nachdem die ersten Kamele gezähmt worden waren – also vermutlich im dritten Jahrtausend vor Christus, standen sie, ganz im Gegensatz etwa zu Pferden, im Mittelpunkt bedeutsamer Zeremonien. Sobald beispielsweise eine Herde auf tausend Tiere angewachsen war, wurde einem auserwählten Hengst ein Auge entfernt. Verdoppelte sich ihre Zahl, verlor der Hengst auch das zweite Auge. So glaubte man den Bösen Blick sowie Krankheiten und Räuber fernzuhalten. Unter wohlhabenden Gastgebern gehörte es zum guten Ton, Ankömmlinge mit einem rituell geschlachteten Kamel zu empfangen. Das gleiche Opfer war in vorislamischer Zeit auch im Monat der Wallfahrt nach Mekka üblich. Und da das Kamel wie nur wenige Tiere die uneingeschränkte Gnade Gottes genießt, kommt der Verzehr seines Fleisches einem Glaubensbekenntnis gleich. Wie sprach angeblich einstens der Prophet? „Wer nicht von meinen Kamelen ißt, der gehört nicht zu meinem Volk."

Die glühende Verehrung ist nicht verwunderlich, bedenkt man, was die Wüstenbewohner dem Kamel, diesem „größten Geschenk Allahs", alles verdanken: sein – mit zunehmendem Alter allerdings ziemlich zähes – Fleisch; seine fettarme, dafür an Mineralien und Vitaminen reiche Milch – ein höchst wirksames Prophylaktikum gegen Augenkrankheiten; die Haut, aus der sich robuste Ledergürtel, -taschen und -sandalen machen lassen, und die Haare, Grundmaterial für Zelte und weiche, wärmende Decken. Selbst die Exkremente erfüllen noch einen Zweck: der Dung, getrocknet, als Brennmaterial, und der Urin als einzig verfügbare, garantiert keimfreie Flüssigkeit zur Reinigung von Neugeborenen und Wunden. Auch als Kapitalanlage sind Kamele unverzichtbar. Bräute werden mit ihnen bezahlt, und Verbrechen gesühnt. Erst durch sie sind in den Weiten der Wüste soziale Kon-

takte und Herrschaftsstrukturen überhaupt möglich. Darüber hinaus haben sie schon manchen Beduinen vor dem Verdursten gerettet. Denn sie finden oft im letzten Moment eine verborgene Quelle. Und nach ihrem Tod lassen sich aus ihrem Pansenmagen und ihrem Fetthöcker durch Auskochen mehrere Liter wertvollen Wassers gewinnen.
Aus diesem vielfältigen und lebenslangen Nutzen erklärt sich wohl auch die besondere Aufmerksamkeit gegenüber Babykamelen: Sie bekommen, sobald sie nach den zwölf Monaten im Mutterleib das erstemal auf eigenen, zittrigen Beinen stehen, zur Unterstützung ihres noch losen Gedärms einen Gurt umgeschnallt, und sie dürfen, damit sie sich an die Gesellschaft des Menschen gewöhnen, einige Nächte im Zelt verbringen. Es erklärt sich die Sorgfalt, mit der nach wenigen Monaten schon die künftigen Reittiere ausgewählt und ein bis zwei Jahre später dressiert werden. Und es wird auch die Hingabe verständlich, mit der viele Beduinen ihre Zügel und vor allem Sättel aufwendig verzieren.

Diese innige Beziehung zum Kamel ist auch noch in Gesellschaften vorhanden, die ihre nomadische Lebensweise längst aufgegeben und sich dem Komfort des High-Tech-Zeitalters verschrieben haben – etwa in Boom-Städten wie Dubai oder Abu Dhabi. Geht man dort freitags zum großen Kamelrennen, spürt man sehr deutlich, daß hinter der coolen und mondänen Oberfläche immer noch archaische Leidenschaften lodern. Da mag sich das kolossale Beduinenzelt aus der Nähe betrachtet als schnöde Beton-Tribüne entpuppen, in deren Schatten die Scheichs und Minister, mit den Insignien des Zeitgeists von Ray Ban und Rolex versehen, auf Monitoren den Rennverlauf verfolgen. Die Kamele mögen statt gewöhnlicher Lasttiere verwöhnte Luxusgeschöpfe sein, die eigens auf Sattelschleppern aus Qatar, Saudi-Arabien und dem Oman angereist kamen, und die Reiter statt beutelüsterner Krieger nur mehr leichtgewichtige, sechs-, siebenjährige Knaben, die durch 3M-Bänder mit dem hohen Höcker verhaftet sind. Die Umgebung aber, wo Hunderte Kamele und Männer in den Sand gestreckt vor sich hin dösen, gleicht dem zeitlosen Bild eines riesigen Karawanenlagers. Das hysterische Geröchel und Gebrülle der Tiere beim Start und die nicht minder hysterischen Zurufe der Trainer ähneln Kampfeslärm. Und auch die Inbrunst, mit der die Stallbesitzer die Vorzüge ihres Lieblings erörtern und seinen Sieg ersehnen, stammt noch aus jener gar nicht so fernen Vergangenheit, als Kamele, abgesehen von Frauen und Jagdfalken, den einzig wichtigen irdischen Besitz darstellten.

Allerdings erlischt die Leidenschaft dort, wo das Tier zur reinen Ware wird – zum Transportvehikel oder Fleischdepot. Ein Ort, der dies drastisch vor Augen führt, ist der Kamelmarkt, der *Suq al-Gimal* von Imbaba im Westen Kairos. Er ist der größte seiner Art im ganzen Vorderen Orient, eine Stätte des Schreckens und der Herzlosigkeit, deren Exotik gelegentlich auch Touristen anlockt. Auf diesem lehmigen Geviert werden täglich mehrere hundert Kamele umgesetzt. Es sind größtenteils grindige, abgemagerte, mit Scheuerwunden übersäte Tiere, deren Eigenwille längst durch Peitschenhiebe und Prügel gebrochen ist. Dennoch kommt es gelegentlich vor, daß sich das eine oder andere gegen sein Schicksal aufbäumt und, soweit dies seine gefesselten Vorderbeine erlauben, in einem Anfall heilloser Panik über den Platz prescht. Dann halten die weißgekleideten, dunkelhäutigen Händler aus dem Sudan und ihre ägyptischen Kunden beim Feilschen kurz inne oder springen gar erschrocken zur Seite, und die Gehilfen fangen das Tier laut fluchend und ihre langen Stöcke schwingend wieder ein.
Daß die geschundenen Kreaturen ihre Fassung verlieren, ist kein Wunder: Wenn sie diesen Vorhof ihrer Hölle erreichen, haben sie bereits ein vierzigtägiges Martyrium hinter sich. Sie sind aus ihrer Heimat, dem zentralen Sudan, auf jahrhundertealten Pfaden 1.500 km weit durch die Wüste bis zu dem Dorf *Daraw* bei Assuan marschiert, wurden dort an Zwischenhändler weiterverkauft und auf Lastwägen oder Güterwaggons verstaut und in zwölfstündiger Fahrt nach Imbaba befördert. Und wozu haben sie all das erduldet? Um von hier, mit einem roten Todesmal auf dem Fell, quer durch die Stadt zum Schlachthof getrieben zu werden, und schließlich als *schawirma*, eine Art ägyptisches Döner Kebab, oder als feingeschnittenes *bastirma* zu enden.

*Der arabische Chronist Leo Africanus (1495–1550) hat in seiner berühmten „Beschreibung Afrikas" dem Kamel ein ausführliches Kapitel gewidmet. Darin bemerkt er, daß „die Araber nur dank dieser Tiere in der Wüste, in Freiheit leben können". Die Bedeutung des Kamels spiegelt sich auch in der Geschichte wider, die einander die Beduinen über seine Schöpfung erzählen. Demnach seien, während Gott den ersten Menschen aus Tonerde schuf, zwei Klümpchen derselben entglitten und unbeachtet zu Boden gefallen. Ihnen entwuchsen in der Folge die Dattelpalme und das Kamel – zwei, dank des gemeinsamen Ursprungs, untrennbar mit dem Menschen verbundene Wesen. Bild oben: im „Leeren Viertel" (Rub al-Khali), der zentralen Wüste Südarabiens. Unten: der – etwas chaotische – Start zum Großen Preis von Dubai.*

# HEILIGTUM UND HANDELSPLATZ

## WIE DER BASAR FUNKTIONIERT

*Das Lebensgefühl*
*Die Gesellschaft*
*Das Raumgefüge*
*Das Lebenselixier*

# ÜBER DIE VERNUNFT DES HERZENS

Am Anfang ist es oft sanftes Entsetzen. Man betritt den Basar und tausenderlei Gerüche – von Blut und Balsam und Gewürzen und Dung – steigen einem in den Kopf. Steht man in dem Lichtdom aus Sonnenstrahlen, die hie und da in die Gewölbe hereinbrechen, überschwemmt ein Farbenmeer die Augen. Ein Staubbad nimmt man, das man auf der Zunge schmeckt. Die Ohren werden von den heiseren Rufen der Träger und vom kehligen Klagen der Bettler drangsaliert. Und die Menschen kommen einem näher als in den Städten des Westens, verfolgen mit ihren Blicken, wollen begreifen, suchen Kontakt.

Doch je länger man durch das Labyrinth flaniert, desto bereitwilliger übergibt man sich dem fließenden Treiben. Man wird nicht müde, kann sich nicht satt sehen, und wetten, daß der Blick schon bald an einer köstlichen Ware hängenbleibt? Der Händler wird einen bei allen süßen Sünden, an die man denken mag, ertappen und mit Worten festnageln. Und wenn man mit ihm nicht feilschen will, wird er seine Geschichte, die seines Stammes, oder die der ganzen Welt erzählen. Und sein Tee wird einem munden.

Mehr noch als diese Flut an Sinnesreizen berauscht und fasziniert jeden Neuankömmling freilich das fremde Lebensgefühl, das ihn im Basar umfängt. „Es kam mir vor, als wäre ich zum ersten Mal einer Gemeinde begegnet, in welcher die Verwandtschaft zwischen Mensch und Mensch nicht etwa zufälligen Gemeinsamkeiten der Rasse und wirtschaftlichen Interessen entsproß, sondern auf tieferen, beständigeren Grundlagen ruhte: auf einer Gemeinschaft der Weltschau und des Lebenssinns, die alle Schranken der Einsamkeit aufhob.

Alle Menschen schienen zum Lachen aufgelegt ... – so daß man fast geneigt war zu glauben, sie nähmen all die zermürbende Armut ihres Landes und die politische Not nur bedingt ernst: denn ihre heftige, explosive Erregung schien jederzeit bereit zu sein, ohne sichtbaren Übergang vollendetem Gleichmut Platz zu machen, so, als ob gar nichts geschehen und alles in bester Ordnung wäre." Was Leopold Weiß, jener österreichische Jude und Journalist, aus dem später der hochverehrte islamische Gelehrte Muhammad Asad wurde, in den zwanziger Jahren auf seiner ersten Morgenlandfahrt empfand – diese Unbedingtheit der Gefühle und schier unendliche Heiterkeit, diese „Vernunft des Herzens", wie er es nannte, ist im Orient vielerorts noch heute lebendig. Sie erst macht aus den malerischen Märkten magische Orte, deren Zauber jede europäische Seele erliegt.

*In der traditionellen Sozialhierarchie der islamischen Gesellschaft besteht zwischen Handwerker und Künstler wenig Unterschied. Beide genossen ein ähnlich hohes Ansehen und oft auch dieselben Privilegien. Im Persien der Safawiden etwa war den Mitgliedern aller Gilden die kostenlose Behandlung im Krankheitsfall, die Versicherung gegen Lohneinbußen und Ernährungsengpässe sowie die Altersvorsorge garantiert. Wie hoch das Selbstbewußtsein der Handwerker war, zeigt sich auch in der unter den Zünften verbreiteten Sitte, in der Öffentlichkeit prunkvolle Paraden abzuhalten, um die Kunstfertigkeit und wirtschaftliche Potenz zu demonstrieren. So berichtete der türkische Chronist Evliya Celebi von einem Umzug aus dem Jahre 1638 in Istanbul, an dem 735 Berufsgruppen in 57 Sektionen teilnahmen und „um die Gunst des Sultans buhlten, der mit seinem Hofstaat zusah".*
*Gegenüberliegende Seite: der Basar-e Wakil von Schiras.*

Das Phänomen verdankt seine Existenz dem Islam: Bevor sich Gott Anfang des 7. Jahrhunderts durch Mohammed den Arabern offenbarte, hatte unter ihnen ein archaisches Stammesrecht geherrscht, „ein Zustand der Barbarei", wie Ibn Chaldun (1332–1406) urteilte, „den sie liebten, weil er ihnen Freiheit von jeder Autorität gewährleistete". Es sei in der Natur dieser Beduinen gelegen, so der berühmte Geschichtsphilosoph, „die Nachbarn zu plündern, wann immer sich eine Möglichkeit bot. Sie kümmerten sich um keinerlei Gesetze, und auch nicht darum, andere von Missetaten abzuhalten. Es existierte keine politische Macht, die Eigentum schützte, und damit keine Zivilisation". Es ist das Werk des charismatischen Mannes aus Mekka, diese wilden Wüstenstämme in einem Staat vereint zu haben, in der *umma*, der Gemeinschaft der Gläubigen, die unter der Herrschaft und dem Schutz Allahs stand und sich seinen Vorschriften bedingungslos unterwarf.

Religionen pflegen sowohl die Beziehungen der Menschen zu Gott als auch der Menschen untereinander zu regeln. Von den drei großen Propheten, die die Moslems verehren – Moses, Jesus und Mohammed, hat sich der letzte mit dem Zwischenmenschlichen zweifellos am eingehendsten befaßt. Er dämmte zum Beispiel die bis dahin alltägliche Praxis der Blutfehde ein, indem er in der Frage der Vergeltung das Prinzip der Verhältnismäßigkeit einführte, und empfahl, statt Rache zu üben, Blutgeld anzunehmen. Er hielt seine Anhänger zu solidarischem Handeln in Form wohltätiger Gaben an. Und er schrieb anstelle der zuvor meist unverbindlichen Verhältnisse zwischen den Geschlechtern die polygame Ehe im Gesetz fest, ließ deren Bruch hart ahnden, ordnete zugleich das Erbrecht neu und erhöhte so maßgeblich den Stellenwert der Frau. Sie wurde nunmehr als Individuum behandelt und genoß samt ihren Kindern auch eine gewisse soziale Sicherheit.

Die beiden Quellen all dieser göttlichen Gebote, der Koran und die *sunna*, die nachträglich gesammelten Worte und Taten des Glaubensgründers, regeln freilich nicht nur spirituelle und soziale Grundsatzfragen. Sie messen auch unzähligen, auf den ersten Blick scheinbar trivialen Aspekten des Alltags Bedeutung bei, etwa wie man zu kochen und zu essen, dabei zu sitzen und danach sich die Zähne zu putzen hat. Daraus folgt, was für westlich und christlich erzogene, mit der „Erbsünde" behaftete Menschen seit jeher so schwierig nachzuvollziehen ist: daß der Islam keinen Unterschied zwischen dem „niedrigen" Körperlichen und „erhabenen" Geistigen, ja überhaupt zwischen profanem und sakralem Lebensbereich macht, und daher letztlich auch keine Trennung von Politik und Religion kennt.

Moslems sind durch ihren Glauben ermuntert, die weltlichen Freuden bewußt zu genießen, aber auch ermahnt, sich ständig zu erinnern, daß das irdische Dasein nur eine Durchgangsstation auf einer längeren Reise ist – eine Art Karawanserei auf dem Weg zu Gott. Weshalb sie zahlreichen Verrichtungen – von der Mahlzeit bis zum Geschlechtsakt – einen Segensspruch, die *basmala*, voransetzen sollen: *bismi llahi r-rahmani r-rahim*, was übersetzt bedeutet: „Im Namen des barmherzigen und gütigen Gottes."

Das Wohlergehen des einzelnen wie der Gemeinschaft im Diesseits, so lehrt der Koran, ist wünschenswert, aber das Heil im Jenseits das eigentliche Ziel. Der Mensch müsse deshalb lernen, seine (an sich erlaubten) Begierden zu zügeln – ein Bestreben, bei dem ihn die *schariya*, das islamische Gesetz, unterstützt. Sie enthält eine Vielzahl detaillierter Vorschriften (die Verbote, Wein, Blut und Schweinefleisch zu konsumieren oder die Gebote, sich Wissen anzueignen und den Glauben zu verbreiten, sind nur die geläufigsten). Sie enthält aber auch die sogenannten fünf Pfeiler des Islam: die Verpflichtung zum Glauben an die Göttliche Einheit *(iman)*, zum fünfmal täglich zu verrichtenden Gebet *(salat)*, zur zeitweiligen Enthaltung von Essen und Trinken

*Die im Westen kolportierte Meinung über die Rolle des Tschador im Iran basiert auf einem doppelten Irrtum: Erstens bedeckt dieser schwarze Umhang zwar den gesamten Körper vom Scheitel bis zur Sohle, nicht jedoch Augen, Nase und Mund. Die Tradition des Gesichtsschleiers, wie ihn etwa jene Afghanin im Bild oben trägt, wurde am sassanidischen Hof begründet und deshalb von Ajatollah Khomeini als „feudalistische" Sitte abgelehnt. Schon Schah Reza Pahlevi ließ dieses Requisit in den dreißiger Jahren per Dekret verbieten. Und zweitens ist auch der vor allem bei der ländlichen Bevölkerung beliebte Tschador (wörtlich mit „Zelt" zu übersetzen) eine altiranische Sitte und von den Machthabern in Teheran nicht zwingend vorgeschrieben. Entscheidend ist für jene nur, daß Arme und Beine ausreichend bedeckt und die Körperformen durch den Schnitt nicht auf sexuell aufreizende Weise betont sind. Wozu ein Kopftuch sowie ein langes Kleid oder ein Mantel westlichen Zuschnitts vollauf genügen.*

*(saum)*, zur Abgabe von Almosensteuer *(zakat)* und zur Pilgerfahrt *(hadsch)* nach Mekka. Allesamt Anweisungen, die auch das Leben im Basar maßgeblich mitbestimmen. Zumal viele von ihnen ganz praktische Probleme des Handels und Gewerbes und der Finanzwirtschaft ansprechen.

Viele Religionen verurteilen mehr oder weniger offen das Streben nach irdischem Gewinn. Wohl deshalb, aber vermutlich auch, weil in der jüngeren Vergangenheit die Völker Nordafrikas und Vorderasiens in ihrer Entwicklung mit Europa nicht Schritt hielten, ist die Ansicht weit verbreitet, der Islam lehne wirtschaftlichen Fortschritt prinzipiell ab. In Wahrheit trifft das genaue Gegenteil zu. Zwar war aus Kreisen der Mystiker im Laufe der Geschichte immer wieder der Ruf nach Askese und Müßiggang zu hören. Doch Koran und Sunna befürworten unmißverständlich, daß der Gläubige für seinen Unterhalt und den seiner Familie sorgt, und aus seiner Arbeit auch persönlichen Nutzen zieht. Wie das sexuelle, so wird auch das materielle Verlangen als von Gott gegeben grundsätzlich bejaht. Schließlich war Mohammed selbst lange Jahre als Kaufmann tätig.

Im Unterschied zum Kommunismus darf es Reiche und Arme geben. Aber im Unterschied zum Kapitalismus darf der Profit nie Selbstzweck sein. Geschäft und Moral sind auf das Engste verbunden. Je mehr man besitzt, desto mehr Verantwortung trägt man. Nur derjenige tue recht, verkündete der Prophet, der sein Vermögen auf anständige Weise erwerbe und einen Teil an Bedürftige weitergebe.

Als verpönt, weil sündhaft, gelten Diebstahl, Habsucht und Ausbeutung, das Protzen, Horten, Spekulieren, der Aufbau von Monopolen, aber auch die Beschäftigung mit Prostitution, Glücksspiel, Astrologie, Drogenhandel und Wahrsagerei sowie – das Betteln, wenn es nicht einer akuten Notlage entspringt. Selbst die Vorgangsweise bei Optionen, Darlehen und Hypotheken, bei Bürgschaften und Bankrott ist aus ethischen Gründen genauestens reglementiert.

Besonders rigoros verbietet der Koran die Zinsnahme. Was verständlich ist, bedenkt man, daß es zuvor in Mekka üblich war, geschuldete Geldsummen (oder Naturalien) samt den Zinsen zu verdoppeln, wenn beim Fälligkeitstermin nicht gezahlt werden konnte. Freilich bediente man sich von Anfang an verschiedener Rechtskniffe, um das Verbot zu umgehen: Man tätigte Scheinkäufe, fixierte bei einem Handel die Gewinnspanne vorab, oder bescheinigte auf Schuldverschreibungen mehr als die empfangene Summe. Vielerorts übernahmen

auch Minderheiten – Juden, Christen oder Hindus – die Geldgeschäfte. Und bis heute sind die Rechtsgelehrten uneins angesichts der Frage, ob im Heiligen Buch mit dem Vokabel *riba* wirklich jede Art von Zins oder doch nur regelrechter Wucher gemeint ist. Die Finanzmanager der modernen islamischen Staaten vertraten lange Zeit fast ausnahmslos die liberale Position und betrieben Banken nach westlichem Muster. Doch im Zuge der Rückbesinnung auf die Wurzeln der Religion wurden seit den siebziger Jahren etliche Institute gegründet (das größte und bekannteste ist die „Islamische Entwicklungsbank"), bei denen der Geldgeber statt Zinsen zu erhalten, an Gewinn und Verlust der Unternehmungen gleichermaßen beteiligt ist.

Eine weitere wichtige Vorschrift gebietet die jährliche Entrichtung einer Almosensteuer, der bereits erwähnten Zakat. Sie kommt Armen und Bedürftigen, aber auch Schuldnern, Steuereintreibern, Reisenden und Ungläubigen, denen der Übertritt zum Islam erleichtert werden soll, zugute und wird vom Staat nach einem reichlich verworrenen Schlüssel eingehoben und verwaltet. Für Feldfrüchte und Obst zum Beispiel sind zehn, im Falle künstlicher Bewässerung nur fünf Prozent des Wertes zu zahlen.

*In der Regel sind die Basare Männerzone. Doch abgesehen davon, daß seit einer Generation der Anteil weiblicher Marktgänger rapide steigt, gibt es eine bemerkenswerte Ausnahme – die Frauenmärkte der Berber im Rif-Gebirge, Nordmarokko. Dort werden vor allem Waren verkauft, die von Frauen produziert wurden (etwa Kleider und Keramiken) oder für das andere Geschlecht tabu sind (etwa Schönheits- und Verhütungsmittel sowie spezielle Aphrodisiaka). In diesen Suqs wird eine Frau vom Rat der Notabeln zur Marktinspektorin, der Amina, gewählt. Männern ist das Betreten bei Androhung strenger Strafen verboten. Entstanden ist diese Eigentümlichkeit, so wird vermutet, zu Zeiten von Kriegen, denn während dann die Hauptmärkte geschlossen waren, konnten die an den Stammesfehden nicht beteiligten Frauen weiter Handel treiben. Vorhergehende Seite unten: auf dem Kleidermarkt von Marrakesch; oben: der Suq Midhat Pascha in Damaskus.*

Für Edelmetalle und Handelsware zweieinhalb – jedoch nur, wenn sie mindestens ein Jahr aufbewahrt wurden. Und die Berechnung des Anteils für Kamele, Ziegen und Schafe ist fast schon eine eigene Wissenschaft. In vielen Fällen bleibt die Höhe der Zakat überhaupt der Ehrlichkeit des Besitzers überlassen.

Noch komplizierter in der Anwendung, aber dafür moralisch noch verdienstvoller ist *sadaqa*, die freiwillige fromme Gabe. Darunter sind sowohl materielle Spenden zu verstehen als auch Hilfsdienste, Gefälligkeiten und Lob oder die Vermittlung zwischen verfeindeten Parteien. Wobei die Intention des Gebens stets viel höher geschätzt wird, als die dem Empfänger erwiesene Wohltat.

Die vor allem unter Touristen berühmt-berüchtigte Tradition *bakschisch* zu begehren, einen ebenfalls von jeglicher Gegenleistung unabhängigen Obolus, ist hingegen mit dem religiösen Gebot der Spende nur unzureichend zu erklären. Sie wurzelt im Brauch vorislamischer Nomaden, untereinander für Loyalität oder gezielte Feindseligkeiten Prämien zu zahlen oder Tribute zu fordern und wurde später, im Mittelalter, vor allem von ortsfremden Machthabern fortgesetzt, die mit Geldsummen und Geschenken die Treue ihrer Untertanen erkauften.

*Ob auf dem Fischmarkt von Scharschah, in den Emiraten am Golf oder auf dem Kamelmarkt von Imbaba in Kairo – das Feilschen beim Einkauf ist entgegen gängiger, abendländischer Ansicht ein Ritual mit festgelegten rhetorischen, mimischen und gestischen Elementen. Es dient der Vertrauensbildung zwischen Verkäufer und Käufer. Langfristiges Ziel dabei: einen Stammkunden beziehungsweise Händler zu finden, mit dem sich künftig ohne lange Verhandlungen Geschäfte abwickeln lassen.*

Hätte der Koran das Bakschisch als Abart des Almosen gutgeheißen, dürfte es westlichen Besuchern genaugenommen gar nicht abverlangt werden. Dann wäre es ausschließlich Angelegenheit der Moslems.

Was dies alles mit dem Basar zu tun hat? Sehr viel! Denn es verdeutlicht die sittlichen Prinzipien, auf denen das friedliche Zusammenleben aller *suwwaqa*, aller Marktgänger – sei es der reichen Händler oder armen Bauern, der Geldleiher, Geschichtenerzähler oder Tagelöhner –, bis heute beruht. Gewiß, der Einbruch der Moderne hat auch Teile der traditionellen Basar-Gesellschaft korrumpiert. Dennoch gelten bei der Mehrheit ihrer Mitglieder Frömmigkeit, Ehrlichkeit und Solidarität nach wie vor als *die* fundamentalen Werte. Deshalb schließen die meisten Kaufleute *(basaris)* ihre Vereinbarungen statt mit schriftlichen Verträgen und Rechtsanwalt immer noch mündlich, per Handschlag. Deshalb kann man selbst in Goldsuqs noch oft erleben, daß Händler ihre vollkommen offenen Läden, wenn sie in die Moschee zum Beten gehen, nur symbolisch mit einer Schnur versperren. Es ist völlig undenkbar, daß einer den anderen bestiehlt. Sogar Boten, häufig halbwüchsig und nur vom Sehen bekannt, bekommen Pretiosen ohne Quittung überantwortet. Und werden Wächter eingestellt, wie etwa in manchen Basaren des Maghrebs oder in Sanaa, so nur der Gefahr fremder Eindringlinge wegen und nur für die Nacht.
Undenkbar ist auch, einen Kunden vom angrenzenden Laden wegzulocken. Im Gegenteil: Ist der Nachbar einmal kurz verschwunden, vertritt man ihn und verkauft, wenn nötig, seine, des Konkurrenten Ware. Denn solche Gelegenheiten zum eigenen Vorteil auszunutzen, gälte als *aib*, als Schande.
Freilich birgt dieses System des gegenseitigen Beistands auch gewisse Gefahren. Denn ein ungeschriebenes Gesetz besagt, daß erwiesene und beanspruchte Hilfe einander stets die Waage halten sollen. Wer seinen Nachbarn, gleich, ob im Werkstatt-, Laden- oder Wohnviertel, allzuoft um eine Gefälligkeit bittet, droht sein Ansehen zu verlieren. Der enge Zusammenhang zwischen gegenseitigem Vertrauen und eigenem Ruf zeigt sich auch bei jenem Ritual, das zwar im Westen stets als Symbol für eine „typische" Basar-Mentalität herhalten muß, dessen Vielschichtigkeit und tieferer Zweck jedoch selten bedacht werden: beim Feilschen.

„Willkommen, mein Bruder, ich habe dich lange nicht gesehen."
„Ach, Bruder. Ich lebe weit von hier, im Süden."
„Im Süden? Dort habe ich Freunde unter den …"
„Auch ich kenne einige aus dieser Familie."
„Mein Laden ist deiner. Befehle mir."
„Du bist der Herr. Ich möchte einen Anzug kaufen. Wieviel macht dieser hier ungefähr?"
„Zwischen uns, mein Bruder, herrscht Einigkeit. Mich interessiert nicht der Profit, sondern nur, was dich erfreut. Brüder debattieren nicht über Preise. Für dich kostet er nichts, ist ein Geschenk."
„Ahmed hat mir deinen Laden besonders empfohlen."
„Ah, Ahmed! Er ist dein Freund? Für dich macht der Anzug vierzig Dinar."
„Bruder, hast du keine Furcht vor Gott?"
„Viele Reiche aus dem Süden kaufen meine Anzüge und kommen wieder. Bei Allah, dieser Preis gilt nur für dich …"
„Vierunddreißig". – „Nimm ihn für siebenunddreißig." – „Fünfunddreißig" – „Einverstanden. Ich gebe ihn dir, weil du es bist. Allah wird mich für den Verlust entschädigen."
Rhetorische Feuerwerke wie dieses brennen Händler und potentielle Kunden in jedem Basar täglich tausendfach ab. Die Waren, ihr Wert und die imaginären Verwandtschaftsverhältnisse mögen dabei variieren, das Gerüst aus Phrasen, auf das sich der Dialog stützt, bleibt jedoch mehr oder weniger das gleiche: Fast immer spricht der Verkäufer sein Gegenüber als Mitglied seiner Familie an, nennt es – je nachdem – „Bruder", „Mutter", „Onkel" oder „Vater", um emotionale Nähe zu suggerieren. Der Interessent wiederum deutet die Möglichkeit an, Stammkunde zu werden, indem er vorgibt, bei der Wahl des Ladens der Empfehlung eines gemeinsamen Bekannten gefolgt zu sein.
Wird er konkret und fragt nach einem Preis, erhält er eine ebenso höfliche wie nichtssagende Antwort. Ihr einziger Zweck: eine vertrauliche Atmosphäre zu

erzeugen. Erst nach längerem Zögern rückt der Verkäufer mit seiner Forderung heraus. Und provoziert unweigerlich Widerspruch. Inzwischen hat er – Menschenkenner, der er ist – anhand des Namens und Dialekts, der Kleidung und mancher Bemerkungen den Status seines Klienten bestimmt. Er beschwichtigt den „Empörten“ mit dem Hinweis, andere Leute seines Rangs – den er selbstverständlich schmeichelhaft übertreibt – hätten bei ihm bereits dasselbe gekauft. (Für Touristen wird in dieser Phase gerne ein Stapel Ansichtskarten aus Amerika oder ein Gästebuch mit Dankesbezeugungen zufriedener Kunden hervorgekramt.) Nach Abschluß des Handels beteuert er, um seine Uneigennützigkeit zu unterstreichen, dieser habe ihm nichts oder gar einen Verlust eingebracht.

Für Außenstehende liegt es nahe, dieses Ritual ausschließlich mit dem Wesen der Beteiligten zu erklären. Ist doch altbekannt, daß man im Orient blumige Worte und theatralische Gesten liebt. Doch so einfach ist die Sache nicht. Erstens wird auch in westlichen Industrieländern um manche Güter, deren Wert nicht von vornherein feststeht, gefeilscht. Um Löhne zum Beispiel, Immobilien oder Antiquitäten, und überhaupt um alles mit dem Prädikat „Second hand“. Zweitens werden auch im Basar viele Dinge – Grundnahrungsmittel etwa, und billige Gebrauchsgegenstände – zu Fixpreisen gehandelt. Außerdem schadet Feilschen für gewöhnlich dem Prestige: Würdenträger zahlen lieber Wucherpreise, als sich zu einem Wortduell herabzulassen. Niedrigstehende gewinnen, indem sie darauf verzichten, an Achtung.

Die hauptsächlichen Gründe für diese Form des Handelns liegen in den sozialen und wirtschaftlichen Rahmenbedingungen.

Ein wesentliches Merkmal der Basar-Ökonomie ist der chronische Mangel an objektiver Information. Es existieren weder Massenmedien, die über Angebot und Nachfrage, über Qualität und Preis von Waren berichten noch Organisationen zur Marktforschung und zum Konsumentenschutz. Im traditionellen Einzelhandel sind Trademarks oder Güteklassen unbekannt und Maße und Gewichte nur unzureichend vereinheitlicht. Da außerdem fast überall die Analphabetenrate sehr hoch liegt (in Marokko und Ägypten bei über 50, im Jemen bei 62%), hat sich eine Strategie erhalten, die auf dem mündlichen Austausch von Daten basiert.

Der Käufer „testet“ zuerst einmal das aktuelle Preisniveau, indem er verschiedene Händler unverbindlich nach Preisen befragt. Wo er auf das günstigste Angebot stößt, beginnt er zu feilschen. Ziel des Verkäufers ist es dabei, einen Stammkunden zu gewinnen. Ziel des Käufers, mit einem vertrauenswürdigen Händler eine dauerhafte Beziehung aufzubauen, um künftig zeitsparend, ohne lange Verhandlungen einkaufen zu können.

Die Tricks, derer sich die beiden mancherorts bedienen, zeugen von Phantasie. Im Jemen zum Beispiel kommunizieren sie, damit Dritte nichts über ihre Preisabsprachen erfahren, gelegentlich mittels Gebärden: Beider Hände werden mit einem Tuch verdeckt. Die Verständigung erfolgt durch Bewegen der Finger, deren jeder eine andere Zahl symbolisiert. Zugleich werden mit den Augen Ablehnung oder Zustimmung ausgedrückt. Iranische Teppichhändler pflegen zu erwähnen, um wieviel sie – angeblich – ein Stück gekauft haben, und legen so von vornherein den Minimumpreis fest. Und Levantiner inszenieren gerne kleine Farcen: Nachdem sie einen Preis gefordert haben, lassen sie den Sohn in ihrer Abwesenheit einen niedrigeren nennen. Später beschimpfen sie ihn in Gegenwart des Kunden für seine Nachgiebigkeit. So wird der Anschein erweckt, das zweite Angebot sei tatsächlich günstig.

Käufer schicken bisweilen ihre Frauen zum Feilschen – in der meist berechtigten Hoffnung, die Galanterie würde sich in Großzügigkeit äußern. Auch die Tageszeit spielt eine Rolle: Am frühen Nachmittag lähmen oft Hitze und auch Haschisch oder Qat die Lust des Händlers am verbalen Zweikampf. Die allergrößte Chance auf eine Mezzie besteht aber

*Das im Basar vorherrschende Lebensgefühl, der Gleichmut und die Heiterkeit, basiert auf der Einhaltung eines hohen Ethos. Im Zentrum steht dabei der Begriff des Dschiwar. Er stammt noch aus der Gemeinschaft der Beduinen, für die in der Wüste ohne Solidarität kein Überleben möglich war, und gebietet Nachbarn, einander gegenseitig Schutz und Hilfe zu leisten. Was freilich einem gewissen Maurice Michaud, einem Mitglied der Französischen Akademie, in Istanbul widerfuhr, ist bereits 150 Jahre her: Ihm wurde, so schwärmte er später in seinem Reisebericht, als er im Basar eine Brieftasche kaufen wollte, empfohlen, den Nachbarn zu beehren. Wozu? Ganz einfach: Der habe die schöneren Brieftaschen! Oben: eine Begrüßung unter Freunden in der Medina von Marrakesch; unten: ein Bananenhändler in den Straßen von Altkairo.*

*Normalerweise haben Frauen nur dann das Recht, sich auf der Straße zu zeigen, wenn sie einen Auftrag, etwa einzukaufen, erfüllen müssen. Mit Männern nehmen sie dabei nur im Rahmen dessen Kontakt auf, es sei denn, es handelt sich um nahe Verwandte. Doch immer öfter ergreifen auch Frauen den Händlerberuf – um ihren Lebensunterhalt selbstbewußt in Eigenregie zu verdienen oder, wie im Bild die Brotverkäuferinnen im Basar von Hadscha im jemenitischen Bergland, um das Haushaltsbudget aufzubessern.*

kurz vor dem Abendgebet. Denn eine alte Sitte verlangt, daß dem letzten Einkäufer Rabatt gewährt wird. Ist ein Geschäft endlich perfekt, bleibt dem Händler noch ein letztes Atout: Er bietet dem Kunden an, ein andermal zu zahlen, erklärt ihn also für kreditwürdig – eine Geste, die ihre Wirkung selten verfehlt.

Daß die Preise trotz so langwieriger Mechanismen tatsächlich täglich aufs neue exakt das Verhältnis von Angebot und Nachfrage widerspiegeln, hielt schon der Prophet für ein Wunder. Ihm wird der Ausspruch zugeschrieben, in den Suqs setze niemand geringerer als Gott selbst die Preise fest.

Im Basar wird allerdings nicht nur mit Waren, sondern auch mit Meinungen gemakelt. Er ist eine Prestige-Börse mit strengen Satzungen und Sanktionen. Da der Einfluß der Frauen in der Regel auf das Haus und die nächste Umgebung beschränkt ist, dominiert an dieser Börse die Moral der Männer. Wichtigste Aktie ist die eigene Ehre. Sie steht dann hoch im Kurs, wenn der Haushalt, über den man herrscht, bei den Nachbarn einen guten Leumund genießt. Jeder Auftritt in der Öffentlichkeit, ob beim Feilschen oder Beten, in der Werkstatt, im Bad oder nach Feierabend in der Freundesrunde, dient deshalb vor allem einem Zweck: den Ruf seines Privatlebens zu verteidigen. Denn erlebt die Ehre einen Kursverfall, ausgelöst etwa durch bissige Witze oder böse Gerüchte, droht die soziale Quarantäne – der Ausschluß aus der Männergruppe.

Der Basar war auch, und ist in gewissem Sinne immer noch, eine maßgebliche Instanz in der Politik. Sieht man die – insgeheim meist steinreichen – Großhändler in ihren Lagerkontoren sitzen, über sich eine kahle Neonröhre, vor sich auf dem stählernen Schreibtisch lediglich einen Taschenrechner, ein zerschlissenes Notizbuch und ein altertümliches Bakelittelephon, käme man kaum auf diese Idee. Doch aus Furcht vor der Steuerbehörde tiefstapeln (und dabei keinerlei Buch führen), ist eine Sache, im Hintergrund die Schalthebel der Macht bedienen, eine andere. Herrscher mögen kommen und gehen, die Basaris jedoch bleiben und bilden seit jeher eine einflußreiche Elite. Im Normalfall genügt ihnen, um ihre Interessen zu wahren, eine Erwähnung gegenüber den Rechtsgelehrten. Diese informieren dann bei einer der regelmäßig stattfindenden Konsultationen die Machthaber. Scheint ihnen, was jedoch sehr selten vorkommt, scharfer Protest unumgänglich, schließen sie demonstrativ ihre Läden. Dann befindet sich der Basar, wie es auf Persisch heißt, „in Unordnung". Überall wird erregt diskutiert. Gerüchte brodeln. Und die Möglichkeit eines Ausbruchs von Gewalttätigkeiten liegt in der Luft.

Eindrucksvolles Beispiel für die Macht streikender Basaris ist der Umsturz von 1979 in Iran. Schon in den fünfziger Jahren hatte der Schah seinen Günstlingen ermöglicht, den Großhändlern die Aufsicht über den Getreideex- und -import zu entreißen. Anfang der Siebziger unterstützte er sie beim Aufbau einer modernen Industrie. Sein Ziel: die „veralteten" Strukturen des traditionellen Gewerbes zu ersetzen. Für die Basaris wurde das westliche Fortschrittsdenken existenzbedrohend. Sie schlossen sich den Mullahs und Ajatollahs an und wurden zu den wichtigsten Finanziers der „Islamischen Revolution". In der Zeit vor der Rückkehr Khomeinis aus dem Exil blieb der Basar von Teheran fünf Monate lang gesperrt.

Kapitale Verbrechen hingegen sind im Basar die große Ausnahme. Zum einen, weil es in beinahe jedem ein Heiligengrab gibt. Und den Frieden eines geweihten Ortes zu verletzen hieße, eine überirdische Strafe provozieren. Zum anderen, weil Märkte von alters her verfehdeten Gruppen als neutraler Treffpunkt dienen. Nicht ohne Grund ist in manchen Basaren noch heute das Tragen von Waffen verboten. Außerdem wissen die Marktgänger um das Risiko einer sogenannten *nefra* – der Ausweitung eines einzelnen Zwischenfalls zu einem emotionalen Flächenbrand, der immer mehr Gemüter erhitzt, in einen Massenstreit mündet und schließlich den Betrieb kollabieren läßt. Eine Nefra (arab. für „panisch flüchten"), verursacht etwa durch einen Mord, bedeutet, daß der Markt – dies gilt freilich nur für kleinere Suqs in der Provinz – zur „Reinigung" für ein Jahr geschlossen wird. Allein deshalb ist jedermann um Harmonie bemüht.

Wir bewegen uns aus der höchsten in die niedrigste Welt, vom Kalifen zum Barbier, vom armseligen Fischer zum fürstlichen Kaufherrn, und es ist *eine* Menschlichkeit, die mit breiter, leichter Woge uns hebt und trägt; wir sind unter Geistern, unter Zauberern, unter Dämonen und fühlen uns wiederum zu Hause." Hinter diesem Gefühl der Geborgenheit, wie es Hugo von Hofmannsthal in seinem Vorwort zu den Erzählungen aus Tausendundeiner Nacht beschrieb, steckt die Vorstellung vom *kismet*, einem den Menschen unerklärlichen, aber unendlich weisen Plan, der jedem Unglück, aber auch Glück zugrunde liegt. Lange Zeit sprachen Europäer – und die leise Verachtung war nicht zu überhören – gerne vom „Fatalismus der Orientalen". Geschäftsreisende beklagen bisweilen noch heute deren „Passivität" – und sitzen einem fundamentalen Mißverständnis auf.

*Auch wenn die Zeiten längst vorbei sind, da die Basare der Bevölkerung als streng bewachte Schatzkammern und Tresore für ihre Ersparnisse und Wertgegenstände dienten: Auf manche Kostbarkeit kann man in den gehobenen Souvenir- und Antiquitätenläden noch heute stoßen. Im Bild: ein Schmuck- und Stoffgeschäft in Rissani, Südmarokko.*

„Islam" heißt wörtlich: „Ergebung in Gottes Willen". Ergebung aber ist nicht Passivität. Sondern die Bereitschaft, mit der Schöpfung in Harmonie zu leben, statt sie unterwerfen und neu ordnen zu wollen. Ergebung ist die Voraussetzung für ein ganz anderes, unbekümmerteres Verhältnis zu allen Phänomenen des Daseins.

Wilfred Thesiger, der britische Abenteurer und hervorragende Arabienkenner, hat einmal auf die Frage, ob er auf seinen Reisen nie einsam war, geantwortet: „In Städten, wo mich niemand kannte, ging ich einfach in den Basar und begann ein Gespräch mit einem Händler. Er lud mich ein, in seiner Bude Platz zu nehmen und ließ Tee kommen. Andere Leute gesellten sich zu uns. Man fragte mich, wer ich sei, woher ich komme und stellte unzählige andere Fragen, die wir einem Fremden niemals stellen würden. Und dann sagte einer: ‚Komm, iß mit mir zu Mittag.' Beim Essen traf ich dann weitere Araber, und einer von ihnen lud mich zum Abendessen ein."

In der sprichwörtlichen Gastfreundschaft kommt die Freiheit der orientalischen Seele besonders deutlich zum Ausdruck. Doch sie zeigt sich auch in vielen anderen Bereichen. Etwa in der Beziehung zum Alter: Es wird im Morgenland nicht gefürchtet und vedrängt, sondern verehrt. Kaum eine Familie, in der nicht drei oder vier Generationen zusammenleben. Kaum ein Laden, in dem nicht der verstorbene Groß- oder Urgroßpapa in vergilbtem Schwarzweiß gerahmt von der Wand grüßt.

Oder bei der Arbeit: Sie gilt nicht, wie in der Bibel, als Strafe für den Sündenfall im Paradies, sondern als bereichernder Bestandteil des Alltags. Dementsprechend wird kein Mensch im Basar versuchen, am Freitag, dem moslemischen Sonntag, ein während der Woche erduldetes „Arbeitsleid" mit hektischen Freizeitaktivitäten zu kompensieren.

Und nicht zuletzt beim Umgang mit der Zeit: Städte wie Bagdad oder Damaskus verfügten schon vor der Jahrtausendwende über ebenso prunkvolle wie präzise öffentliche Sonnen- und Wasseruhren. Doch im Basar hielt (und hält es) niemand für nötig, die Zeit zu zerstückeln. Man rastet, weil man müde ist oder Hunger hat oder Lust zu einem Gespräch. Und nicht, weil der Uhrzeiger es so will. Der einzige, der den Gang der Dinge regelmäßig unterbrechen darf, ist der Muezzin mit seinem Ruf zum gemeinsamen Gebet, der alles durchdringenden Formel – „Allahu akbar", „Gott ist groß".

# VON IMAMEN, KADIS UND MARKTAUFSEHERN

Gebt dem Kaiser, was des Kaisers, und Gott, was Gottes ist!" Nach dem Verständnis des Abendländers, der sein Weltbild der christlichen Lehre verdankt, hat Jesus mit diesem Diktum die Zuständigkeiten für das Diesseits und das Jenseits eindeutig und ein für allemal geregelt. Denn mögen auch in der Spätantike und im Mittelalter diverse Reichsideen gepflegt worden sein, die im Kaiser den Statthalter Gottes auf Erden sahen: Seit Beginn der Neuzeit galt – zumindest theoretisch – in Europa (und später auch im überwiegenden Teil der restlichen Welt), daß Staat und Religion zweierlei sind und getrennt gehören.

Betrachtet man freilich das gesellschaftliche Gefüge des Basars – die Beziehungen zwischen den Bevölkerungsgruppen, ihre Organisationen und wirtschaftlichen Grundlagen, so gilt es stets im Hinterkopf zu behalten, daß sich die traditionelle Herrschaftsordnung im Islam ganz grundlegend von jener im Westen unterscheidet. Denn das Oberhaupt der moslemischen Gemeinschaft übte nicht nur alle drei politischen Gewalten – Gesetzgebung, Vollzug und Rechtsprechung. Es hatte auch sämtliche Agenden eines religiösen Führers. Ihm oblag, wie Ibn Chaldun formulierte, „der Schutz der Religion und die Lenkung der Welt durch sie" – ein Prinzip, dessen Anwendungen im Laufe der Geschichte zwar immer wieder geändert wurden, dessen Grundsätze jedoch bis zur Einführung europäischer Verfassungen in der zweiten Hälfte des vorigen Jahrhunderts gültig blieben und noch heute nachwirken.

Abu Bakr, Omar, Otman, Ali ... Die ersten Kalifen, die „Nachfolger des Gesandten Gottes", vereinten tatsächlich alle öffentlichen Ämter, weltliche wie geistliche, in ihrer Hand. Sie waren Regenten, Richter und militärische Befehlshaber, leiteten den Gottesdienst und hielten die *chutba*, die Freitagspredigt. Doch das junge Reich expandierte so rasch, daß schon bald mehr und mehr Aufgaben an Funktionäre delegiert werden mußten. Als sich der Islam Mitte des 8. Jahrhunderts in einen omajjadischen Ast (mit der Hauptstadt Cordoba) und einen abbasidischen (mit Bagdad) verzweigte, war der Kalifentitel bereits eher Symbol für den abstrakten Anspruch auf die universale Herrscherwürde denn Beleg konkreter Macht.

Zu den wichtigsten neuen Ämtern zählte das des Vorbeters. Er mußte – und muß bis zum heutigen Tag – beim gemeinschaftlichen Gebet Richtung Mekka gewandt die rituellen Körperbeugungen und Prosternationen vorexerzieren und die jeweiligen Formeln vorsprechen. Auch ist er Leiter der Begräbniszeremonien, in deren Rahmen er unter anderem die Toten zu belehren hat, welche Antworten sie den Grabesengeln Munkar und Nakir geben müssen. Sein arabischer Titel, *al-imam*, ist doppeldeutig und selbst für Moslems ein wenig verwirrend. Denn die Schiiten verstehen unter Imamen auch die leiblichen Nachfahren Alis, dem aus ihrer Sicht einzig legitimen Erben Mohammeds. Der zwölfte Imam, so meinen sie vor allem im Iran (die Ismailiten behaupten, der siebte), sei in die Unsichtbarkeit entrückt und werde dereinst als Führer der Menschheit wiederkehren. Im sunnitischen Islam hingegen war die Bezeichnung ursprünglich Synonym für den Kalifen, schloß doch sein Amt das des Vorbeters mit ein. Später waren Imame in der Regel theologisch und juristisch geschulte Fachleute, die zugleich andere öffentliche Pflichten erfüllten. Heute fungieren als Vorbeter – vor allem in kleineren Bethäusern – oft auch gut beleumundete Männer ohne spezielle Ausbildung, mit einem bürgerlichen Beruf.

Für den Moscheebetrieb ebenso unerläßlich sind die *muezzins*. Ihnen obliegt es seit jenen Tagen, als Bilal, der dunkelhäutige Gefährte Mohammeds, in Medina als erster dieses Amt bekleidete, fünfmal am Tag – vor Sonnenaufgang, zu Mittag, in der Mitte des Nachmittags, bei Sonnenuntergang und eineinhalb Stunden danach – vom Minarett herab den Gebetsruf *(azan)* erschallen zu lassen. Wobei sie seit längerem schon Lautsprecheranlagen benützen und neu-

*Jeder Moslem hat gemäß eines Prophetenspruchs die Pflicht, im Rahmen seiner geistigen Fähigkeiten die Glaubensinhalte zu reflektieren. „Suchet das Wissen", forderte Mohammed seine Anhänger auf, „und wäre es in China." Und: „Eine Stunde Besinnung ist besser als zwei Jahre Gottesdienst". Das Denken hat freilich eine natürliche Grenze: „Sinnt nach", heißt es in der Überlieferung, „über die Eigenschaften und Taten Gottes, nicht über seine Wesenheit." Gegenüberliegende Seite: ein Gelehrter beim Rezitieren des Koran im Topkapi-Palast von Istanbul; unten: ein Wißbegieriger im Gebetssaal der Moschee al-Hakim in Kairo.*

*Obwohl Koran und Sunna die Bedeutung des Erwerbs durch eigene Arbeit und Anstrengung mehrfach betonen, ist mit dem Eigentum doch immer auch eine soziale Verpflichtung verbunden. Die Armen haben prinzipiell das Recht, am Vermögen der Reichen teilzuhaben. Dies geht über Almosen und milde Gaben weit hinaus, und es hält die Gemeinschaft an, Armut und Hungersnot im Volk stets zu bekämpfen.*
*Im Bild: ein informeller Altenrat vor dem Eingang zur Großen Moschee von Sanaa.*

erdings auch Kassetten abspielen, die von der Azhar-Moschee in Kairo vertrieben werden.
Größte Autorität in religiös-rechtlichen Belangen genießt – in manchen Ländern bis heute – der *mufti*. Seine Aufgabe als profunder Kenner des Korans und der Hadithen, der überlieferten Aussprüche des Propheten, besteht darin, den Gläubigen verbindliche Auskünfte hinsichtlich einer frommen Lebensführung zu erteilen und in besonders wichtigen Streitfragen Rechtsgutachten, sogenannte *fetwa*, zu erlassen. Die Rolle der Armeeführer übernahmen die *emire*, die der „Minister" die *wesire*. Als *Großwesir* galt – allerdings nur im Osmanischen Reich – der Chef der gesamten Administration. Er war zugleich Siegelbewahrer und Stellvertreter des Sultans. Das Amt des Richters – das für die Praxis bedeutsamste in der Stadt, übertrug sich auf den *kadi*. Wobei der deutsche Ausdruck in die Irre führt. Denn zum einen besaß nicht nur der Kadi richterliche Funktion. Es gab auch die *schurta*, eine Art Militärpolizei mit großen Befugnissen für Strafverfolgung und -vollzug, und die sogenannten *mazalim*-Gerichte, die gleichsam als Parallel-Instanzen direkt dem Herrscher unterstanden. Zum anderen erfüllte der Kadi nicht nur richterliche Pflichten. Er verwaltete auch fürstliche und private Stiftungen und war Vormund für Findelkinder und minderjährige Waisen, für Geisteskranke und Verschwender.
Den zentralen Part in der Verwaltung des Basars spielte der *muhtasib* (türk.: *ihtisab agasi)*. Dem Kadi unterstellt, hatte er als indirekter Nachfahre des römisch-byzantinischen Marktinspektors für die Überwachung der Suqs zu sorgen. Er kontrollierte Maße und Gewichte, den Feingehalt der Münzen, die Qualität der Waren sowie im besonderen die Einhaltung der – freilich recht wenigen – baupolizeilichen Verordnungen. In Krisenfällen mußte er Wucher und Hamsterkäufe unterbinden und wenn nötig offizielle Höchstpreise festsetzen. Auch durfte er Strafen aussprechen und Gütezeichen verleihen. Zu den Pflichten des Marktaufsehers gehörte auch ganz allgemein die Wahrung der öffentlichen Ordnung. So kümmerte er sich etwa darum, daß die Gläubigen die Gebetszeiten beachteten, daß Christen und Juden diskriminierende Gesetze wie Kleidungsvorschriften und Kundgebungsverbote befolgten und Männer und Frauen im Umgang miteinander Sitte und Anstand wahrten (was ihn freilich mancherorts nicht daran hinderte, an der Prostitution mitzuverdienen). All dies hatte in genauer Kenntnis des aktuellen Marktgeschehens und der *schariya*, des göttlichen Rechts, zu erfolgen. Und mit der Schläue des erfahrenen Pragmatikers. Denn oberstes Ziel war in sämtlichen Streitfällen, das Problem nach Möglichkeit intern zu regeln, um es erst gar nicht vor den Kadi bringen zu müssen.

Moderne Historiker sind immer wieder verwundert, mit wie wenigen Beamten noch in diesem Jahrhundert große islamische Städte verwaltet wurden. Der Kadi und einige Viertel-Vorsteher, der Muhtasib und ein paar ihm untergebene Vertreter der einzelnen Berufsgruppen; dazu eine begrenzte Zahl von Notaren, Aufsehern, Gerichtsschreibern und amtlichen Zeugen ... Der bürokratische Apparat war, gemessen an den Aufgeblähtheiten unserer Tage, äußerst bescheiden.
Wieso das Zusammenleben dennoch so erstaunlich reibungslos funktionierte – und in den Altstädten teilweise immer noch funktioniert? Einerseits, weil der einzelne – wie im vorigen Kapitel erläutert – die rituelle Alltagsordnung so verinnerlicht hat, daß es zu ihrer Befolgung wenig äußeren Zwangs bedarf. Die Menschen haben dank der Religion „ihren zügelnden Einfluß in sich selbst" (Ibn Chaldun). Andrerseits, weil das alte, beduinische Sippen- und Clandenken in der Stadt noch weiterlebt. Die Bewohner der verschiedenen Viertel (arab.: *hara*, bei den Türken: *mahalle)* sind meist weitschichtig miteinander verwandt oder gehören zumindest derselben Ethnie oder Konfession an. Sie bilden, ähnlich den verschiedenen Berufsorganisationen, von denen noch die Rede sein wird, einen sozialen Verband, der sich in hohem Maße selbst trägt. Erst wenn die Gruppeninteressen mit jenen der Allgemeinheit oder der Nachbarn kollidieren, treten die staatlichen Instanzen in Aktion. Dementsprechend brauchte es kaum kommunale Behörden. Dementsprechend verstand sich die islamische Stadt auch nie, wie etwa die antike Polis, als politische Einheit. Und dementsprechend entwickelte sie sich auch nie zu einer juristischen Person. Sie besaß weder Münz- noch

Zoll- noch Steuerprivilegien, verfügte also über kein eigenes Budget (ihre Infrastruktur wurde von privater oder staatlicher Seite finanziert). Auch verfügte sie über kein Befestigungs- oder Marktrecht, kein offizielles Stadtgericht und kein institutionalisiertes Stadtparlament. Lediglich ein informeller „Rat der Notabeln" trat bei Bedarf zusammen – ein offenes Gremium, in dem die Elite der Gemeinschaft, ihre geistigen Führer, die einflußreichsten Händler sowie Vertreter der einzelnen Berufe, über aktuelle Fragen beratschlagten. Ihm wohnte gelegentlich auch der Herrscher bei.

Was sämtliche Stadtbewohner einte, war das Bewußtsein, der *umma*, der Gemeinschaft aller Moslems, anzugehören und – jedenfalls vor dem Gesetz – dieselben Rechte zu besitzen. Jedermann – wohlgemerkt: jeder freie Mann! – durfte sich niederlassen wo er wollte und uneingeschränkt Handel treiben, lernen und lehren. Unterschiede aufgrund von Rasse oder Hautfarbe wurden nicht gemacht, nationale Schranken waren unbekannt. Der humanistische Geist gebot auch eine gewisse Toleranz gegenüber Andersgläubigen. Schriftbesitzer, das heißt Christen und Juden, waren bisweilen zwar argen Erniedrigungen ausgesetzt. Sie mußten etwa spezielle Kleidung tragen, durften nicht reiten, nicht als Zeugen auftreten und kein Regierungsamt bekleiden. Doch zwangsbekehrt wurden sie in der Regel nicht. Was freilich auch mit der Kopfsteuer zusammengehangen sein dürfte, die sie als Gegenleistung für das Recht auf Religionsausübung zu entrichten hatten.

Selbst das Schicksal der Sklaven war in der islamischen Welt in gewisser Hinsicht milder als beispielsweise im alten Rom oder später jenseits des Atlantik. Ihre Freilassung galt als gottgefälliger Akt und wurde eindringlich empfohlen. Auch konnten Sklaven über ihre Ersparnisse relativ selbständig verfügen, ja sogar Unternehmen leiten und sich durch Vertrag mit ihrem Herren freikaufen. Sie wurden so gut wie nie in der Landwirtschaft verwendet, sondern hauptsächlich in der Garde oder im Haus. In letzterem lebten sie meist eng in den Familienverband integriert, und obzwar sie rein rechtlich keinerlei politische oder religiöse Funktionen ausüben durften, waren sie oft mächtiger als viele Freie. Denn Herren konnten ihre Autorität fast nach Belieben auf ihr lebendes Eigentum übertragen.

Eine institutionelle ständische Ordnung wie im mittelalterlichen oder absolutistischen Europa, oder gar ein Klassenbewußtsein im modernen Sinn hat die islamische Stadt nie gekannt. Verschiedene Sphären ließen und lassen sich in ihrer Gesellschaft jedoch sehr wohl unterscheiden. Auf der einen Seite gab es die Obrigkeit, bestehend aus Militärs, beamteten Sekretären *(kuttab)* und, in den Hauptstädten, den Herrschern. Sie ernannte die wichtigsten Würdenträger – Mufti, Kadi, Muhtasib, und kontrollierte so indirekt das städtische Leben. Ihr gegenüber stand beziehungsweise steht die Bourgeoisie – die reichen Kaufleute und die *ulama*, die Rechtsgelehrten, aber auch die Einzelhändler und Handwerker. An sie schließt ohne eindeutige Grenze die breite Masse der Mittellosen an, der Bettler, Straßenhändler, Parkplatzeinweiser, inoffiziellen Fremdenführer und Lastenträger.

Das Leben der Machthaber spielte sich in den Palästen und Zitadellen ab, das der übrigen Bevölkerung in den Wohnquartieren und im Basar. Kontakt zwischen den beiden Welten bestand kaum.

Unabhängig von diesen Sphären existiert freilich auch eine noch informellere, nach ethischen Gesichtspunkten erstellte Rangordnung. An ihrer Spitze stehen die *schurfa*, jene Männer, die ihre Herkunft vom Hause des Propheten ableiten und deshalb als adelig gelten. Ebenfalls sehr hohes Ansehen genießen der *hafiz* – der „Bewahrende", der den Koran auswendig rezitieren kann, und der *hadschi*, der schon einmal die *hadsch*, die Wallfahrt nach Mekka, absolviert hat. Am unteren Ende der Prestige-Skala rangiert, wer religiös zweifelhaften Berufen nachgeht: Prostituierte und Schröpfer beispielsweise, und – in vergangenen Zeiten – Sklavenkastrierer,

*Die Begegnung zweier Welten im ostiranischen Mešched: eine Gruppe von Mullahs, schiitischer Geistlicher, in theologische Debatten vertieft (unten). Im Hintergrund – der Eingang zum heiligen Grab von Reza, dem hochverehrten achten Imam. Im selben Hof (folgende Seite oben): eine Pilgerin im Tschador, tief versunken ins Gebet. Oben: der Muezzin der Omajjadenmoschee von Aleppo im Gespräch.*

*Eine häufige Erscheinung im Straßenbild der Basare sind die Bettler. Die Gabe von Almosen an Bedürftige gilt im Islam grundsätzlich als Pflicht. Doch ist dabei zwischen der sogenannten Zakat und Sadaqa zu unterscheiden. Zakat ist die Almosensteuer, die, neben Glaubensbekenntnis, Gebet, Fasten und Pilgerfahrt, zu den fünf Hauptpflichten jedes Gläubigen gehört und nach einem festgelegten, recht komplizierten Schlüssel berechnet wird. Sadaqa hingegen bezeichnet eine freiwillige, noch verdienstvollere Gabe. Ihre Höhe steht im Ermessen des Spenders.*

aber auch Taubenzüchter, weil sie von den Dächern aus insgeheim Frauen beobachten können.

In einer privilegierten Position befinden sich seit urislamischen Zeiten die Händler und Handwerker. Sie erklärt sich einerseits aus dem merkantilen Milieu, in das die Religion geboren wurde. Mekka und Medina/Yatrib waren Handelszentren, schon lange bevor sich dort um das Jahr 612 in einer Höhle des Berges Hira der Koran „in das Herz des Propheten senkte“. Mohammed selbst war von den langen Karawanenreisen, die er in seiner Jugend unternommen hatte, tief geprägt. Andrerseits spielte sicherlich auch die geographische Lage eine Rolle. Als Scharnier zwischen drei Kontinenten war der Vordere Orient zum Warenumschlagplatz prädestiniert. Auch darf man nicht vergessen, daß bis zur industriellen Revolution Handwerksprodukte zu den wichtigsten Einnahmequellen einer Gemeinschaft zählten und ihren einzigen beweglichen Besitz darstellten. Deshalb, und weil sie mit ihrer Hilfe ihr Image aufpolieren konnten, erachteten viele Eroberer begabte Künstler als begehrte Beute.

So hoch der soziale Status der Händler und Handwerker generell stets war, so groß sind freilich innerhalb dieser Gruppe die wirtschaftlichen Unterschiede. Da Verkehr, Versorgung und Handel im Islam von Anfang an privatwirtschaftlich organisiert waren (die staatliche Verteilerwirtschaft im Kairo der Fatimiden oder im osmanischen Istanbul mit ihren Monopolen und Manufakturen sind nur Ausnahmen, die die Regel bestätigen), existierte auch von Anfang an eine Elite von Import- und Exportkaufleuten. Sie waren dank ihrer Dynamik sehr rasch sehr vermögend und begannen sich bald auf bestimmte Tätigkeiten zu spezialisieren. So gibt es den Depotkaufmann, der, ohne sein Kontor je zu verlassen, mit Hilfe von Agenten aus aller Herren Länder Waren ankauft. Es gibt den „Landgänger“, der selbst auf Reisen geht, um mit den Lieferanten zu verhandeln. Und es gibt den Makler. Er hilft dem angereisten Kollegen, der ja weder die Sprache noch die örtlichen Gebräuche und Preise kennt, beim Verkauf der von ihm eingeführten Güter. Da man bis zum Ende des Mittelalters – wie im übrigen auch in der christlichen Welt – nicht zwischen Kaufmann und Bankier unterschied, kam es vor, daß Händler, unabhängig von den Transaktionen der offiziellen Wechsler und der staatlichen Finanzbeamten, die das Münzwesen überwachten, Einlagen entgegennahmen und Darlehen vergaben. Was naturgemäß ihren Reichtum mehrte.

Ganz anders stellt sich seit jeher die Lage der kleinen Markthändler und Handwerker dar. Sie wird durch den sogenannten Rentenkapitalismus bestimmt, das traditionelle, noch heute weit verbreitete Wirtschafts- und Sozialsystem des Orients. Dessen charakteristisches Merkmal ist, daß eine vergleichsweise geringe Zahl von Geldleihern und Fernhändlern, aber auch die Herrscherfamilie selbst, einen Großteil der Produktionsmittel in Händen halten. Diese ortsansässige und finanzkräftige Oberschicht pflegt, wie Eugen Wirth in seiner wegweisenden Studie „Zum Problem des Basars“ darlegt, sowohl das Arbeitsgerät (etwa Schmelzöfen, Drehbänke oder Knüpfstühle) als auch Rohmaterialien (Garne, Holzbalken, Metallplatten, usw.) beziehungsweise die fertige Verkaufsware zur Verfügung zu stellen. Auch gehören ihr ein beträchtlicher Teil der Läden und Werkstätten im Basar und außerdem häufig Latifundien in der Umgebung der Stadt. Sowohl Bauern als auch Gewerbetreibende sind ihr gegenüber für gewöhnlich heillos verschuldet.

Obwohl das Interesse dieser „Kapitalisten“ überwiegend dem Abschöpfen möglichst hoher Erträge gilt, läßt sich ihre Rolle nicht ganz mit jener klassischer Feudalherren vergleichen: Die Rententitel erhält man nämlich nicht aufgrund eines angeborenen oder verliehenen Adel. Vielmehr werden sie frei gehandelt. Der Aufstieg in die Elite ist grundsätzlich jedem möglich. Auch der Vorwurf, es handle sich um ein ausschließlich parasitäres Prinzip, trifft nicht ganz den Kern. Zwar ist dem Kapitaleigner die Vorstellung, Gewinne zu reinvestieren, um die Produktivität zu erhalten oder gar zu steigern, in der Regel fremd. Doch häufig fließt der Mehrwert in sogenannte fromme Stiftungen (arab.: *waqf*, im Maghreb auch: *habus)*.

Stiftungen – das sind Institutionen, die, aus ursprünglich privater Vermögensmasse eingerichtet, einem gottgefälligen Zweck gewidmet sind. Zwei Arten gilt es dabei zu unterscheiden: zum einen die Familienstiftungen. Sie bestanden, bevor sie in diesem Jahrhundert nach und nach in fast allen Ländern unter staatliche Kontrolle gestellt wurden, meist aus Wirtschaftsgebäuden, deren Erträge den Nachkommen des Stifters als Rente dienten. Sie boten die Möglichkeit, das koranische Erbrecht elegant zu umgehen, also einzelne Erben auszuschließen, Nichterbberechtigte einzusetzen und Grundbesitz vor dem Zersplittern zu bewahren. Erst nach dem Tod des letzten Erben kam die Rendite der Allgemeinheit zugute.

Die religiösen oder gemeinnützigen Stiftungen hingegen verfolgten von vornherein wohltätige Ziele. Ihre Vielfalt war nahezu unbegrenzt. Es gab welche, die dem Bau oder Erhalt von Krankenhäusern, Bädern, Schulen oder Moscheen, Bibliotheken, Brunnen oder Friedhöfen dienten. Andere wurden mit der Absicht gegründet, Arme, Alte oder Kranke,

Schüler, Schuldner oder Reisende zu unterstützen. Wiederum andere sollten die Beschneidung von Jungen, die Mitgift von Mädchen oder die Fütterung und Tränkung von Tieren finanzieren.
Für eine gewisse soziale Absicherung bürgen auch die Schutzverhältnisse, die innerhalb der Basargesellschaft herrschen. Zentrale Begriffe sind dabei *dschiwar*, *dschar* und *wala*. Der Dschiwar, eine zwischen gleichgestellten Personen mündlich getroffene Abmachung, basiert auf einem vorislamischen Ethos, der ursprünglich unter Beduinen galt, für die der Schulterschluß in der feindseligen Wüste überlebensnotwendig war. Er gebietet den Nachbarn Solidarität in allen Lebenslagen. Dschar hingegen umfaßt die Beziehung von „Patron und Schützling" und beschreibt eine Art Klientelverhältnis, das dem vom Kismet benachteiligten Bürger ermöglicht, am Wohlstand privilegierter Familien teilzuhaben. Wala schließlich meint den Schutz- und Treuepakt, den der Einzelhändler oder Handwerker für gewöhnlich mit seinem Berufsverband abschließt.

Vieles und einander Widersprechendes ist über die islamischen Berufsverbände (arab.: *asnaf)* geschrieben worden. Eine Theorie lautet, sie wären direkte Erben der byzantinischen Korporationen. Eine andere, sie seien erst im 9. Jahrhundert von den Qarmaten, einem schiitischen Geheimbund, mit der Absicht gegründet worden, die Abbasiden zu stürzen. Fest steht, daß bereits vor der Jahrtausendwende, als das Gewerbe im Nahen Osten seinen großen Aufschwung erlebte, gewisse Formen berufsständischer Organisationen existierten. Sie boten ihren Angehörigen Schutz vor staatlicher Willkür und soziale Sicherheit, garantierten etwa die medizinische Behandlung, die Altersversorgung und die Verpflegung in Krisenzeiten, und hafteten für gewisse Steuern. Alle Mitglieder mußten in einen Fonds einzahlen, aus dem dann zum Beispiel Begräbnisse, Kredite für Geschäftsgründungen und Almosen für Bettler finanziert und Nachtwächter sowie Feuerpolizei entlohnt wurden. Im Kriegsfall hatten sie allerdings Material und oft auch Truppen zu stellen.
In späteren Jahrhunderten wuchs die Zahl der Zünfte enorm an. So verzeichneten Chronisten im siebzehnten etwa für Kairo über 300 und für Istanbul gar 1.100. In Damaskus zählte man noch vor hundert Jahren 437. Jede noch so kleine Branche – ob Schattenspieler oder Flechter von Feuerwehrseilen, Perlmuttarbeiter oder Dragomane, Dolmetscher – hatte ihre eigene Vereinigung. Große Berufsgruppen wie Schneider, Schuhmacher oder Bauhandwerker gliederten sich in Dutzende von Unterabteilungen. Die Meister jeder einzelnen Zunft wählten aus ihrer Mitte einen besonders angesehenen und meist auch wohlhabenden Mann zum Chef, dem *amin*, *arif*, *rais* oder *scheykh*. Dieser hatte die Fonds zu verwalten, die Qualität der Produkte zu überwachen und im Namen des Muhtasib interne Konflikte zu schlichten. Aus dem Kreis der Zunftobersten wurde ein „Präsident" erkoren. Er hieß, je nach Region, *schahbander* (in Ägypten), *kethuda* (in Istanbul) oder *scheykh al-mascheykh* (in den meisten anderen Ländern) und diente in allen wichtigen Fragen als Mittelsmann zwischen Bürgern und Obrigkeit. Seine Wahl galt auf Lebenszeit, bedurfte allerdings der Bestätigung durch staatliche Behörden.
Mit den europäischen Zünften und Gilden des Mittelalters lassen sich die islamischen nur bedingt vergleichen. Auch wenn sie die Geschicke der Stadt und somit des Basars maßgeblich beeinflußten, verfügten sie doch nie über soviel politische Selbständigkeit und Macht wie etwa die Hansen in Nordeuropa oder jene Berufsstände in Deutschland, Frankreich oder England, die sich schon früh das Recht erkämpft hatten, in den Stadtregierungen zu sitzen. Auch ihre interne Hierarchie war – und ist – weniger streng organisiert. Zwar unterscheiden auch die Handwerker im Basar zwischen Lehrlingen, Gesellen und Meistern, doch bezeichnen sie damit nicht ein Abhängigkeitsverhältnis, sondern lediglich verschiedene Grade der Qualifikation. Die Beschäftigten einer Werkstatt sind für gewöhnlich Partner, die ihre gegenseitigen Rechte und Pflichten jeweils individuell vertraglich aushandeln.
Theoretisch sind die Zünfte für jedermann offen, ja, es gibt sogar gemischt muslimisch-jüdische und -christliche. In der Praxis freilich geht die Position eines Meisters fast immer an dessen Sohn oder Neffen über. Der Anfänger muß erst einmal etliche

*Stoische Zeitgenossen, mit oder ohne Wasserpfeife, sind im Orient allgegenwärtig. Ryszard Kapuscinski, der polnische Egon Erwin Kisch der Gegenwart, schrieb über sie: „Es sind Menschen, die reglos wie Felsblöcke in der steinigen Landschaft dieser Regionen ruhen. Sie hocken in den Lehmgäßchen der orientalischen Städte. Sie sehen alles und wissen alles. Nichts kann sie aus der Ruhe bringen. Niemand kann sie hinters Licht führen. Sie sind unüberwindlich. Auch jetzt fühle ich mich besser, weil dieser Mann da ist."*
*Oben: Altherren-Treff im Basar von Rissani, Südmarokko; unten: ein „Saidi", ein Oberägypter, im Khan el-Khalil von Kairo bei seiner Lieblingsbeschäftigung.*

So wie er während der iranischen Revolution 1979 die Sympathien der Basarhändler gewann, weil sie die vom Schah forcierte Industrialisierung des Landes fürchteten, so scharte Ajatollah Khomeini dank seiner packenden und populären Rhetorik auch die verarmten Bauern und Slumbewohner um sich. Vorwiegend aus ihren Reihen rekrutierte er die Revolutionsgarde der „Pasdaran". Deren Einfluß wurde in der jüngsten Vergangenheit zwar entscheidend beschnitten, doch bilden sie immer noch eine mit speziellen Befugnissen ausgestattete „Parallel-Polizei".
Der weiße Turban ist das Kennzeichen der Mullahs, von denen es im Iran cirka 180.000 gibt. Nur Ajatollahs, die zugleich den Titel „Seyyid" tragen, also der Familie Mohammeds entstammen, sind berechtigt, schwarze Turbane zu tragen. Ihre Zahl beträgt nur einige hundert.
Oben: ein Bruderkuß vor dem Portal der Imam-Moschee in Isfahan; unten: Szene auf dem Schafs- und Ziegenmarkt von Rissani im südlichen Marokko.

Jahre lang die Atmosphäre schnuppern, muß Tee kochen, putzen, beobachten, bevor ihm ein Werkstück anvertraut wird. Die Freisprechung zum Gesellen erfolgt stets im Rahmen eines feierlichen Zeremoniells. In dessen Zentrum steht meist jenes Ritual, bei dem Meister und Zunftleiter als symbolischen Akt einen mehrfach geknoteten Gürtel, den man dem Aspiranten zuvor umgebunden hat, lösen.

Wie im Christentum, so ist auch im Islam das Zunftwesen seit frühester Zeit nicht von religiösen Traditionen zu trennen. Es waren vor allem die Sufis, die Mystiker, die zur Spiritualisierung der Arbeitswelt beitrugen. Sie erinnerten die Menschen unaufhörlich daran, daß sich die Herrlichkeit Gottes in allen Dingen, seien sie auch noch so unscheinbar und alltäglich, widerspiegle und jeder schöpferische Akt einen Schritt näher zu Gott bedeute. Die unendliche Geduld, die ein Künstler beim Schnitzen, Schreiben, Weben oder Ziselieren aufbietet, bringt ihm demnach nicht nur materiellen Lohn.
Die Grenzen zwischen Zünften, Orden und Bruderschaften waren also von Anfang an fließend. Was sie alle einte, war das Ideal der sogenannten *futuwwa*. Dieser arabische Begriff – er ist wörtlich mit „Jugend" zu übersetzen – umfaßte in heidnischer Zeit die lobenswerten Eigenschaften eines jungen Mannes – allen voran Selbstlosigkeit, Tapferkeit und soziale Gerechtigkeit. Doch schon im Frühislam erhielt er zusätzlich eine religiöse Komponente. Unter seinem Banner schlossen sich, vor allem in Vorderasien, Männer jenseits familiärer und oft auch beruflicher Bindungen zu Bünden zusammen. Sie alle betrachteten, ähnlich den christlichen Mönchsorden, eine makellose sittliche Lebensführung als oberstes Ziel. Ihr Brauchtum und ihre Organisation erinnern entfernt an jene der Freimaurer. Auch sie legten, um sich als traditionsbewußte Elite vom gemeinen Volk abzuheben, Wert auf eine formelle Initiation. So hatten Adepten etwa die „Hosen der Futuwwa" anzuziehen und einen mit Salzwasser gefüllten Becher zu leeren. Auch die oben beschriebene Gürtelbindung war in Wirklichkeit eine esoterische Handlung. Freilich gab und gibt es auch Gruppen, die spektakuläre Rituale praktizieren, wie etwa gewisse Bruderschaften im Maghreb, die sich durch Feuerschlucken in Ekstase versetzen oder indem sie Schädeldecken mit einem Beil öffnen.

In ihren besten Zeiten waren diese Bünde so einflußreich, daß ihnen sogar Kalifen und Sultane angehörten. Doch bereits gegen Ende der Herrschaft der Abbasiden begannen sie zu entarten. Immer öfter wurde die Futuwwa als Deckwort für zweifelhafte revolutionäre Bewegungen benutzt. Vor allem in Zeiten des Zerfalls staatlicher Autorität veranstalteten militante Gruppen in ihrem Namen Raubzüge, erpreßten Schutzgelder, inszenierten Aufstände. Nicht ohne Grund bezeichneten Geschichtsschreiber die *fityan*, die Männerbündler, häufig als „Vagabunden" und „Gauner". Nur ihre Milde gegenüber Kindern, Frauen und Greisen zeugte noch von den ursprünglichen Idealen. Mit ihren teilweise mafiosen Praktiken konnte man übrigens noch vor nicht allzu langer Zeit Bekanntschaft machen. Denn die Fityan hatten im Lauf der Jahrhunderte vielerorts die Polizei unterwandert oder waren als eine Art halblegale Miliz zu dauerhaftem Einfluß gekommen. In manchen Städten haben Militär und Staatspolizei erst in jüngster Vergangenheit ihrem Unwesen ein Ende gemacht.

Der endgültige Niedergang des Futuwwa-Ideals ist nur eines von vielen Symptomen für den fundamentalen Wandel, dem auch die Basar-Gesellschaft seit längerem unterworfen ist. Die Verwestlichung, ausgelöst im vorigen Jahrhundert durch die wirtschaftliche und politische Vormacht der europäischen Kolonialisten, hat dazu geführt, daß viele der ehemals auf zwischenmenschlicher Ebene funktionierenden Regelmechanismen nun von staatlich-bürokratischen Institutionen gesteuert werden. Die Rolle der Zünfte etwa haben Gewerkschaften und Syndikate, Industrie- und Handelskammern übernommen, die der solidari-

schen Nachbarn – bisher freilich gottlob nur zum kleinen Teil – anonyme Versicherungsinstitute. Das altbewährte Prinzip der Almosengabe wird von modernen Besteuerungssystemen überlagert. Und die Stiftungen sind überall längst verstaatlicht.

Dazu kommt die physische Bedrohung der Bausubstanz. Unter dem Vorwand der Stadterneuerung sind vielerorts arge Breschen in die Basare geschlagen worden. Gar nicht zu reden von jenen zum Glück nicht allzu häufigen Fällen, wo sie, wie etwa in Kandahar und Kabul während der afghanischen Kriege durch die Engländer oder in Turkestan ein halbes Jahrhundert später durch die Sowjets, fast vollständig vernichtet wurden. Zudem gefährdet natürlich die industriell gefertigte Ware, die in immer größeren Mengen die Märkte überflutet, die Existenz des lokalen, traditionellen Handwerks.

Die allergrößte Gefahr droht den Basaren jedoch durch die dramatischen Veränderungen der Bevölkerungsstruktur. Die Einwohnerzahl vieler Metropolen hat sich in nur einer Generation verdoppelt, verdrei-, ja manchmal vervielfacht. Und während die Landflüchtlinge der preiswerten Unterkünfte wegen vor allem in die Altstädte drängen, übersiedeln die alteingesessenen Eliten mitsamt ihren Betrieben in die während der Kolonialzeit entstandenen „Europäerviertel". Mit ihnen wandern Arbeitsplätze und Kaufkraft ab.

Freilich: all diesen Widrigkeiten zum Trotz ist die Einrichtung des Basars im islamischen Gesellschaftsgefüge nach wie vor unverzichtbar. Wie sehr, dafür bot erst in den achtziger Jahren ein Sozialexperiment in Libyen den eindrucksvollen Beweis: „Bruder" Oberst Al-Gaddafi und das General-Volkskomitee hatten – mit der Begründung, private Handelsprofite wären amoralisch – 1982 in einem Überraschungscoup alle Basare des Landes schließen lassen und an ihrer Statt eine Kette von Volkssupermärkten eröffnet. Die alten Händler wurden zwangspensioniert, die jungen zum Regalräumen und Kassabedienen abkommandiert. Lange ließen die Auswirkungen nicht auf sich warten: Die Versorgung brach im Nu zusammen. Dem Regime in Tripolis blieb nichts anderes übrig, als das alterprobte Wirtschaftssystem schleunigst wieder für legal zu erklären. Seit 1987 existieren in der Sozialistischen Libysch-Arabischen Volksrepublik Supermärkte und Basare einträchtig nebeneinander. Wo die Umsätze größer sind, darf geraten werden!

*Der typische Gewerbetreibende des Basars vereint in seiner Person die Rolle des Erzeugers und Verkäufers. (Nicht zufällig verwendet die arabische Sprache in vielen Fällen ein und dieselbe Bezeichnung für den Verfertiger und Verteiler einer Ware.) Der klassische Kaufmann jedoch ist der Groß- und Fernhändler. Er reinvestiert seinen Profit im Rahmen des Rentenkapitalismus häufig in die Produktion. Ihm verdankt der Islam auch seine friedliche Ausbreitung bis nach Ostafrika und Südostasien. Oben: Szene aus den Suqs von Hadscha im nördlichen Jemen.*

# VON MOSCHEEN, LÄDEN UND KARAWANSEREIEN

H*arem* ... Es gibt wohl nur wenige Wörter, die in der Phantasie des Abendländers ähnlich viele Klischees vom Morgenland beschwören. Die ganze plüschige, pracht- und gefahrvolle Welt aus 1001 Nacht scheint in seinen fünf Buchstaben enthalten – die Exotik schamloser Eunuchen, die Sinnlichkeit verführerisch sich räkelnder Odalisken, die Unberechenbarkeit herrschsüchtiger Sultaninnen. Freilich gibt es wohl auch nur wenige arabische Wörter, die im Westen ähnlich mißverstanden sind. *Harem* – oder *haram* – bezeichnet nämlich nicht bloß jene geheimnisumwobenen goldenen Käfige, sondern ganz generell einen „geweihten“, „geschützten“ und auch „verbotenen“ Ort. Die heiligen Gebiete um Mekka und Medina sind haram. Ebenso die Gebetssäle aller Moscheen. Die Wortwurzel *h-r-m* steckt in *ihram*, dem Weihezustand des Pilgers in Mekka, und in *muharram*, dem Trauermonat der Schiiten. Vor allem aber heißt jener sorgsam abgeschirmte Teil jedes Hauses, in dem Frauen, Kinder und Dienstboten leben und zu dem fremde Besucher keinen Zutritt haben, haram-

*Das Haustor ist die sorgsam bewachte Grenze zwischen dem privaten Bereich des Wohnens und dem halbprivaten der Sackgasse. Charakteristisch für jedes arabische Bait (Haus) ist, daß man sein Inneres von der Straße nicht einsehen kann. Die Außenmauern sind hoch und kahl, die Vorräume und Korridore dunkel und verwinkelt.*

*Diskretion ist gegenüber der Welt der Familie und insbesondere der Frauen oberstes Gebot. Die Eingänge sind häufig mit Koranversen oder Amuletten zur Abwehr böser Mächte geschmückt. Besucher haben sich außerdem einem Eintrittszeremoniell zu unterwerfen – zu klopfen, sich anzukündigen und zu warten, bis sie ins Innere geleitet werden. Vor allem fremde Männer dürfen nie ohne Begleitung durch einen männlichen Familienangehörigen eintreten. Mancherorts findet man neben dem Eingang noch eine kleine Nische mit einer Kerze. Ihre Stellung signalisiert der Außenwelt, daß drinnen im Haus, je nachdem,*
*a) alles in Ordnung,*
*b) der Hausherr abwesend,*
*c) jemand krank oder*
*d) jemand gestorben ist.*
*Aus Gründen der häuslichen Intimität war früher der Sichtschutz durch einen hölzernen Erker, die Maschrabiya, sehr beliebt (links oben: in der Altstadt von Dschedda in Saudi-Arabien). Rechts: eine verschwiegene Ecke in Altkairo; unten: das Stadttor von Taroudant in Südmarokko.*

lik oder Harem. (Der Komplementärbereich, in dem der Hausherr Freunde und Besucher empfängt, ist übrigens der *salamlik.*)
Welcher Zusammenhang zwischen Harem und Basar besteht? Ein sehr enger: Die Unterscheidung von „innen" und „außen", von „privater" und „öffentlicher", „weiblicher" und „männlicher" Sphäre, ist der Schlüssel zum Verständnis der Raumstruktur jeder orientalischen Stadt und folglich auch jedes Basars.
Der Schweizer Stadtplaner Stefano Bianca hat in seinem brillanten Buch über „Architektur und Lebensformen in der islamischen Welt" geschrieben: „Die Verhüllung der geheiligten oder mit Tabus belegten Erscheinungen ist ein durchgehendes Thema in der semitischen Vorstellungswelt: Wie schon das Allerheiligste des islamischen Kosmos, der Würfelbau der Kaaba, mit einem gewobenen Umhang überzogen wird (ein Ritual, das jährlich erneuert wird), so muß auch die Aura des Menschen geschützt und vor ungemäßen Berührungen bewahrt werden. Dies gilt besonders stark für die Frau und ihre weibliche Ausstrahlung ..." Diesen besonderen Gewohnheiten der Einhüllung, setzt Bianca fort, folge auch die Architektur. Er nennt sie, nach der Kleidung, „die dritte Haut des Menschen" – das „Ge-Wand der Familie". Betrete ein Fremder unberechtigt ein Haus, werde es von seinen Bewohnern verteidigt, als handle es sich um einen Angriff auf die eigene Person. „Was die Bauwerke betrifft", zitiert er einen andalusischen

Kadi aus dem 12. Jahrhundert, „so stellen sie die Zuflucht dar, wohin sich die Geister, die Seelen und die Körper zurückziehen und wo sie Schutz finden." Nicht zufällig benutzen die Araber für die Begriffe „Familie" und „Haus" ein und dasselbe Wort – *al-bait.*

Das orientalische Haus wäre ohne Zweifel ein eigenes Thema für ein dickes Buch. Die hölzernen Fachwerkbauten am Bosporus, die monumentalen Steinpaläste der Levante, die maghrebinischen und arabischen Wehrburgen aus Lehm und die vielstöckigen, steinernen Wohntürme von Alt-Dschedda und Sanaa ... Die Vielfalt an Formen ist schier unerschöpflich. Ebenso unerschöpflich ist der Reichtum an regional unterschiedlichen Bauelementen: Seien es die Windtürme *(badgir)* am Golf oder die Säulenvorhallen *(tarma)* im Irak, die Holzerker *(maschrabiya)* in Kairo oder die riesigen überwölbten Hofnischen *(iwan)* im persischen Raum – jede Region hat ihre Charakteristika. Im Hinblick auf die Prinzipien des islamischen Stadtgefüges haben uns allerdings vorrangig die gemeinsamen Merkmale zu interessieren.
In Nordafrika und Vorderasien braucht ein Bauherr in der Regel keinen Architekten, der ihm vorschlägt, wie er sein Haus bauen soll. Denn das ästhetische und soziale Empfinden jedes einzelnen ist von der allgemeinen Ordnung so stark geprägt, daß er immer bestrebt sein wird, diese mit seinem Neubau zu

bestätigen. Traditionelle Stadthäuser verfügen demnach fast immer über einen Innenhof samt kühlendem Brunnen. Ihre Dächer sind flach und bilden dank der engverzahnten Bauweise gemeinsam oft eine weitläufige, begehbare Ebene. Diese dient im Sommer den Familien als Schlafplatz, und das ganze Jahr über den Frauen als Bereich, wo sie viele Hausarbeiten verrichten und – wie in den Dörfern an den Brunnen – von keinen Männern gestört, ihre nachbarlichen Kontakte pflegen. Die hofseitigen Fassaden sind meist üppig mit Schnitzwerk, Stuck oder farbigen Inkrustationen verziert, die gassenseitigen hingegen von abweisender Schlichtheit. Sofern die Außenmauern überhaupt Öffnungen besitzen, sind sie klein und vergittert und liegen so hoch, daß selbst neugierige Kamelreiter ihre Hälse vergeblich recken. Den Eingang versperrt ein wuchtiges, meist eisenbeschlagenes und fest verriegeltes Tor und – symbolisch – außerdem noch eine Schwelle. Der dahinter liegende Korridor ist ein- oder gar zweimal im rechten Winkel geknickt, um ungebührliche Einblicke zu vermeiden.

Die auffällige Schmucklosigkeit der Haushüllen hat zwei Gründe: Zum einen soll sich, so will es die Tradition, die Gleichheit aller Gläubigen vor Gott auch im Straßenbild manifestieren. Hat nicht bereits Ibn Chaldun festgestellt, daß „jede zur Schau gestellte architektonische Anstrengung unweigerlich eine Verschärfung sozialer Trennung bewirkt"? Ein willkommener Nebeneffekt dieser Sitte: Bei Steuereintreibern und neidischen Nachbarn wird von vornherein jeglicher Verdacht zerstreut, die Bewohner des Hauses schwelgten im Überfluß. Zum anderen verdeutlichen die kahlen Mauern unmißverständlich die äußeren Grenzen der familiären Tabuzone.

Ein bestimmendes Element im Stadtgefüge ist die Sackgasse (arab.: *hara* oder *darb*). Sie dient den Bewohnern der angrenzenden „Familienburgen" gleichsam als Glacis, auf dem sie ihre Intimität verteidigen. Wobei die Zeiten gar nicht so lange her sind, da diese Verteidigung durchaus physisch erfolgte – gegen die Rivalen aus anderen Vierteln zum Beispiel oder gegen marodierende Beduinen, Söldner und Jugendbanden. Noch vor fünfzig Jahren war es für Fremde unmöglich, eine Hara ohne lokalen Begleitschutz zu betreten. Heutzutage stellen die Sackgassen nur noch psychische Hemmschwellen dar. Sie stehen im Gemeinschaftseigentum der Anrainer, bilden also eine Art privatisierten öffentlichen Raum. Jeder Hausbesitzer darf die ihm zugehörige Hälfte des Gassenabschnitts mehr oder weniger nach Belieben nutzen – darf darauf seine Tiere abstellen, Waren lagern und, solange er den Passantenverkehr nicht behindert, sogar den darüber befindlichen Luftraum mit Erkern überbauen. Allerdings ist er nur berechtigt, den Weg von dessen Anfang bis zu seiner Haustür zu frequentieren. Das Betreten des restlichen Stücks ist ihm, zumindest rein rechtlich, untersagt.

*Die Dachlandschaft jeder Altstadt – oben: mustergültig renovierte Hochhäuser in der Medina von Dschedda - ist traditionell die Domäne der Frauen. Hier, wo sie sich viel freier bewegen können, als in der Männerzone der Märkte und Moscheen, treffen sie einander zum Plausch und verrichten viele Haushaltsarbeiten. Und in heißen Sommernächten werden auch die Betten für die ganze Familie unter das Sternenzelt gestellt.*
*Für den Warenverkehr im Nahbereich der Basare ist immer noch der Esel das beliebteste Transportvehikel.*
*Im Bild: eine Miniaturkarawane in den Gassen von Fes.*

Die Sackgassen verleihen jeder Medina ihr „typisch orientalisches" Gepräge. Vor allem nach Einbruch der Dunkelheit dienen sie oft als verlängerter Wohnraum, in dem ferngesehen, gespielt, getratscht und in heißen Sommernächten auch geschlafen wird. Das Labyrinth aller Sackgassen zusammen ergibt gewissermaßen den Haramlik der Stadt. Ihren Salamlik hingegen verkörpern die Hauptstraßen (arab.: *schari)*. Sie sind als öffentlicher Raum grundsätzlich jedermann zugänglich.

Vergleicht man die Stadt mit einem Organismus und ihr Wegenetz mit einem Blutgefäßsystem, dann bilden die Häuser die Lungenbläschen, die Harat die fein verzweigten Kapillaren und die Schawari (Mz. von Schari) die Arterien und Venen. Durch diese Hauptadern gelangen die Menschen aus den Wohnvierteln hinaus zu den Toren der Stadt und hinein in ihr Herz, in den Basar. Stefano Bianca: „Das in sich verkapselte Gehäuse der islamischen Stadt folgt einer besonderen Logik der Raumkomposition, die sich stark von jener der antiken oder neuzeitlichen europäischen Stadt unterscheidet ... Das islamische Stadtbild ist nicht von großen Straßeneinschnitten und perspektivisch darauf bezogenen Bauten geprägt, sondern von der vielfachen Unterteilung ganzheitlicher Raumkörper. Dem entspricht eine ganz andere Art des architektonischen Aufbaus und nicht zuletzt auch eine andere Art des Raumgefühls und des dreidimensionalen Stadterlebnisses: Dem Betrachter wird die Stadt nicht in Form von freistehenden ‚Objekten' und entsprechenden Fassaden vorgesetzt, sondern er kann sie nur als komplexen, vielfach in sich gegliederten Hohlraum erfahren, der ihn ganz umhüllt und den er sich abschnittweise, Kammer für Kammer, erschließen muß. So hat er zwar nie das Ganze im Auge, fühlt sich aber immer in der ‚Mitte' des Raumes."

Wie das Haus die Urzelle der Wohnquartiere, so ist der Laden (arab.: *hanut* oder *dukkan)* die Urzelle der Basare. Er besteht aus einer winzigen, oft nicht einmal zwei Quadratmeter großen „Box", die zur Straße hin völlig offen ist. Dahinter oder – seltener – im Halbstock darüber schließt sich ein Lager-, Büro- oder Werkstattraum an. Wohnung und Hauptlager des Betreibers befinden sich fast immer in einem anderen Teil der Stadt. Im traditionellen Markt liegt der Laden einen halben Meter bis Meter über dem Straßenniveau. Ihm

vorgelagert ist die sogenannte *mastaba*, eine Sitzbank, auf der Verkäufer und Kunde Platz nehmen können. Verschließen lassen sich die Läden wie Schränke mit mehreren Klapp- oder Türflügeln aus Holz. Der oberste findet tagsüber bisweilen als Sonnenschutz Verwendung, der unterste als Ladentisch. Basarboxen in solch klassischer Ausführung sind freilich längst Raritäten. Fast überall – der Istanbuler Kapali Carsi bietet das krasseste Beispiel – ist der alte Bestand durch Rolläden und Reklametafeln, Schaufenster und Eingangstüren bereits arg verunstaltet.

Zu Aberhunderten, ja -tausenden aneinandergereiht, säumen die Ladenbauten die zentralen Durchgangswege und prägen so das Bild jedes Basars. Die einzelnen *suqs* (arabisch für „Märkte"), in die sich das Gassengeflecht gliedert, waren bis in die jüngste Vergangenheit durch Tore versperrbar und werden nächtens mancherorts noch heute bewacht. Die Art und Weise, in der die verschiedenen Branchen voneinander getrennt und gruppiert sind, war seit jeher Anlaß für Spekulationen.

Tatsache ist, daß schon die Märkte des römischen und byzantinischen Reichs nach Berufsverbänden gegliedert waren. Tatsache ist aber auch, daß jene in Nordafrika und im Vorderen Orient seit dem siebten Jahrhundert zusätzlich nach Prinzipien sortiert sind, die sie als unverkennbar islamische Einrichtungen auszeichnen. Vielzitiert ist in diesem Zusammenhang Ibn Battuta, der große Weltenbummler, der auf seinen Reisen durch die islamische Welt verblüfft den immer gleichen Aufbau der Märkte feststellte. Selbst in der chinesischen Metropole al-Hansa, so notierte er, habe er im Bezirk der Moslems einen Basar gefunden, wie er ihn aus seiner marokkanischen Heimat kenne.

*Wie eng Glaube und Handel im Basar verknüpft sind, manifestiert sich auch deutlich im Raumgefüge (oben: im Tuch-Basar von Aleppo). Einmalig in der islamischen Welt ist das aus der Safawiden-Zeit erhaltene Moayedi-Eishaus in Kerman (unten). In seinem hermetisch abgeschirmten Inneren wurden bis zur Erfindung des Kühlschranks den ganzen Sommer über Eisblöcke aufbewahrt.*

Ein wesentliches Ordnungskriterium dürfte von Anfang an die rituelle Reinheit der Waren gewesen sein. Weshalb sonst, so lautet die gängige Meinung, sollten sich ausgerechnet rund um die Freitagsmoschee die Händler für Kerzen und Bücher, Gewürze, Parfums und Räucherwerk angesiedelt haben? Eugen Wirth stellt ihr eine Beobachtung aus iranischen Pilgerorten gegenüber: Dort seien, schreibt er, in unmittelbarer Umgebung der größten Heiligtümer Photostudios, Busbahnhöfe und Billighotels, aber auch Händler für Zuckerwerk und Souvenirs stationiert – Geschäftszweige also, die wohl nicht gerade besondere Weihen genießen.

*Die Dachlandschaft scheint wie aufs Geratewohl erbaut: hier eine kleine Kuppel, dort ein paar Stufen, dazwischen einige Öffnungen, durch die Licht einfallen und Luft zirkulieren kann. Und all das überzogen mit einem geschmeidigen, in der Sonne gehärteten Gemisch aus Stroh und Lehm in der Farbe der nahen Wüste. Der Saray Hossein-e-Bachschi in Kaschan (oben) beweist, daß Basararchitektur durchaus erotisch sein kann. Auch die Timce (Kaufhalle) Amin ad Dole – sie steht ebenfalls in Kaschan – zeugt mit ihren drei glasierten, durchbrochenen Kuppeln von der Phantasie der örtlichen Bauherren.*

Daraus folgt: die Standorte sind auch nach praktischen Erwägungen gewählt. Etwa nach jenen der (politischen) Sicherheit. Berühmt ist die Anordnung al-Mansurs bei der Gründung Bagdads, man möge den Schlächter-Markt an das Ende des Basars legen. Denn: „Die Metzger sind unverschämte Geschöpfe. Sie haben die scharfen Messer ständig in ihren Händen." Naheliegend ist auch, daß etwa Färber und Gerber, Töpfer und Schlächter, aber auch Schmiede und Schießpulververkäufer wegen des Gestanks und Lärms und Schmutzes, den sie verursachen, aber auch wegen der Brandgefahr und ihres Platzbedarfs in der Regel an der Peripherie zu finden sind. Und daß andrerseits die Geldwechsler und -leiher in der gut bewachten Mitte des Basars arbeiten. Daneben haben aber bereits im Mittelalter Reisende und Historiographen darauf hingewiesen, daß sich der Standort auch nach dem Zielpublikum richtet. So gibt es neben eben jenen für Pilger auch Märkte, deren Sortiment etwa speziell auf die Bedürfnisse von Frauen (sie liegen traditionell neben dem Schmuckbasar, im Zentrum) oder von ländlichen Besuchern (nahe den Stadttoren) zugeschnitten ist.

Die traditionelle Branchenordnung befindet sich allerdings schon seit geraumer Zeit in Auflösung. Gewiß, in Altstädten wie etwa Tunis oder Fes, wo die Modernisierung vergleichsweise behutsam erfolgte, ist sie zumindest zum Teil noch erhalten. Doch das sind Ausnahmen. In der Mehrheit der Basare stößt man mittlerweile auf eine zusehends austauschbare Warenmelange. Schuld daran tragen in erster Linie Tourismus und Industrie – Andenkenkitsch und Konsumgüter. Dazu kommt, daß seit Entstehung der „europäischen" Stadtviertel die Passantenströme ganz anders verlaufen. Früher war die kaufkräftigste Kundschaft, die gesellschaftliche Elite, rund um die Freitagsmoschee anzutreffen. Heute wohnen die Begüterten größtenteils weitab von der Medina, in den Villenvierteln. Wenn sie ihr Geld nicht überhaupt gleich in der Neustadt lassen, fahren sie mit dem Auto an den Stadttoren vor und kaufen im nächstgelegenen Geschäft. So macht der neumodische Wunsch nach Zeitersparnis die ehemals minderwertigen Standorte lukrativ.

Selbstverständlich verfügten bereits die Städte der Antike über Märkte, die viele Teilelemente – wie etwa gedeckte Hallen oder arkadengesäumte Innenhöfe – der späteren Basare vorwegnahmen. Vor allem Gassen mit Werkstätten und Läden für den Einzelhandel waren schon damals gang und gäbe. Zahlreiche Ausgrabungen – von Palmyra bis Ephesos, von Volubilis am Fuße des Atlas bis Apamea im heutigen Syrien – belegen dies. Die Reste des ältesten „Basars" haben Archäologen in Dura-Europos am Ufer des Euphrat zutage gefördert. Sie stammen mindestens aus dem 4. Jahrhundert vor Christus.

Doch die Straßen, in denen Römer, Palmyrener und Hellenen zu flanieren und einzukaufen pflegten, waren von Kolonnaden gesäumte, für dichten Streit- und Lastwagenverkehr konzipierte Boulevards und haben wenig mit den späteren engen, lediglich für Tragtiere bemessenen Basarstraßen gemein. Der französische Orientalist Jean Sauvaget hat in den dreißiger Jahren in einer berühmten, wenn auch nicht unumstrittenen Studie am Beispiel von Aleppo und Damaskus schematisch dargestellt, wie die Umwandlung erfolgt sein dürfte. Ihrzufolge begann man nach der islamischen Eroberung mit regellos errichteten Verkaufsbuden sukzessive die breiten Hauptachsen zu verengen. Und zwar solange, bis die Säulengänge dahinter zur Gänze verschwunden waren. Freilich darf man sich diese frühen Suqs nicht wie die heutigen komplexen Gebäudegeflechte vorstellen. Sie waren, wenn überhaupt, nur behelfsmäßig mit Matten oder Brettern gedeckt. Erst im Laufe des späteren Mittelalters entstanden – als dauerhafter Witterungsschutz und um die Brandgefahr einzudämmen – die vielfach bis heute erhaltenen Tonnen- und Kreuzgratgewölbe aus Stein. Und vermutlich erst im Zuge dieser Umbauten erhielten die Basare ihr charakteristisches, architektonisch einheitliches Aussehen.

Auch die innerstädtischen Warenhäuser und Khane datieren erst aus dem Mittelalter; allerdings zum Teil bereits aus dem frühen. Bis dahin hatte man die Waren stets an den Rändern der Städte umgeschlagen und gestapelt – in großen Karawansereien, die den Händlerherbergen entlang der Überlandrouten ähnelten. Rund um sie hatten sich weite Freiflächen

erstreckt, auf denen die Kamele geparkt sowie ent- und beladen wurden.
Weshalb die Fernhändler ab dem 12. Jahrhundert ihre Aktivitäten nach und nach in die Stadtzentren verlegten, ist nicht ganz geklärt. Sicherlich spielte die Sicherheitsfrage eine Rolle, wahrscheinlich auch Platznot – der Einzelhandel konnte die wachsende Warenmenge in den Suqs wohl nicht mehr unterbringen. Möglich ist aber auch, daß die Übersiedlung von der Obrigkeit angeordnet worden war. Denn man nimmt an, daß die neuen Kauf- und Lagerhäuser in den Basaren anfangs vorwiegend ortsfremde Kaufleute beherbergten. Und die ließen sich innerhalb der Stadtmauern zweifellos besser kontrollieren und mittels Steuern und Zöllen schröpfen.

In ihrer Grundgestalt gleichen einander die Khane mehr oder weniger in der gesamten islamischen Welt: Rund um einen Innenhof, der üblicherweise nur durch einen einzigen, absperrbaren Zugang mit der Außenwelt verbunden ist, erheben sich mehrgeschossige Gebäude. Zu ebener Erde übernachten die Tragtiere, im Stockwerk darüber deren Herren. Die Zimmer sind fast immer über offene Galerien zu erreichen. Wie bei den Wohnhäusern sind auch bei den Khanen die Außenwände für gewöhnlich ohne jeden Schmuck. Einzig ein ornamentiertes Eingangsportal läßt manchmal erahnen, welche Großzügigkeit sich dahinter verbirgt. Die Hoffronten nämlich sind nicht selten sehr aufwendig gegliedert und verziert.
Hinsichtlich der Lage der Khane innerhalb des Basars läßt sich keine feste Regel erkennen. Das entscheidende Kriterium bei der Platzwahl scheint stets die Nähe sowohl zu den Ladengassen als auch zu den Gewerbevierteln gewesen zu sein. Was nicht verwundert, zieht man die verschiedenen Funktionen der Khane in Betracht. Doch davon später.
Zuvor ein paar Worte über die zahlreichen Sonderformen, die sich schon früh über alle grundsätzlichen Gemeinsamkeiten hinweg in den verschiedenen Regionen entwickelten. In Kairo zum Beispiel finden sich noch mehrere Dutzend sogenannter *wakalat* – wuchtige Anlagen mit vier oder gar fünf Geschossen, deren oberste, mit Maschrabiyas ausgestattet, in vielen Fällen als *raba*, als Mietwohnungen, dienen. Bescheidener in ihrer Größe, aber hofseitig oft mit durchlaufenden Pfeilergängen und reich geschnitztem Gebälk versehen, sind die maghrebinischen *funduqs*. Schöne Exemplare sind in Tunis (aus dem 16. und 17.) und in Fes (ab dem 13. Jahrhundert) erhalten. Ebenfalls über etliche Stockwerke verfügen die *samsarah* von Sanaa. Auch sie fungieren in erster Linie als Herbergen und Lager, doch darüber hinaus waren in ihren Mauern vor kurzem noch Religionsgelehrte einquartiert. Ihre Aufgabe: den Glaubensstandard der zugereisten Händler zu überprüfen. Wohl deshalb gelten Samsarah, die übrigens für gewöhnlich zum Besitz der nächstgelegenen Moschee gehören, noch heute als in gewissem Sinne geweihte Orte.
Eine architektonische Besonderheit bilden die Khane von Damaskus. Ihre Höfe werden mit wenigen Ausnahmen von einer oder mehreren Kuppeln überdacht. In ihrer Raumkonzeption diesen „Hallen" recht ähnlich sind die sogenannten *qaiseriyat*, die „Kaiserhallen". Diese allseits versperrbaren Gassenkomplexe, die man hauptsächlich in den Altstädten Marokkos findet (nicht zu verwechseln mit den viel bescheideneren Innenhofanlagen gleichen Namens in einigen levantinischen Basaren!) haben ihren Ursprung in den römischen und byzantinischen Basiliken. Die erste soll Julius Caesar – daher die Bezeichnung – in Antiochia errichtet haben.
Enge Verwandte der damaszener Kuppelhallen sind auch die für Istanbul und Westanatolien charakteristischen, freilich viel älteren *bedesten* sowie die *timce*-Hallen des persischen Raums. Alle drei Modelle – Qaiseriya, Bedesten und Timce – bieten keine Übernachtungsmöglichkeit. Sie sind reine Kaufhäuser und stellen als solche die „Schatzkammern" der Basare dar, in denen besonders luxuriöse Güter wie Gold, Juwelen, kostbare Gewebe aller Art und manchmal Teppiche feilgeboten werden. Auch Geldleiher und -wechsler unterhalten hier gerne ih-

*Die innerstädtischen Karawansereien werden je nach Region verschieden bezeichnet. Im Maghreb heißen sie Funduq, in Ägypten Wakalat, im Jemen Samsarah, in der Türkei Han und im Iran Saray. Aufbau und Funktion sind prinzipiell überall gleich: Die um einen Innenhof angelegten Zellen im Erdgeschoß beherbergen Ställe und Warenlager. In den Stockwerken darüber befinden sich die Schlafräume für die auswärtigen Händler sowie Kontore und manchmal auch Wohnungen für Einheimische. Im Detail zeitigen die architektonischen Traditionen freilich beträchtliche Unterschiede.*
*Oben: die mit bunten Kacheln verzierte Fassade der Wakil Karawanserei in Kerman; unten: der fünfstöckige, mit Maschrabiyas bekränzte Innenhof des Wakalat al-Ghuri in Kairo; Mitte: einer der vielen kleinen Funduqs von Marrakesch.*

*Vielfältig sind die Modelle der Minarette. Die ältesten entstanden in Syrien und ähneln den antiken und christlichen Wach- beziehungsweise Kirchtürmen. Quadratisch sind auch jene in Spanien und dem Maghreb, vieleckig oder rund hingegen jene in der Türkei und Turkestan, im Iran und in Afghanistan. In Kairo findet man, der wechselhaften Geschichte entsprechend, eine wahre Formenmelange (in der Mitte: das Minarett der Grabmoschee von Mohammed an-Nasir; unten: die Skyline der al-Azhar).*
*Eine Studie der Unesco in Fes hat ergeben, daß die Standortwahl für Moscheen auch nach akustischen Kriterien erfolgte: Der Gebetsruf des Muezzin ist – ohne Lautsprecher – in einer Entfernung von bis zu etwa sechzig Metern zu hören. Trägt man auf einem Stadtplan entsprechende Kreise mit diesem Radius und den Minaretten als Mittelpunkte ein, decken sie gemeinsam die Basar- und Wohnviertel fast lückenlos ab. Oben: der Wochenmarkt von Boumalne in Südmarokko.*

re Büros. Die Bedesten mit ihren schweren Toren und vergitterten Fenstern fungierten in früheren Zeiten zudem als Tresore, in denen die Bürger ihre Gelder und Dokumente aufbewahrten.
So unterschiedlich die regionalen Ausprägungen, so verschieden sind auch die Funktionen: Große Khane dienten – und dienen meist immer noch – als Quartiere und Warenlager für ortsfremde Großhändler und als Büros und Depots für ansässige. Sie beherbergen Werkstätten und Gewerbebetriebe. Und in manchen – Paradebeispiel dafür ist Aleppo – waren früher auch Kontore und Konsulate europäischer Handelsmächte untergebracht. Nicht vorgesehen dürfte bei der Errichtung der Khane vermutlich die Art und Weise gewesen sein, in der man sie heute oft benutzt. Was daran zu erkennen ist, daß sie sich für den Mißbrauch als Parkplatz oder Busbahnhof, als mit Wellblechbuden verunzierte Abstellfläche für billige Importware oder als provisorisches Massenquartier für Landflüchtlinge immer öfter mit dem rasanten Verfall ihrer Bausubstanz rächen.

Einen deutlichen Evolutionsschub erfuhren die städtischen Khane übrigens durch die Osmanen. Während deren Herrschaft über das östliche Mittelmeer entstanden in den Handelsmetropolen Komplexe von bis dahin nicht gekannter Monumentalität (die erwähnten Kuppelhallen von Damaskus zählen dazu). Sie umfassen mehrere Innenhofanlagen und Kaufhallen, dazu Suqs, Brunnen,

Bäder und Bethäuser. Die prächtigsten Exemplare sind mehrere Hektar groß und standen fast immer im Besitz wohltätiger Stiftungen. Deren Bauherren fanden wenig später in Persien Nachahmer: Zur Zeit der Safawiden entstanden vor allem in Isfahan *saray*-Anlagen von vergleichbarer Dimension.
Eugen Wirth hat die großen, alten Basare des Orients mit den modernen Geschäfts- und Einkaufszentren des Westens verglichen. Bei oberflächlicher Betrachtung der jeweiligen Infrastruktur mag die Gegenüberstellung ein wenig an den Haaren herbeigezogen scheinen: Was sollen schließlich die vercomputerisierten, über Datenkanäle vernetzten Großraumbüros mit den mittelalterlichen, von Eseln belieferten Khanen gemein haben? Was McDonald's und Pizza-Hut mit Garküchen, Video-Centers mit Teehäusern und ein High-Tech-Fitness-Studio mit einem Hammam?
Doch die grundsätzlichen Analogien in Aufbau und Funktion sind in der Tat verblüffend: Hier wie dort sind Büros und Banken, gastronomische Betriebe, Einrichtungen der Dienstleistungs- und Reparaturbranche auf engem Raum versammelt. Hier wie dort bewegen sich die Passanten in überdachten, klimageschützten Einkaufsstraßen – den Shopping Malls beziehungsweise Suqs. Hier wie dort werden nicht nur lokales Gewerbe und lokaler Warenaustausch organisiert, sondern auch die Fäden im Fernhandel und internationalen Finanzwesen gezogen. Und hier wie dort ist das Spektrum an Branchen so breit und demnach die Vielfalt an Mieten und Abgaben so groß, daß, wer hier in Immobilien investiert, mit einem von Konjunkturschwankungen und Inflation weitgehend unbehelligten, regelmäßigen Kapitalertrag rechnen kann. Eine Parallele ist außerdem das Fehlen von Wohnungen. Sowohl Basar als auch Business Center sind ab dem frühen Abend menschenleer und häufig versperrt.

Ist der Bürowolkenkratzer also nichts anderes als ein vertikaler Basar? Zwei gravierende Unterschiede lassen den Vergleich doch hinken. Zum einen der Zeitpunkt der Entstehung: Die Basare in all ihrer heutigen Komplexität existieren bereits seit Hunderten von Jahren. Zum anderen jedoch – und vor allem – die spirituelle Komponente: Im Basar ist die Religion die bestimmende Kraft. Seinen Mittelpunkt bildet nicht zufällig die Moschee. Sie war der Ort für Gerichtsverhandlungen und Gesetzesverkündungen, war Spital und Obdachlosenheim, Seelsorgestelle und Armenküche und bildet(e) – ein profaner, aber nichtsdestotrotz wichtiger Aspekt – mit seinen Wasch- und Bedürfnisanlagen auch das sanitäre Zentrum. Und bevor etwa um die Jahrtausendwende die ersten *medresen* entstanden – Schu-

len, in denen die traditionellen Wissenschaften wie Medizin, Mathematik und vor allem koranisches Recht gelehrt wurden –, diente sie außerdem als Unterrichtsstätte. Aber in erster Linie war und ist die *masdschid* – die arabische Bezeichnung bedeutet soviel wie „Ort der Niederwerfung" – natürlich der Ort des gemeinsamen Gebets.
Wie untrennbar die Institutionen Markt und Moschee von Anfang an verbunden waren, zeigt die Entstehungsgeschichte der ersten rein islamischen Siedlungen. Denn wo immer die Eroberer in den Jahren nach Mohammeds Tod eine Garnisonsstadt gründeten – sei es Basra oder Kufa, Fustat oder Kairouan: stets war ihre erste planerische Tat, den Gebets- und Versammlungsplatz der Gemeinschaft abzustecken und nach dem Muster des Prophetenhauses in Medina mit einer hölzernen Predigtkanzel *(minbar)* und einer Gebetsnische *(mihrab)* auszustatten, die den Gläubigen die Richtung nach Mekka wies. Ihre zweite Tat jedoch bestand, wie frühe Historiker übereinstimmend berichten, stets darin, einen Teil des Gevierts zum Handelsplatz zu bestimmen. Dessen Nutzung war nach beduinischem Gewohnheitsrecht geregelt: Demnach hatte, wer eine bestimmte Stelle besetzte, diese solange inne, bis er heimging oder seine Ware verkauft hatte.

*Schon der erste Blick auf eine Stadt verrät, was ihre Bewohner geistig erfüllt. Stammt sie aus dem 18. Jahrhundert, ist in Europa das alles überragende Bauwerk für gewöhnlich das politische Versammlungsgebäude. In modernen Metropolen sind die höchsten Bauten die Verwaltungspaläste, die Zentren des Wirtschaftslebens. In den meisten Medinas hingegen kommen – wie in der mittelalterlichen christlichen Stadt die Kathedralen – die Kuppeln und Minarette der Moscheen dem Himmel am nächsten. Unten links: das Heiligtum von Qom, einem geistigen Zentrum der iranischen Schiiten; rechts: der Felsendom von Jerusalem, an dessen Stelle Mohammed auf seiner visionären Himmelfahrt Zwischenstation machte. Oben: ein Heiligengrab in Mokha, Jemen.*

# ÜBER BEDEUTUNG UND NUTZUNG DES WASSERS

Die Geschichte beginnt, wie so viele Geschichten in diesem Teil der Welt, bei Abraham. Der Erzvater der Juden und der Araber hatte im Alter von 85 Jahren mit seiner Magd Hagar einen Sohn gezeugt, den sie Ismael nannten. Als Sarah, Abrahams Frau, dahinter kam und wenig später neunzigjährig gar selbst noch ihren ersten Sohn, Isaak, gebar, war Feuer am Dach. Rivalin samt Sohn wurden in die Wüste geschickt, und zwar, so will es die Überlieferung, in jenes wasserlose, glühend heiße Felsental, in dem sich heute Mekka erhebt. Dort schenkte ihnen Gott nach Tagen des Dürstens und Flehens eine Quelle, die sich bald in einen Brunnen namens Zemzem verwandelte. Abraham, der die Ausgesetzten wenig später suchte und fand, baute, wie ihm im Traum befohlen, gemeinsam mit Ismael in nächster Nähe einen kleinen, würfelförmigen Tempel – die Kaaba. Seit Mohammed Mekka erobert hat, ist jeder Pilger darauf erpicht, vom Wasser des heiligen Brunnens, das aus einem der drei Flüsse des Paradieses stammen soll, zu trinken.

Schon diese Entstehungslegende des zentralen Heiligtums zeigt, welche Rolle das Wasser im Islam spielt: Es wird als Gabe Gottes verehrt, durch die das physische Leben erst möglich wird, und zugleich als heiliges Elixier, durch das die Seele Heilung erfährt.

Du magst dem anderen das Weib stehlen, das Pferd, die Ehre, aber nicht das Wasser", heißt es in einer Sure des Koran. Wer immer das Buch der Bücher geschaffen hat – er wußte, worauf ein Wüstenvolk am wenigsten verzichten kann. Die Kostbarkeit des kühlen Naß läßt sich allein schon an dem ungeheuren Aufwand ablesen, mit dem man es in sämtlichen Trockengebieten zwischen Atlantik und Indischem Ozean hebt und sammelt, weiterleitet, speichert und verteilt.

Gewiß, all die von Ochsen, Kamelen oder Menschen betriebenen Schöpfvorrichtungen, die weitverzweigten Netze von Bewässerungskanälen, Dämmen, Aquädukten und Zisternen wurden größtenteils nicht erst von Muslimen erfunden. Aber islamische Ingenieure und Baumeister haben sie entscheidend weiterentwickelt. Man denke nur an das hochkomplizierte Kanalsystem von Fes, dieses knapp tausend Jahre alte, von unzähligen Quellen und Flußarmen gespeiste doppelte Netz aus Zu- und Ableitungen für das Frisch- und Schmutzwasser jedes einzelnen Hauses. Man denke an die von Sinan entworfenen Aquädukte, über die einst ein Teil von Istanbuls mehr als zehntausend öffentlichen Brunnen versorgt wurde; an die riesigen Reservoirs der Aghlabiden am Stadtrand von Kairouan, oder an Stauwehre wie das zweigeschossige *Pol-i Chadschu* in Isfahan, das zugleich auch als Straßenbrücke und Flaniermeile dient.

*Das arabische Bad ist nicht nur ein Ort der rituellen Reinigung, sondern auch des Ruhens und Genießens. Nach den Strapazen der Waschung und Massage wird der Gast im Maslach, dem wohltemperierten Ankleideraum, bis über den Kopf in Tücher gehüllt und bekommt Kaffee oder Tee kredenzt. Bisweilen genehmigt sich sogar der Bademeister höchstpersönlich (links: der des Hammam Nahassin in Aleppo) ein Nickerchen.*

*Für die Versorgung der Städte und Felder mit Wasser ist in den Wüsten und Steppengebieten des Orients kein Aufwand zu groß. Berühmt sind die Norias, die alten, knarrenden Holzräder im syrischen Hama (unten), die das Wasser des Orontes auf höher gelegene Aquädukte heben.*

Besondere Bewunderung gebührt jenem kostspieligen Schacht- und Stollensystem, das bis heute in Marrakesch und in manchen Oasen der Sahara, aber auch auf dem iranischen Hochland, etwa in der Umgebung von Yazd und Kerman, in Verwendung ist. Es hat zwar verschiedene Namen – da *khettara*, dort *foggara* und im Iran *qanat*, funktioniert aber überall nach mehr oder weniger demselben Prinzip: Etwa alle zwanzig Meter führen Schächte ins Erdinnere. Wo sie auf wasserundurchlässige Gesteinsschichten stoßen, sind sie durch einen leicht abfallenden Kanal verbunden, in dem das Grundwasser abgeleitet wird. So hat man in dem Wüstenklima den Verlust durch Verdunstung minimiert. Der Verlauf dieser bis zu siebzig Meter tiefen und siebzig Kilometer langen Stollen läßt sich über Tag an den kreisrunden, vom Aushub umkränzten Schachtlöchern verfolgen.

Ist man einerseits bestrebt, wo immer möglich, Wasser zu sparen, so geht, oder besser: ging man bei anderer Gelegenheit damit ziemlich verschwenderisch um. Bei der Gestaltung von Gärten etwa. Dort sind Kanäle, Brunnen und Bassins seit jeher unverzichtbare Elemente. Zum einen aus dem ganz profanen Grund, daß sie in den heißen Som-

mern wenigstens ein bißchen Abkühlung bringen. Zum anderen aber, weil jeder Garten als irdisches Abbild des Paradieses gilt. Und im Paradies erwarten den Seligen bekanntlich nicht nur Früchte, Düfte, eine himmlische Ruhe sowie die *huris*, die reinen Jungfrauen, sondern auch Bäche von Milch, Honig, Wein und – niemals verderbendem Quellwasser.
Spektakuläre Fontänen oder Kaskaden, wie sie europäische Renaissance- und Barockmenschen so sehr liebten, sucht man in der islamischen Kultur übrigens vergebens. Muslime bevorzugen leises Geplätscher, Rieseln, Getropfe, wenn nicht überhaupt völlige Reglosigkeit. Steht das Wasser, so steht ihrem Gefühl nach die Zeit. In seiner glatten Oberfläche verfließen die Grenzen zwischen Realität und Imagination, spiegelt sich die Tiefe des Himmels im doppelten Sinn wider.
Diese kosmische Komponente läßt sich in ein paar der großen Gartenanlagen noch heute erleben, im *Schalimar Bagh* von Lahore beispielsweise, im *Tadsch Mahal* von Agra, dem *Generalife* von Granada oder in den *Agdal* -Gärten der marokkanischen Königsstädte. Sie ist aber ebenso in jedem kleinsten Hof eines Altstadthauses oder einer Moschee zu spüren, sobald ein Brunnen in seiner Mitte steht.

*Ob an einem prunkvollen Brunnen wie dem der Imam Reza-Moschee von Meschhed (oben) oder improvisiert am Wegesrand (unten: in einem ostanatolischen Dorf nahe Erzurum) – die kleine Waschung vor dem Gebet ist für jeden Moslem obligat. Im Koran ist ihr Ablauf nur am Rande erwähnt, doch durch die Tradition wurde das Ritual minuziös festgelegt.*

Körperliche Sauberkeit und seelische Reinheit. Beides ist im Islam von größter Bedeutung und wird mit Hilfe des Wassers erreicht. „Der Schlüssel zum Paradies ist das Gebet, und der Schlüssel zum Gebet ist die Waschung", wird der Prophet in den Hadithen zitiert. Und schon im Koran hat er befohlen: „O ihr Gläubige, wenn ihr euch zum Gebet anschickt, dann wascht euer Gesicht, eure Hände bis zum Ellbogen und reibt naß eure Köpfe und eure Füße bis an die Knöchel." Nur im Notfall, etwa in der Wüste, wenn kein reines Wasser zur Verfügung steht oder bei schwerer Krankheit ist es erlaubt, sich mit Steinen oder feinem, trockenem Sand abzureiben.
Diese sogenannte „kleine" Waschung *(al-wudu)*, die täglich zu den fünf Gebetszeiten vorzunehmen ist, genügt freilich in Fällen gröberer Verunreinigung nicht. Nach dem Beischlaf, nach Krankheit und tunlichst vor dem Besuch der Freitagsmoschee hat der ganze Körper „vom Schopfhaar bis zum kleinen Zeh" gereinigt zu werden. Für diese „große" Waschung *(al-ghusl)* stand und steht den Gläubigen in den Altstadtquartieren eine Einrichtung zur Verfügung, die neben ihren hygienischen Bedürfnissen auch den sozialen auf ideale Weise entgegenkommt: das Bad, auf arabisch und türkisch: *hammam*.

Das Hammam hat wie wohl kein zweiter Ort des Orients seit den Zeiten der Kreuzfahrer die Phantasie der Europäer beflügelt. Es galt als Refugium für vollkommene Entspannung und hemmungslosen Genuß, und gemeinsam mit dem Harem als Sinnbild für die angeblich schwüle Erotik des Morgenlands. Betrachtet man etwa die Fresken des omajjadischen Badeschlößchens *Qusair Amra* in der Jordanischen Wüste mit ihren galanten Szenen nackter Gespielinnen und Gespielen, oder liest man die schlüpfrigen Verse in den Hammam-Traktaten und manch anderen Werken der klassischen arabischen Literatur, liegt der Schluß nahe, in der Hitze der Dampfbäder habe das Laster üppig geblüht. Doch alle Mutmaßungen über Zustände wie in den mittelalterlichen Badestuben des Nordens, wo Männer und Frauen sich gemeinsam lustvoll vergnügten, sind falsch. In Wirklichkeit waren und sind die Geschlechter stets strikt getrennt.

Manche islamischen Bäder werden jahraus, jahrein nur von Männern oder Frauen benützt, manche sind Doppelanlagen mit zwei separaten Bereichen. In den meisten jedoch sind ein und dieselben Räume abwechselnd für jeweils eine Gruppe reserviert. Wobei man in vielen Gegenden während der Stunden für Frauen einen Schleier quer über den Eingang spannt. Die Zeiten, da ein Mann, der solch ein „versperrtes“ Bad, und sei es auch irrtümlich, betrat, des Todes war, sind glücklicherweise längst vorbei. Doch mit Blicken werden Fremde, die in Unkenntnis des Schleiersymbols in die Vorhalle eindringen, noch heute getötet und von dem dann ausschließlich weiblichen Personal unmißverständlich vor die Tür gesetzt.

*Die Prozedur der großen Waschung (oben: im Hammam at-Taba von Tunis) verlangt dem Badegast einiges ab. Zuerst erwartet ihn die berühmte Massage, bei der die Glieder verrenkt werden bis die Gelenke knacken. Dann wird der Körper mit einem rauhen Handschuh abgeschrubbt. Es folgen Haarwäsche und – auf Wunsch – Haarschnitt und Epilation. Dreimaliges Einseifen und Abspülen bilden den Abschluß. Bild unten: die Istanbuler Zisterne Yerebatan Sarayi, das „Versunkene Schloß“.*

Die Herren der Schöpfung pflegen das Hammam am Morgen beziehungsweise knapp vor Mitternacht zu frequentieren, die Damen zwischen Mittags- und Abendgebet. Der Nachmittag im Bad bietet im traditionsverhafteten Milieu einer Medina oft heute noch die einzige Gelegenheit, sich außerhalb des Hauses mit Freundinnen zu treffen. Hier kann man ungestört in Tratsch und Klatsch schwelgen und unter den Töchtern der anderen diskret nach einer Braut für den eigenen Sohn suchen. Man kann, wie vom Koran verlangt, seine Achselhöhlen und Scham epilieren, und am Ende all der Prozeduren in trauter Gemeinsamkeit Berge von Süßigkeiten vernaschen, um künftig dem Schönheitsideal des Gatten noch perfekter zu entsprechen.

Wer allerdings glaubt, mit den Kleidern würden im

Bad auch die sozialen Zwänge abgelegt, irrt. Chronisten vergangener Jahrhunderte berichten, daß die Frauen es liebten, gerade hier ihren Reichtum zur Schau zu stellen. Die *qabqabs*, jene hölzernen Kothurne, auf denen sie im Bad umherstelzen, um sich auf dem beheizten Steinboden nicht die Sohlen zu verbrennen, waren oft mit Perlenketten besetzt, die Schöpftassen aus Gold oder vergoldetem Silber und die Gewänder für den Ruheraum aus Seide oder Brokat. Zudem führte man gerne Schmuck und Kleider vor.

Ein spätes Erbe dieser Prunksucht ist wohl die Angewohnheit heutiger Besucherinnen, nicht nur eigene Handtücher, sondern auch ein Schminkköfferchen mit ins Hammam zu nehmen. Es enthält natürlich vorwiegend moderne Kosmetika, daneben jedoch immer noch allerlei nach alten Rezepten hergestellte Pasten, Salben und Duftessenzen – die unverzichtbare Augenschminke *kohl* zum Beispiel, die mit Orangen- oder Rosenwasser versetzte Tonerde *tfal*, die man auf die Haare aufträgt, und *henna*, das meist rote Farbpulver, mit dem man sie nachher färbt.

Seit immer mehr Menschen ein Badezimmer (und einen Fernsehapparat) ihr eigen nennen, ist die Zahl der Hammam-Besucher beständig am Schrumpfen. Vorbei sind die Zeiten, als man etwa in Fes über hundert, in Istanbul 155 und in Aleppo gar 195 große, öffentliche Dampfbäder zählte. Dennoch: Ein paar dieser steinernen Zeugnisse hoher Alltagskultur kann man in fast jedem historischen Stadtkern noch finden. Sie sind zum Teil vier-, fünf-, in Damaskus und Aleppo gar über sechshundert Jahre alt, und stehen für jedermann, gleichgültig welcher Konfession er angehört, offen. An ihnen läßt sich noch sehr gut die traditionelle Bau- und Funktionsweise studieren.

Wie ihre Vorfahren in der Antike, sind sie im wesentlichen in drei Bereiche gegliedert: in das *maslach* (türk.: *camegah)*, das *frigidarium* der alten Römer, wo man Eintrittsgeld bezahlt, sich umkleidet und hinterher entspannt; das mäßig erwärmte *bait al-auwal (sogukluk*, bzw. *tepidarium)*, der Bereich zur Akklimatisierung; und in das *bait al-harara (sicaklik*, bzw. *caldarium)*, die aus ein oder mehreren Räumen bestehende, heiße Kernzone. Sie verfügt über Alkoven, in denen man sich wäscht, und über niedrige Marmorpodeste, auf denen man sich ausruht und massieren läßt. Das Kalt- und Warmwasser wird in kleinen Schöpfbecken gesammelt. (Wannenbäder gelten als Brutstätten für böse Geister und sind nur in Thermalhäusern, ausnahmsweise, erlaubt.) Nach Gebrauch fließt es über seitliche Steinrinnen ab.

Beheizt wird die Anlage durch ein sogenanntes Hypokaustensystem: Von einem riesigen Holzofen erhitzte Luft wird durch Hohlräume unter den Fußboden und durch Tonröhren in die Wände geleitet. Der Dampf stammt aus einem angeschlossenen Kessel und gelangt aus einem Nebenraum durch eine dünne, perforierte Zwischenwand in das Bad. Überwölbt ist der zentrale Teil meist von mehreren Kuppeln. Sie dienen neben der Ästhetik auch der besseren Umwälzung des Dampfes und somit der Ersparnis von Wasser und Heizmaterial. In sie eingesetzt sind konvexe Ziegel aus getrübtem Glas, die das Innere vor neugierigen Blicken schützen und in ein schummriges, die Kontemplation förderndes Licht tauchen.

Auch der Mitarbeiterstab gleicht jenem vergangener Tage: Immer noch bekommt der Gast gleich zu Beginn vom Bademeister persönlich Sandalen, Handtücher und Seife überreicht, und am Ende von dessen in lange Lendentücher gehüllten, peinlich auf Sauberkeit bedachten Gehilfen Tee, Kaffee oder eine Wasserpfeife kredenzt. Immer noch wird er, wie es das Ritual verlangt, vom *musaubin* (türk.: *tellak)* dreimal abgeschrubbt und massiert. Draußen um die Ecke sitzt manchmal nach wie vor tief in seinem rußigen Verlies der Heizer und füttert ein glühendes Ungetüm von einem Heizkessel mit Holzresten und Sägespänen, die er am Vortag den Tischlern und Drechslern abgekauft hat. Und in ganz seltenen Fällen waltet in einer Vorhalle sogar noch ein Barbier seines Amts.

Solche Traditionsbäder, die übrigens immer im Besitz gemeinnütziger Stiftungen sind, spielen bis heute in vielen Zeremonien eine zentrale Rolle: Werdende Mütter besuchen sie zur Vorbereitung auf die Niederkunft und vierzig Tage danach zur rituellen Reinigung. Knaben werden vor ihrer Beschneidung hierher gebracht. Und Bräute kommen während der Vermählungsfeierlichkeiten gleich dreimal: sieben Tage vor der Hochzeit zur Läuterung, drei Tage später, um im Kreis ihrer Freundinnen mit Henna geschmückt zu werden, und, gemeinsam mit ihrem Zukünftigen, am Abend vor der Hochzeitsnacht.

Aber auch im Alltag vieler Altstadtbewohner hat das Hammam – noch – seinen Platz. Weshalb? Natürlich wegen des Gebots der großen Waschung. Natürlich auch wegen seiner vorbeugenden und therapeutischen Wirkung bei Rheuma und allerlei anderen Leiden. Vor allem aber, weil jeder, der einmal diese wundersame Tortur durchlitten hat, weiß, daß es kaum Wohltuenderes gibt, als von kundigen Händen eingeseift zu werden, den Kopf gewaschen, die Glieder verrenkt und die Haut abgezogen zu bekommen und danach, rosahäutig und in duftende Tücher gewickelt, wie neugeboren an einer Wasserpfeife zu nuckeln.

*Der Dampfschwitzraum, Bait al-Harara, bildet den Kernbereich jeder Badeanlage. Er verfügt statt über Fenster nur über Augen aus Trübglas, die Gestirnen gleich in die Kuppeln eingesetzt sind. Sein Marmorfußboden ist in der Regel beheizt. Die Nischen am Rande dienen als Badezellen, aus deren Waschbecken man frisches Wasser schöpft. Der heißeste Platz im Raum ist das erhöhte Podest in seiner Mitte. Hier geht der Musaubin, der Masseur, seiner martialischen Beschäftigung nach. Mit seiner Kraft und Fingerfertigkeit lockert er nicht nur die Muskulatur, sondern auch die Gemüter seiner Kunden. (Gegenüberliegende Seite oben: im Cagaloglu Hammam von Istanbul; unten: in einem Badehaus von Kerman, Südostiran.) Kleines Bild oben: ein Gläubiger bei der Reinigungszeremonie in der Muajjad-Moschee von Kairo.*

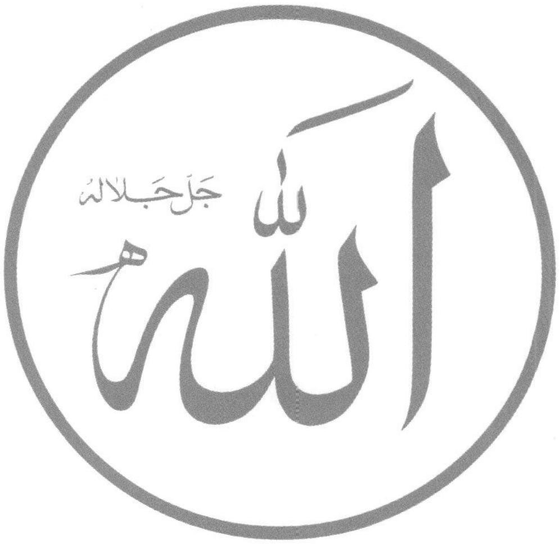


# HANDWERKER UND HÄNDLER

## IHRE ARBEIT, IHRE WAREN

*Teppiche*
*Kleidung*
*Chechia-Mützen*
*Schmuck*
*Parfum*
*Kaffee, Tabak & Süßigkeiten*
*Medizin & Magie*
*Kalligraphie & Malerei*
*Holz*
*Glas*
*Metall*
*Keramik*
*Leder*

# VOM KNÜPFSTUHL BIS IN DEN SALON

Die Szene wiederholt sich in jedem Teppichbasar unzählige Male am Tag: Ein findiger Führer hat Touristen mit der Aufforderung „Nur mal gucken!“ in einen Laden gelotst. Dort lassen sich die Gäste, umgarnt vom Charme des Besitzers, nieder. Höflichkeiten werden ausgetauscht. Dazu wird Tee kredenzt und ein Teppich nach dem anderen entrollt. Es kommt selten vor, daß nicht jemand sein Herz an ein Stück verschenkt und die Heimreise mit Übergepäck antritt.

Gemessen an der Gesamtproduktion kommt nur eine Minderheit aller Orientteppiche auf solch individuelle Weise in den Westen. Die überwiegende Zahl wird von Großhändlern aufgekauft. Bester Beweis dafür ist der Iran: Rund zehn Millionen Menschen sind dort gegenwärtig direkt oder indirekt mit der Herstellung von Teppichen beschäftigt. Die Knüpfware belegt auf der Liste der ausgeführten Güter, hinter Erdöl, aber noch vor Agrarprodukten, den zweiten Rang. Das Land ist der Welt größter Teppichexporteur. (Wobei über fünfzig Prozent in den deutschsprachigen Raum gehen.) Kenner beklagen

*Die schlimmsten Tage der Anilinfarben sind zum Glück Vergangenheit. Heute wird mehr und mehr wieder mit natürlichen Substanzen wie etwa Indigo (blau), Krapp und Koschenille (rot), Rittersporn und Färberwau (gelb) koloriert. Links: eine Wollfärberei im Basar von Kaschan.*

*Bei der bäuerlichen Heimarbeit werden die Muster vorwiegend aus dem Kopf geknüpft. Auch Vagirehs (persisch für „Musterstück") finden dort Verwendung – geknüpfte Vorlagen von verschiedenen Motiven, zum Beispiel Ecklösungen, die in der Ausführung besonders schwierig sind. In den städtischen Manufakturen hingegen werden die jeweiligen Muster auf Millimeterpapier übertragen, in Teile geschnitten, auf Kartons aufgezogen und handkoloriert. Hie und da stößt man auch noch auf einen Salim, einen Musteransager, der die Muster in jenem Rhythmus laut vorliest oder -singt, nach dem die Knüpfer arbeiten.*
*Weitere Etappen einer Teppichjugend: die Wäsche samt anschließendem Trocknen in der Sonne (im Bild: in einem Khan in Isfahan); das Nachscheren des ruppig gewordenen Flors (rechts oben) und das Zwischenlager im Basar (rechts unten: im Isfahaner Teppich-Basar Farsch Foruschha).*

zwar auch hier einen Niedergang der Qualität. Die Leute, sagen sie, knüpften selbst in den Dörfern immer mehr aus kommerziellem Kalkül und immer weniger mit dem Herzen. Doch zumindest in und um Isfahan (und auch noch in Täbris) könne man, was Muster, Farben und Feinheit betrifft, noch wirklich erstklassige neue Ware finden.

Anhand des *bachtiari* läßt sich sehr gut der Weg eines Teppichs vom Knüpfstuhl über den Basar bis zum Endbenützer exemplarisch skizzieren. Das Lexikon informiert, er werde im Westen und Norden Isfahans von Luren, Kurden und Tadschiken, aber auch Arabern und Armeniern geknüpft. Seine Grundfarbe sei meist Elfenbein oder Creme, seltener Rot, Blau, Grün oder Braun, sein Charakter rustikal, ja fast derb. Kette und Schuß bestehen aus Baum-, der Flor aus Schafwolle. Beliebtestes Muster ist der Garten mit symbolischen Beeten und Wassergräben. Daneben sind auch häufig Lebensbäume, Blumensträuße, Medaillons und Rokoko-Rosen zu finden. Zentrum der Herstellung ist die Stadt *Schahr-e-cord* im Zagros-Gebirge.

Wie überall im Orient stellt man auch in diesem wilden, unzugänglichen Bergland fast alle Gewebe (Teppiche und Kelims) ohne Nadel her. Wie in allen Dörfern wird – im Unterschied zu den Manufakturen der Städte, wo oft Männer arbeiten – auch hier nur von Frauen im Hausfleiß geknüpft. Und wie in vielen ländlichen Gebieten sind auch diese Frauen in ihrer Arbeit sozialrechtlich in keiner Weise abgesichert.
Die Wolle holen sich die Frauen von der eigenen Schafherde. Ihre Qualität ist dank der großen Temperaturunterschiede zwischen Tag und Nacht und Sommer und Winter hoch. Die Baumwolle kaufen sie zu. Versponnen wird noch nach alter Sitte mit Hilfe einer Spindel oder eines Spinnrads von Hand. Zuvor wird aus dem Vlies, das mit Holzknüppeln geschlagen, dann gewaschen und getrocknet wurde, der hochwertigste Teil der Wolle gezupft und diese, um gleichmäßige Wollsträhnen zu erhalten, mehrmals durch die Metallzinken eines sogenannten Kardkamms gezogen.
Gefärbt wird in der Hauptsache in den größeren Städten und synthetisch. Der Trend zurück zu Naturfarben ist in Persien noch nicht so stark entwickelt wie etwa in der Türkei. Ateliers beschäftigen normalerweise speziell geschulte Musterentwerfer – Künstler, die ihre Kreationen minuziös auf mit Millimeterpapier überzogene Kartons übertragen und die Farben mit Hilfe eigener Nummerncodes festlegen. Bei Dorfteppichen wie dem Bachtiari hingegen liegt die Verantwortung für die Farbauswahl und die Musterkombination bei den Knüpferinnen. Sie kann gar nicht überschätzt werden, denn ist ein einziger Ton falsch ausgewählt, oder schleicht sich zwischen Mittelfeld und Bordüre eine leise Disharmonie ein, ist die Ästhetik des Stücks schon verdorben.

Die ersten Jahre seines Lebens verbringt ein Bachtiari für gewöhnlich in seiner Heimat. Denn anders als die Teppiche aus den städtischen Ateliers, die vom Knüpfstuhl direkt in den Verkauf wandern, werden jene im Dorf, so will es die Tradition, von ihren Herstellern anfangs selbst benützt. Erst wenn sie ein wenig Patina angelegt haben, bringt man sie über Zwischenhändler im näch-

sten größeren Ort auf den Markt. So ist sowohl dem eigenen, orientalischen Geschmack (der neue Teppiche als schön empfindet) als auch jenem des Endabnehmers in Europa (der die gedämpfteren Farben gebrauchter Exemplare bevorzugt) gedient. Europäische Einkäufer, die behaupten, höchstpersönlich in entlegenen Dörfern nach Ware zu suchen, erzählen fast immer Händlerlatein. Erstens kostete sie das viel zuviel Zeit. Zweitens würde ihnen als Fremden der Zutritt in die Privathäuser verwehrt. Außerdem wäre da noch die Sprachbarriere: Wer von ihnen kann schließlich schon Farsi? In Wirklichkeit kaufen Engroshändler ihre Kontingente in den Basaren der großen Städte. Und Detailhändler unternehmen erst gar nicht die lange Reise, sondern decken sich in Hamburg, Zürich oder London, den seit dem Zweiten Weltkrieg wichtigsten europäischen Teppichbörsen, ein.

Auch Geschichten von kostbaren alten Stücken, die jemand in irgendwelchen spinnwebenverhangenen Basarecken aufgestöbert haben will, entpuppen sich bei näherem Hinhören in der Regel als Märchen. Gewiß, beim Betreten mancher Läden entdeckt man gelegentlich zwei, drei interessante, abgetretene Stücke an der Wand. Doch die allermeisten davon sind *foruschi nist*, unverkäuflich. Und für den Rest werden absurd hohe Preise verlangt. Tatsache ist: Der Orient ist leergekauft. So leer, daß seit 1993, als die Regierung in Teheran dies wieder erlaubte, sogar kostbare Perser aus dem Westen in den Iran reimportiert werden.

Zurück zum Bachtiari: Er harrt mittlerweile, schmutzig und staubig wie er sein Herkunftsgebiet verließ, inmitten Abertausender Artgenossen im Teppichbasar von Isfahan eines Käufers. Taucht ein Großhändler aus Europa auf, beginnt eine langwierige Prozedur: Gemeinsam mit einem iranischen Vertrauensmann, der ihn zuvor schon über das aktuelle Angebot und Preisgefüge informiert hat und nun als Dolmetscher und Vermittler fungiert, wählt der Kunde aus den enormen Stapeln, was ihm gefällt. Danach wird verhandelt. Die Spanne, um die es dabei geht, beträgt im Gegensatz zum Gefeilsche mit touristischen Laien, bloß fünf bis zehn Prozent. Sind Preise und zugehörige Nummern der Wunschstücke notiert, führt sie ein *hammal,* einer der vielen selbständig arbeitenden Lastträger, mit seinem *tscharbi,* dem vierrädrigen Wägelchen, in ein eigens angemietetes, von einem Saraywächter behütetes Lager. Hier inspiziert der Händler am Ende seiner Einkaufstour noch einmal alle Teppiche einzeln und versieht sie mit Kontrollnummern. Zwei *adelbandi,* hauptberufliche Packer, schnüren sie fachmännisch zu Paketen. Und ab geht die Post auf

offenen Lastwägen in die Wäschereien von Schah Abdol Aziz am Südrand von Teheran.

Hier, wo Wasser zum Waschen und Sonne zum Trocknen in Hülle und Fülle vorhanden sind, und in manchen Großbetrieben sechzig, siebzig Männer händisch täglich tausend Quadratmeter Teppich und mehr behandeln, wird der Bachtiari erst einmal entstaubt und – meist mit Chlor – gereinigt. Neue, noch glanzlose Teppiche bekommen nach ihrer Ankunft eine Veredelungswäsche verpaßt, die sie weich macht und aufquellen läßt. Hie und da werden sie auch, was offiziell verboten ist, mit Hilfe starker chemischer Zusätze „antik gewaschen“, das heißt künstlich auf alt getrimmt. Was freilich jeder Fachmann sofort daran erkennt, daß der Flor an der Basis satte Farben, an seiner Oberfläche jedoch eine seltsame Blässe aufweist.

Nach dem Waschen trocknet der Teppich, was seiner Wolle sehr wohl bekommt, auf Stangen an der frischen Luft. Dann wird er mit der Unterseite nach oben mit Nägeln auf Bretter gespannt, mit Füßen getreten, hierauf – damit sein Gewebe nachgibt – erneut naß gemacht, wieder getrocknet und schließlich mit elektrischen Handschermaschinen nachgeschoren. Denn sein Flor ist durch das Waschen ruppig geworden. Abschließend wird er auf kleine Fehler durchgesehen. Sich lösende Schußreihen werden aufgefangen, Fransen geschnitten, einzelne Kettknoten gefärbt.

Letzte Station ist dann der Zoll, bei dem der Wert der Ware aus Steuergründen in der Regel bloß mit einem Bruchteil des echten Preises deklariert wird. Danach geht es dem endgültigen Bestimmungsort entgegen. Und zwar heute häufig per Flugzeug. Denn der übliche Landweg durch Aserbaidschan und die Ukraine ist nicht nur lang, sondern neuerdings auch sehr riskant. Teure Teppiche pflegen sich dort immer öfter in Luft aufzulösen.

*Ein Webstuhl in den Suqs von Aleppo (links): Die technischen Feinheiten mögen sich verändert haben, doch das Grundprinzip von Kette und Schuß, den zwei sich rechtwinklig verkreuzenden Fadensystemen, ist seit 7.000 Jahren, als man, wie Fundstücke in der Türkei beweisen, die ersten Hängewebstühle verwendete, gleich geblieben. Die meisten Orientteppiche kamen bis zum Zweiten Weltkrieg aus den Basaren direkt nach Wien. Denn nachdem der Schah von Persien dort 1873 bei der Weltausstellung erlesene Stücke ausgestellt und damit im Westen ein Teppichfieber ausgelöst hatte, wurde diese Stadt zum Hauptumschlagplatz für ganz Europa. Heute finden sich die größten Importlager in Hamburg und London. Aber über die Hälfte aller klassischen Teppiche wird immer noch in den deutschsprachigen Raum verkauft. Oben: ein Laden in Aleppo; unten: in Isfahan.*

# TSCHADOR, SCHLEIER UND KAFTANE

Die Araber halten viel auf ihre Kleidung, es überläßt sich dabei jeder dem freien Spiele seiner Phantasie und in seinem Anzuge gibt sich schon ein jeder in seinem Wesen, sie lieben sehr die bunten Farben und deren Kontrast, reiche Verbrämung von Gold, seltsame Zier von seidenen Schnüren und Kordeln, Knöpfen und Quasten, sie können sich selten genug tun, und an die Hitze gewöhnt, tragen sie zwei drei Kleidungen übereinander, Pelz und Binden und Schärpen werden da nicht geschont. Der deutsche Reisende Fritz Max Hessemer, der Anfang des vorigen Jahrhunderts über die Gewänder der Morgenländer derartig ins Schwärmen geriet, wäre heute wohl ziemlich enttäuscht. Die schillernden Trachten sind, vor allem in den großen Städten, mehrheitlich einem grau-braunen Einerlei von Hosen und Sakkos, Röcken und Mänteln, ja Trainingsanzügen und Blue jeans gewichen. Trost fände er nur unter Bauern und Beduinen auf dem Land, denn dort hat die Tradition zumindest teilweise bis heute überlebt. Dort stößt man noch auf helle, leuchtende Farben, und kann die regiona-

*Auch wenn jene luxuriösen Zeiten, als man in staatlich geführten Feinwebereien Prunkstoffe für die Fürsten und Würdenträger herstellte, viele Jahrhunderte zurückliegen: ihre Vorliebe für qualitätvolle Gewänder hat sich die Mehrheit der Araber bewahrt. In fast jedem Basar sind noch alte Webstühle in Betrieb (unten im Funduq el-Nayar in Tunis). Und das Angebot an Posamenten (rechts oben) ist überall groß.*

len und sozialbedingten Differenzen, aber auch die Gemeinsamkeiten in den herkömmlichen Kleidungsweisen erkennen.
Zur Grundausstattung für beide Geschlechter gehören in fast allen islamischen Ländern von jeher der *sirwal*, eine knöchellange Pluderhose aus leichtem Stoff, und das kragenlose, locker über das Knie fallende Hemd, *qamis*. Darüber trug man (und trägt man in manchen Gegenden immer noch) lose, große Stofftücher. Wobei sich die Frauen von den Männern nur durch die Technik des Wickelns, die Buntheit des Gewebes sowie Accessoires und Zierat unterschieden. Parallel dazu bildeten sich schon bald – teils in Fortsetzung vorislamischer Sitten, teils aufgrund klimatischer Bedingungen – zahlreiche Regionalstile heraus.
Im Maghreb – um nur wenige Beispiele zu nennen – haben die Männer zum Schutz vor den hohen Temperaturunterschieden den berühmten *burnus*, einen hellen, wollenen Kapuzenmantel, an. Auch die Araber und Türken kennen eigene Mantelmodelle: den *aba* (er ist geschlossen, dunkel und aus Wolle) beziehungsweise den *kaftan* (langärmelig, vorne offen und aus Baumwolle oder Brokat). Die Palästinenserinnen tragen mit Vorliebe ein bunt besticktes Baumwollkleid (*thawb*); die Maghrebinerinnen hingegen über der Bluse eine ärmellose, um die Taille mit einer Schärpe umwickelte Tunika, die *dschubba* oder *gandura*. Und den ägyptischen Fellachen dient die *dschellabiya*, ein schlichter, an seinem V-Kragen geknöpfter Baumwollumhang, als Alltagsgewand.

*Vor dreißig Jahren zitierte Titus Burckhardt in einem seiner Bücher einen greisen, marokkanischen Freund, der ihn in ein Warenhaus voller Maschinen begleitete, mit den Worten: „1300 Jahre lebten wir ohne das, und zwar nicht schlecht. Es gab Teuerungen, Kriege, und manchmal auch Seuchen; aber die schlimmste aller Seuchen, die Arbeitslosigkeit, gab es nie." Ob den Alten der Anblick der Näher (aus Istanbul; unten) oder der Bügler (aus Isfahan; folgende Seite) trösten würde?*

Nicht minder groß ist die Vielfalt an Kopfbedeckungen. Ihr liegt die traditionelle Scheu der Orientalen vor der Barhäuptigkeit zugrunde. Wie die Juden halten auch Moslems zum Zeichen der Demut und des Respekts ihren Kopf – nicht nur, aber vor allem beim Gebet – bedeckt, und entblößen ihn lediglich, wenn es gilt, einer Situation besondere Dramatik zu verleihen.
Die Basis für die meisten Modelle bildet die *taqiya*, jene kleine und gestickte, meist weiße, mit Baumwollspitzen versehene Kappe, mit der männliche Fundamentalisten heutzutage gerne öffentlich ihre antiwestliche Gesinnung demonstrieren. Um die Taquiya wickelt man, wie einst der Prophet, lange Tücher zu Turbanen. Über sie breiten die Iraker, Syrer und Palästinenser, aber auch die Bewohner der Arabischen Halbinsel bis heute ihre mit Kordeln ge-

krönten, über den Nacken fallenden Kopftücher. Zu ihren nahen Verwandten zählen die charakteristischen roten Filzmützen – die flache, aus Tunesien stammende *chechia*, der ägyptische *tarbusch* und der türkische *fez;* zu ihren entfernteren die Fell- und Filzkappen der Osmanen, der Perser und der Mongolen. Manche Mißverständnisse herrschen im Westen bezüglich eines anderen weit verbreiteten Kopfschmucks – des Schleiers. Zum einen, weil genaugenommen zwischen dreierlei Formen zu unterscheiden ist: Zwischen erstens jenem Gesichtstuch, das, mit Bändern befestigt, Nase, Mund und Hals bedeckt und vorwiegend in Saudi-Arabien und den Golfscheichtümern getragen wird; zweitens jener Kopfstulpe mit angehefteter bodenlanger Glocke, die nur einen transparenten Augenschlitz aus Häkelspitzen freiläßt und in Nordindien, Afghanistan und Pakistan gebräuchlich ist; und drittens dem im Abendland häufig als Schleier bezeichneten persischen *tschador* (zu deutsch „Zelt"), jenem schwarzen, Körper und Kopf bedeckenden Umhang, der das Gesicht entgegen der im Westen kolportierten Meinung unverhüllt läßt, und auf dessen Verwendung die Sittenwächter in Teheran seit 1979 so vehement Wert legen.

*Für Europäer nicht leicht zu durchschauen ist die Bedeutung der verschiedenen Farben. Obwohl es keine allgemein gültige Symbolik gibt, beruft man sich gerne auf das Vorbild des Propheten. Für ihn stehen sowohl Grün als auch Weiß. Schwarz hingegen galt ursprünglich als Farbe der Abbasiden, Rot als die der Schiiten. Gelb war, im Mittelalter, für Christen und Juden reserviert. Trauerkleidung kann, je nach Region, schwarz, aber auch blau oder weiß sein.*

Mißverständnisse birgt auch die weitverbreitete Ansicht, der Schleier sei im Laufe seiner Geschichte – die übrigens lange vor dem Islam begann – ausschließlich ein Instrument der Männer gewesen, die Freiheit der Frauen einzuschränken. So sehr dies in vielen Gesellschaften zutraf (und immer noch -trifft) – der Schleier hatte doch stets auch andere Funktionen, etwa, vor Sonne, Sand und Staub, aber auch dem Bösen Blick und Belästigungen zu schützen, Stammeszugehörigkeit zu symbolisieren, und zu verhindern, daß, wie der Volksglaube suggerierte, Geister in die oberen Körperöffnungen eindringen. Immerhin war der Schleier häufig, was er bei den Tuaregs noch heute ist: fixer Bestandteil auch der männlichen Garderobe.

Der Koran schreibt hinsichtlich der Bekleidung nur recht allgemein Zurückhaltung und Schicklichkeit vor. Frauen mahnt er, „ihre Schätze nicht preiszugeben". Sie sollten außer Haus Gesicht und Dekolleté bedecken, die Formen ihres Körpers nicht unnötig hervorheben, keine transparenten Stoffe verwenden und extravaganten Prunk vermeiden – auf daß sie beim anderen Geschlecht kein Lustgefühl erregen. Männern hinge-

gen untersagte Mohammed („so sie nicht von Läusen oder Hautkrankheiten befallen sind") das Tragen der „dekadenten" Seide.
Seine sittenstrengen Gefährten befolgten diese Gebote noch strikt. Doch schon nach einer Generation wurden sie von höchster Stelle ignoriert: Die omajjadischen Kalifen richteten staatliche Feinwebereien ein, sogenannte *tiraz*, in denen, wie früher am byzantinischen Hof, schwere gold- und silberbestickte Prachtstoffe erzeugt wurden. Zugleich erließen sie Edikte, die Christen und Juden zwangen, bestimmte Farben (etwa Gelb) und Unterscheidungszeichen (etwa spezielle Gürtel) zu tragen. Unter den Abbasiden kamen Strümpfe in Mode und aus Persien stammende, knöchellange, reich dekorierte Zeremonialgewänder. Vollends erlagen dann die Fatimiden den Lockungen des Luxus: Sie statteten ihren gesamten Beamtenstab mit pompösen Festkostümen aus, die „von der Unterwäsche bis zum Turban" aus Seiden und Brokaten waren. Zugleich gründeten sie im ganzen Reich eine Unzahl von Stoffmanufakturen, deren grandiose Qualität sich noch heute an Museumsexponaten wie dem berühmten Krönungsmantel des Normannenkönigs Roger II. in der Wiener Schatzkammer ablesen läßt.

*Eine Spezialität aus Isfahan sind die Qalamkaris – bedruckte Tücher. Die klassischen Muster bestehen aus altiranischen, zoroastrischen Götterfiguren sowie aus „Termeh" (in Europa als „Paisley" bekannt). Sie werden händisch aufgestempelt, danach am Flußufer ausgekocht, geschwemmt und getrocknet. Insgesamt beschäftigt die Branche über tausend Männer. Doch nur jeder hundertste trägt den Titel „Meister". Unten: vor einem Geschäft für Tarbusche in Kairo.*

Die Textilerzeugung war von Anfang an der maßgebliche Wirtschaftszweig in der islamischen Welt. Seine Produkte dienten nicht nur als Grundlage für Bekleidung, sondern auch für die Schlafstätten, Diwane, Pölster, Decken – für die „Möbel". Besonders wertvolle Stoffe waren Statussymbole und vererbbares Kapital und wurden in der Diplomatie häufig ausländischen Gästen als Präsente dargebracht. Die beste Seide *(harir)* kam aus Damaskus und Aleppo, mindere aus der Gegend rund um das Kaspische Meer. Baumwolle *(qutn)* wuchs vor allem in Syrien und im Tal des Nils, Flachs *(kattan)* in dessen Delta, Halfa-Gras, aus dem man Matten und Sandalen machte, auf den Hochplateaus des Maghreb. Und Wolle *(suf)* gab es überall, wo es Schafe, Ziegen oder Kamele gab. Aus den berühmten Dokumenten der Geniza von Kairo (Geniza heißt der Aufbewahrungsort für Schriftstücke in der Synagoge) wissen wir, daß im 11. und 12. Jahrhundert ein großer, wenn nicht der größte Teil der Handwerker und Händler mit der Herstellung und dem Vertrieb von Geweben beschäftigt war.
Die Situation begann sich erst im Laufe des vorigen Jahrhunderts dramatisch zu verändern: Die Herren Cartwright in England und Jacquard in Frankreich

hatten den mechanischen Webstuhl erfunden beziehungsweise weiterentwickelt, und damit den Europäern ermöglicht, ihre eben eroberten Kolonien mit textiler Massenware zu überschwemmen. Diese war zwar weit weniger haltbar, von ihrer Ästhetik gar nicht zu reden, aber sie war billiger und deshalb begehrt. Als man schließlich in vielen Ländern nach deren Unabhängigkeitserklärung industrielle Großspinnereien und -webereien baute, geriet das traditionelle Textilhandwerk noch weiter ins Abseits. Heute begegnet man Handwebern höchstens in entlegenen Dörfern und bei Beduinen. Die wenigen noch in den Basaren tätigen Schneider nähen nur mehr für eine kleine, gutbetuchte und nostalgische Klientel. Und auch die Zahl jener Kinder, die – vor allem in den Städten des Maghreb – entlang der Hauswände Agavenseide spannen, um sie mit Hilfe von Handspulen zu zwirnen, schrumpft in letzter Zeit rapide.

Die ersten, die sich im Orient die europäische Kleidung zum Vorbild nahmen, waren Anfang des 19. Jahrhunderts die Militärs bei der Wahl ihrer Unifor-

men. Es folgten, unter dem Einfluß der westlichen Gesandten und Geschäftsleute und auch Missionsschulen, die ansässigen Christen und Juden. Nach dem Ersten Weltkrieg beschleunigte sich der Wandel: Mehr und mehr Moslems aus der städtischen Oberschicht standen in regelmäßigem Kontakt mit dem Westen und kleideten sich dementsprechend. Frauen gewannen an neuem Selbstbewußtsein und lehnten sich gegen das Gebot, einen Schleier zu tragen, auf. Zugleich kam es zu aufsehenerregenden staatlichen Eingriffen: Bereits 1828 hatte Sultan Mahmut II. in der Türkei per Gesetz den Turban verboten und statt dessen den Fez eingeführt. Nun, 1925, wies Kemal Atatürk seine Untertanen an, den Fez gegen Hut oder Mütze zu tauschen. 1936 setzte Schah Reza Pahlevi in Persien einen ähnlich radikalen Schritt, indem er das Tragen des Tschadors untersagte. Die Entschleierung wurde mit brutaler Polizeigewalt durchgesetzt.

Daß die Verdrängung der traditionellen Kleidungsgewohnheiten nicht nur den Verlust einer Äußerlichkeit bedeutet, sondern die Auflösung einer Geisteshaltung und Lebensform signalisiert, hat der Schweizer Islam-Kenner Titus Burckhardt treffend formuliert: „In der Tat ist in den meisten Fällen das Verschwinden der einheimischen Tracht das Anzeichen einer Sinnesänderung. Der Einwand, daß die europäische Kleidung nützlicher sei, ist nur halb wahr, denn die weiten orientalischen Gewänder, die frei die Glieder umspielen, entsprechen besser dem örtlichen Klima mit seinen heftigen Wechseln von heiß und kalt. Zugleich aber drücken sie in ihrer Verbindung von asketischer Schlichtheit und männlich-patriarchalischer Würde eine bestimmte geistige Haltung aus ... Die europäische Kleidung widerspricht den Stellungen und Gebärden des islamischen Gottesdienstes; sie behindert die Verbeugungen und Niederwerfungen, erschwert die vorgeschriebenen Waschungen, nimmt dem ungezwungenen Beisammensitzen zu ebener Erde seine Würde."

Freilich: was zeitgenössische Fundamentalisten als Gegenreaktion auf die Verwestlichung in Ländern wie Algerien, Ägypten oder der Türkei in jüngster Zeit Frauen aufzwingen wollen – das hochgeschlossene, langärmelige, knöchellange Kleid und das Hals und Haare verdeckende Kopftuch – hat mit originären islamischen Kleidungssitten kaum etwas zu tun. Vielmehr stellt es den Versuch dar, eine längst europäisierte Kleidung männlichen Vorstellungen von einer gottgewollten weiblichen Moral anzupassen.

Die einzige Gelegenheit, bei der jeder Moslem, unabhängig von Herkunft und Stand, noch heute wirklich jegliche modische Modernismen ablegt, ist die Wallfahrt nach Mekka: Denn an diesem heiligsten aller Orte müssen Männer, ob arm oder reich, ihre Alltagsmontur ab- und ein spezielles Gewand anlegen, das aus nichts als zwei ungenähten weißen Wickeltüchern besteht und den Weihezustand (*ihram*) symbolisiert. Und die Frauen, die hier in der Regel übrigens keinen Schleier, sondern nur ein Kopftuch tragen, haben möglichst schlicht gekleidet, unparfumiert und bar jeden Schmucks zu sein.

*Der Handel mit Textilien, insbesondere mit Seiden, war in der islamischen Welt stets von allergrößter ökonomischer Bedeutung. An den Hauptumschlagplätzen unterhielten die europäischen Mächte schon sehr früh Kontore. Dort wurden sowohl Rohballen als auch fertige Fabrikate nach strikten Regeln unter staatlicher Aufsicht ge- und verkauft. Im 16. und 17. Jahrhundert kam es zwischen den Safawiden und Osmanen sogar zum Krieg, weil die Perser, unter Umgehung Istanbuls, die europäischen Märkte zu erreichen versuchten. Wenig später begann unter der wachsenden Konkurrenz europäischer, maschinell gefertigter Produkte der Niedergang der traditionellen Textilproduktion des Orients. Er zog einen dramatischen Wandel in der Sozialstruktur der islamischen Gesellschaft nach sich. Links: eine Ecke im Stoff- und Kleiderbasar von Fes; oben: ein Schneider im Suq ad-Dschuh in Aleppo.*

# DIE MÜTZENMACHER VON TUNIS

Im Herzen der Medina von Tunis, auf halbem Weg zwischen Ölbaummoschee und Regierungspalast, liegt ein kleiner Souk, dessen Atmosphäre einmalig ist in der islamischen Welt. Seine wenigen kurzen, überwölbten Gassen sind ungewöhnlich gerade und sauber und still. Seine knapp zwei Dutzend Läden sind pastellfarben getäfelte, leicht verstaubte, überdimensionale Bonbonnieren. Und ihre Besitzer oder Pächter, größtenteils würdige ältere Herren, verströmen jenen Gleichmut, der einer uralten Tradition entspringt, und dem Bewußtsein, schon Schlimmeres als geringe Tagesumsätze überstanden zu haben.

*Das Rot der Chechias – links: ein Färber – stammt größtenteils von der Koschenille-Schildlaus. Sie wird auf den Kanarischen Inseln in Kakteen-Plantagen gezüchtet. Der Vorteil ihrer Pigmente, mit denen man übrigens auch teure Lippenstifte und Aperitifs koloriert: im Gegensatz zu den billigeren Synthetiks bleichen sie weder aus noch färben sie ab. Unten: das Team eines Traditionsladens in der Rue de la Kasbah.*

Doch der *Souk des chechias*, die Heimat der gleichnamigen, handgefertigten Filzmützen, die zwischen Atlantik und Persischem Golf die Häupter von Millionen Moslems zieren, ist nicht nur ein Ort von zauberhaftem Flair. Er hat auch große historische Bedeutung: Denn Tunis ist die einzige Stadt Nordafrikas, in der man bemüht ist, das mittelalterliche System der Handwerkskorporationen zumindest teilweise von neuem zum Leben zu erwecken. Und

*Stationen einer Mützenwerdung: die Walkmühlen von Tébourba, deren Seifenwasser noch mit Gas erhitzt wird, und die Färberei am Rande von Alt-Tunis.*
*Gegenüber: Stilleben im Souk des Chéchias – ein Stapel filziger Rohmützen, ein Lederblatt, das man beim Glätten einlegt, Disteln und Metallbürsten zum Krempeln, ein Model zum Spannen sowie – selbstverständlich – das Ehrenbild des Seniorchefs.*

da die Zunft der Mützenmacher stets die traditionsreichste – und mächtigste – Korporation von allen war, ist ihr ehrenamtlicher Chef, der *amin*, auch heute wieder der oberste Chef aller Berufsgruppen im Souk – ein stets ebenso integrer wie vermögender, von den Branchenvertretern auf Lebenszeit gewählter Mann.
Die Unabhängigkeit, die der Amin kraft seiner Autorität behütet, haben die *Chechia*-Macher genossen, seit ihre Vorfahren Anfang des 17. Jahrhunderts aus Andalusien nach Nordtunesien geflohen waren. Allerdings war ihr Monopol zwischenzeitlich des öfteren gefährdet. Knapp vor dem Ersten Weltkrieg etwa überschwemmten Österreich und Frankreich den Orient mit maschinell gefertigten Mützen. Kurz nach dem Krieg wollte die Regierung in Tunis italienischen Fabrikanten gestatten, innerhalb der Medina mit der industriellen Produktion von *chechias* zu beginnen. Als während des Zweiten Weltkriegs dann eine Stadtflucht einsetzte, wechselten viele Mützenmacher den Beruf. Andere betreiben ihn seither nur mehr im Nebenerwerb und die Zahl der Werkstätten schrumpft kontinuierlich. Doch das alte, komplizierte Verfahren der Mützenerzeugung hat all diesen Bedrängnissen zum Trotz überlebt.
Wie schon ihre Urürgroßmütter stricken noch heute Tausende Frauen für einen Hungerlohn daheim im Akkord die *qabbus*, jene Mütze aus weißer Wolle, aus der im Laufe eines höchst komplizierten Verfahrens die prestigeträchtige Kopfbedeckung wird. Noch heute werden die Rohlinge säckeweise in den Suq, und von hier in die Nähe des Dorfes *Tébourba* gebracht. Dort, am Ufer des Flußes *Medjerda*, dessen Minerale angeblich besondere Qualität garantieren, landen sie in Holzbottichen voll heißem Seifenwasser. Sie werden von einer monströsen Maschine aus der industriellen Gußeisenzeit stundenlang und mit Getöse gewalkt. Am Ende sind sie um ein Drittel kleiner und zu einem festen Filz geschrumpft.
Als nächstes krempeln die Männer in den Suq-Werkstätten die Rohlinge mit getrockneten Distelköpfen, säubern sie, streichen sie mit Zangen und Schurscheren glatt und klopfen sie mit langen hölzernen Stöcken aus; ihre Saumnähte überwindeln sie mit weißen Fäden. Zuletzt nähen die Frauen des Chefs – und nur sie! – am Innensaum die Fabriksmarke ein. Und dann folgt in einem dampfumwölkten Gewölbe die Prozedur des Färbens: Die Mützen kommen zuerst für eineinhalb Stunden zur Imprägnierung in eine Alaun-Lösung und danach in das

# شاشية

*Zwischen- und Endlager: Die frischgefärbten Chechias werden ausgewrungen, über ein Tonmodel gestülpt und in einem hölzernen Kasten getrocknet. Über 2.000 verschieden breite Zylinder stehen zur Verfügung. Den dicksten brannte man angeblich für Habib Bourguiba. Der Staatsgründer hatte Kopfgröße dreiundsechzig. Die in den Regalen zum Verkauf ausgelegten Mützen waren schon im 19. Jahrhundert strikt getrennt: Hier die Qualitätsware aus lokaler Produktion, da die Massenware, die damals aus Fabriken in Marseille und Böhmen kam.*

*Linke Seite unten: Letztes Handanlegen in den Suq-Werkstätten – die fast fertigen Chechias werden nochmals gekämmt, gebürstet und geschmeidig geknetet, hierauf gegen Motten imprägniert, gefaltet und gepreßt. Ein kleiner Teil wird gleich um die Ecke, in den Läden (linke Seite rechts unten sowie diese Seite), nach Gewicht verkauft. Die Mehrzahl jedoch geht – zum Stückpreis – in den Export. Bild unten: Die weißen Rohlinge aus Merinowolle werden von Frauen in Handarbeit gestrickt.*

eigentliche Farbkonzentrat. Wie lange sie darin kochen, hängt hauptsächlich von den Ingredienzen ab: Die alten, hochwertigen Naturfarben verlangen mehr Geduld als die neumodischen, billigeren Chemiepulver. Nach dem Ausschwemmen erhalten die nassen Mützen ihre endgültige Form: Jede einzelne wird mit ein paar energischen Handgriffen über ein zylindrisches Model aus Ton gestülpt und samt diesem zum Trocknen in einen Ofen gestellt. Nochmals werden sie hierauf gekämmt und gebürstet, zwischendurch mit Fingern und Zähnen geschmeidig geknetet beziehungsweise gekaut, und danach mit parfümiertem Wasser und *burra*, dem roten Filzpuder, bestäubt. Schließlich werden sie gefaltet, zwischen zwei Holzbretter gepreßt und durch das Gewicht eines Arbeiters, der auf einem Stapel solcher Bretter sitzend sein Tagwerk vollbringt, gebügelt. Der krönende Abschluß ist dem Patron höchstpersönlich vorbehalten: das Annähen der *qubbita*, der charakteristischen schwarzen Seidenquaste.

Noch verwirrender als das Herstellungsverfahren ist die Verschiedenartigkeit der fertigen Mützen. Kenner unterscheiden nach mehreren Kriterien: nach dem Farbton – vom Hellrot für die Bürger von Tunis bis zum Schwarz für die Bewohner Tripolitaniens; nach der Form – da ist etwa die zylindrische über den Ohren sitzende *saqs* der Tunesier, oder die halbrunde, die Ohren teilweise bedeckende *qalabus*, ein Exportmodell; und nach der Beschaffenheit der Quasten – je länger ihre Fäden, desto höher der soziale Status des Trägers.

Ihre frühere metaphysische Wirkung hat die Chechia allerdings weitgehend eingebüßt. Vorbei sind die Jahre der Jungtürken zu Beginn des Jahrhunderts, als die *chechia stambuli* zum Symbol für die „moderne islamische Nation“ wurde, vorbei die Zeit der *destour*, der tunesischen Unabhängigkeitsbewegung, die in den zwanziger Jahren die Chechia zum äußeren Zeichen des Widerstands gegen die französischen Besatzer erkor. Die Zukunft der berühmten Filzmütze ist ungewiß: Wird sie zum touristischen Nippes verkommen? Zum Erinnerungsstück für Nostalgiker? Oder eröffnen auch künftig neue Exportmärkte, wie es zum Beispiel Nigeria in den achtziger Jahren tat, neue Chancen? Übertriebener Pessimismus scheint nicht angebracht: Anfang der neunziger Jahre produzierten die Werkstätten von Tunis nach wie vor über eine Million Stück pro Jahr. Kaum weniger, als in den Jahrzehnten zuvor.

# VON SCHÄTZEN, DIE SCHÜTZEN

Die Theorien entbehren aus heutiger Sicht nicht einer gewissen Bizarrerie: Gold, so meinten die Araber des Mittelalters, wachse auf Bäumen oder, wie Karotten, knapp unter der Erde und werde bei Sonnenaufgang gepflückt. Auch von Ameisen, so mutmaßten manche, werde es gezüchtet oder von nackten Männern, die in Höhlen hausen. Der Historiker al-Umari behauptete Anfang des 14. Jahrhunderts noch, die kostbare Substanz beginne im August zu wachsen, „wenn die Sonne am mächtigsten ist und der Nil anschwillt“.

*Unter der wohlhabenden Bevölkerung in den Städten hat aus Prestigegründen Gold das Silber abgelöst. Seiner Frau gelegentlich ein gleißendes Kettchen, einen Ring oder ein Collier mitzubringen, gehört unter Ehemännern zum guten Ton. Daß ein Gutteil der Ware vorfabriziert über die großen Umschlagplätze Istanbul und Dubai aus Europa kommt, scheint die Kauflust nicht zu hemmen.*

Gehe das Wasser zurück, könne man auf dem zuvor überschwemmten Land Büsche finden, deren Wurzeln aus Gold seien. Und als im Jahre 1324 ein gewisser Kankan Musa, der Kaiser von Mali, auf seinem Weg nach Mekka mit großem Gefolge in Kairo Station machte, herrschte vollends Verwirrung: Wo, um Allahs willen, hatte dieser Mann die sagenhaften Mengen an Rohgold her, die er auf über hundert Kamelen mit sich führte und so großmütig an seine Gastgeber verteilte?

In verarbeiteter Form, als Münzen oder Schmuck,

war den Arabern das edle Metall bestens vertraut. Aber seine Herkunft stellte für sie ein Mysterium dar. Was sie lange Zeit nicht wußten: Jener Teil ihres Goldes, der nicht von der eingeschmolzenen Beute aus geplünderten syrischen Kirchen, ägyptischen Gräbern oder persischen Schatzkammern stammte, kam hauptsächlich aus Westafrika. Irgendwo zwischen den Oberläufen der Flüsse Niger, Volta und Senegal befanden sich schier unerschöpfliche Minen. Deren genaue Lage kannten freilich nur Kankan Musas Mannen. Und die Routen, auf denen das Gold Richtung Norden und Osten gelangte, hielten Mittelsmänner, die Karawaniers der Sahara, vor den arabischen Händlern geheim.
Der Ursprung ihres Silbers hingegen war den Arabern sehr wohl bekannt. Sie bezogen es einerseits aus den klassischen Fördergebieten Transoxanien und Chorassan, andererseits aber aus Europa. Schon die Römer und Griechen hatten damit die Massenlieferungen von Myrrhe und Weihrauch kompensiert. (Plinius der Jüngere etwa beklagte kurz nach Christi Geburt den Abgang von jährlich mindestens hundert Millionen Sesterzen.) Ab dem 16., vor allem aber dann im 18. Jahrhundert flossen Unmengen von Silber im Tausch für Kaffee nach Südarabien. Das berühmteste – und bei den Omanis und Jemeniten noch heute unter dem Namen *riyal fransi* gebräuchliche – Zahlungsmittel war dabei der Maria-Theresien-Taler. Man schätzt, daß im Jahr 1900 in Äthiopien und im Jemen rund 200 Millionen Stück im Umlauf waren. Das sind etwa sechs Millionen Kilogramm. Sie bildeten das Rohmaterial für eine der faszinierendsten Kunsthandwerksgattungen im islamischen Raum: den südarabischen Silberschmuck.

*Im Suq al Fidda, dem Silbermarkt von Sanaa, kann man noch viele schöne Amberketten und Amulettkapseln, Ringe, Reife und Gürtel finden, und auch so manchen silbernen Krummdolch. Echter Beduinenschmuck ist freilich selten älter als eine Generation. Denn auf dem Land war es Sitte, nach dem Tod der Frau ihren Besitz einzuschmelzen und für ihre Nachfolgerin einen neuen anzulegen.*

Erzeugung und Verkauf von Gegenständen aus Edelmetallen galten unter strenggläubigen Moslems von jeher als für die Seele verderblich. Wie auch in vielen anderen Kulturkreisen, haftete Gold- und Silberschmieden der Makel des Okkulten an. Auf zwar unerklärliche, doch irgendwie furchterregende Weise standen sie, so glaubte man, mit dunklen Mächten, mit der Magie, der Alchimie und der Heilkunst in Verbindung. Daher war dieser Beruf – keineswegs jedoch das Tragen der Produkte – fast immer den Mitgliedern nichtmoslemischer Gemeinden, den *dhimmis* (arab. für Schutzbefohlene), vorbehalten. Insbesondere Juden waren in so gut wie allen Zentren der Schmuckherstellung, sei es in Tunis oder Isfahan, Istanbul oder Südmarokko,

*Die sogenannte Harqus-Malerei – der Brauch, sich Hände, Füße und Gesicht, aber auch andere Körperteile mit farbigen Ornamenten und Motiven zu verzieren, die nach einigen Wochen wieder verblassen, ist in der gesamten islamischen Welt verbreitet. Wie eine echte Tätowierung ist sie zugleich Schmuck und magisches Zeichen, das böse Mächte bannt. Als Farbstoffe dienen allerlei Gewürze, Aschen und Holzkohlen, am häufigsten jedoch das bräunlich-rot färbende Henna. Es wird aus den getrockneten und zu Pulver verriebenen Blättern des Hennastrauches gewonnen, mit Wasser und Zitrone vermengt, und mit „kalame", zugespitzten Hölzchen, aufgetragen. In manchen Gegenden – etwa in Marrakesch, wo diese Bilder entstanden – sind noch professionelle Henna-Malerinnen tätig. Sie kommen, wie in Europa die Mani- oder Pediküre, auf Bestellung ins Haus und arbeiten sowohl freihändig als auch nach vorgestanzten Mustern.*

führend tätig. In den Städten Syriens hatten armenische Christen diese Rolle inne, in Kairo lange Zeit hauptsächlich Kopten.

Das wohl schillerndste Beispiel für diese konfessionsbedingte Spezialisierung bietet die ehemalige jüdische Gemeinde im Jemen. Kein Dorf des Hochlands, des Hadramaut oder der Küstenebene Tihama, in dem nicht ein Jude die charakteristischen, oft wuchtigen, oft aber auch filigranen Gürtel, Ketten, Ringe und Reife, Münzanhänger, Hohlkugeln und Amulettkapseln anfertigte. Und im *Suq al Fidda*, dem Silber-Suq in der Hauptstadt Sanaa, waren mehrere hundert jüdische Schmuckschmiede tätig. Sie alle pflegten ihre Kunst innerhalb ihrer Familien weiterzuvererben. Doch Ende der vierziger Jahre erlebte diese alte Tradition eine jähe Zäsur: Die Juden emigrierten, wie auch aus den meisten anderen arabischen Ländern, nach Israel.

Der seither erfolgte Niedergang der Silberschmiedekunst ist freilich nicht nur mit diesem Exodus zu erklären. Mindestens ebenso fatal wirkte sich der tiefgreifende Wandel aus, den die Gesellschaft in der arabischen Welt insgesamt durchmacht. Der Ölreichtum lockte viele Künstler nach Saudi-Arabien, wo sie nur noch als Händler arbeiten. Zugleich ging die Zahl der Beduinen, von alters her Träger von Silber, drastisch zurück. Außerdem fehlt infolge der stark gewachsenen Kluft zwischen armen und reichen Ländern oft schlicht das Geld, um sich wie früher mit Schmuck auszustatten. Anderswo wiederum ist der Wohlstand plötzlich so groß geworden, daß nur das weit teurere Gold den neuen Prestigewünschen gerecht wird. Wobei es keine große Rolle zu spielen scheint, daß ein Gutteil der modischen Bijouterie halbfertig via Dubai oder Istanbul aus europäischen Fabriken in die Basare gelangt.

Dennoch: traditioneller, hochwertiger Schmuck wird noch erzeugt. Ob bei den Berbern im südlichen Marokko oder den Tuaregs in Algerien, ob bei den tunesischen, ägyptischen und syrischen Beduinen oder in den Hinterhof-Ateliers der großen, städtischen Suqs – überall beherrscht zumindest noch eine Handvoll meist schon betagter Meister die alten Techniken des Stechens und Stanzens, des Ziselierens, Gießens und Emaillierens. Selbst im Goldmarkt, dem *Suq es-Sagha*, von Kairo kann man zwischen den Unmengen von in Serie fabrizierten Kartuschen, Kopten-Kreuzen und in Medaillons gravierten Koranversen noch hochkarätige Einzelstücke entdecken, über denen ein Könner viele Stunden verbracht hat. Und wo an Gold oder Silber Mangel herrscht, schafft man mit angeborenem, bewundernswertem Improvisationstalent durch Messing oder Aluminium Abhilfe und setzt statt Edelsteinen oder dem geliebten Amber Farbglas oder Plastik ein.

Auch die Funktionen des Schmucks sind oft noch die alten: Neben seiner ästhetischen Wirkung (die natürlich in erster Linie auf das Gefallen beim anderen Geschlecht abzielt), signalisiert er den Reichtum einer Familie (und in seltenen Fällen auch noch ihre ethnische Zugehörigkeit). Außerdem kündet er vom sozialen Status seines Trägers. Markantes Beispiel: der Krummdolch, die *dschambiya*, der Jemeniten – jenes nach wie vor unverzichtbare Attribut der Männlichkeit und Rechtsfähigkeit, für dessen feingeschnitzte Horngriffe bis heute Nashörner ihr Leben lassen müssen. Vor allem aber dient der Schmuck der finanziellen Absicherung.

Um das Eigentum der verheirateten Frau vor dem Zugriff des Mannes zu schützen, sieht das islamische Recht die Gütertrennung zwischen den Ehepartnern vor. Bei der Hochzeit wird deshalb neuerdings eine zuvor vereinbarte Geldsumme hinterlegt. Kommt es zu einer Scheidung oder stirbt der Mann, soll diese sogenannte *mahriya* den Lebensstandard der Frau sichern. In traditionellen Gesellschaften bestand und besteht diese Aussteuer noch jetzt aus Pretiosen. Im Jemen zum Beispiel lautete bis vor einer Generation ein ungeschriebenes Gesetz, daß ein junger Mann, der heiraten wollte, den Brautpreis an seinen Schwiegervater in Silber zu bezahlen hatte. Und zwar zur Hälfte vor der Hochzeit, und zur Hälfte im Fall der Scheidung. Im bäuerlichen Milieu fungiert die Frau manchmal auch noch als „wandelnde Bank" der Familie, die desto mehr mit Schmuck behängt wird, je besser die Ernte ausgefallen ist. So erklärt sich, daß, vor allem bei Beduinen, Fuß- und Armreifen bis zu einem Viertelkilogramm wiegen, und Schmuck noch heute auf manchen Märkten nach Gewicht, und nicht nach künstlerischer Qualität gehandelt wird.

Darüber hinaus besitzt Schmuck nach orientalischer Vorstellung auch eine eminente Schutzfunktion. Talismane, die Glück beschwören, und Amulette, die Gefahren abwenden, sind im Leben vieler Moslems allgegenwärtig. Im Vordergrund steht stets die Abwehr des Bösen Blicks (arab.: *nazar*, türk.: *göz boncugu*) und der Dschinnen, jener unsichtbaren Geisterwesen, die insbesondere Kindern, Schwangeren und Bräuten großen Schaden zufügen können. Die Formen der Objekte sind dabei ebenso vielfältig wie symbolträchtig. Die Palette reicht vom Schlüssel (der für die Mannes- beziehungsweise Lebenskraft steht) über die Palme (Überfluß) und die Münze (Wohlstand sowie Glück auf Reisen) bis zu Tierzeichen wie der Schlange, der Taube und dem Fisch.

Bedeutung kommt auch dem Material zu: Silber, das Metall des Mondes, gilt als besonders segensreich, Kupfer als heilkräftig. Muscheln und Korallen fördern die Fruchtbarkeit. In manchen Gegenden trägt man, im Wissen um die wohltuende Wirkung ihres Aromas, getrocknete und in Amulettform gepreßte Duftkräuter um den Hals. Speziellen Schutz scheinen, wenn man von ihrer Häufigkeit auf ihre Wirksamkeit schließen darf, „Gegenaugen" aus Glas zu garantieren – flache, blaue Perlen mit weißer oder gelber „Iris". Häufige Verwendung finden außerdem die sogenannten *hidschabs* – zylindrische oder rechteckige Behälter, in denen man Zettelchen mit Koranversen oder Segenssprüchen eines verehrten Scheichs aufbewahrt, und die man entweder auf die Kleidung näht oder in Gürtel und Ketten einarbeitet.

Das Schutzsymbol schlechthin stellt freilich die fünffingrige Hand dar. Die Moslems nennen sie, nach der Lieblingstochter des Propheten, „Hand der Fatima", oder *chamsa* (arab. für die magische Zahl ‚fünf'). Ihre *baraka*, ihre Heilsenergie, wird als so unverzichtbar empfunden, daß man sie in fast jeder Wohnung, in fast jedem Basarladen aufhängt und oft auch mit Henna auf Hauswände malt. Selbst die Fernfahrer des Orients, im allgemeinen wohl nicht gerade von Spiritualität durchdrungen, legen ihr – auf den örtlichen Straßen vielstrapaziertes – Glück gerne in diese segensreiche Hand: Sie pflegen sie als Talisman an den Motorhauben ihrer stählernen Ungetüme zu montieren.

*Oben: Die inoffizielle Währung Arabiens ist bis heute der Maria-Theresien-Taler. Es wird wohl für immer ein Geheimnis bleiben, warum diese 28 Gramm schwere Silbermünze mit dem Portrait einer fremden Frau, das noch dazu viel Haar und Busenansatz zeigt, bei den Moslems so viel Anklang fand. Alleine in Wien wurden über 250 Mio. Stück geschlagen. Nach dem 2. Weltkrieg prägte man in London und Paris (die Alliierten hatten die Prägestöcke entführt) nochmals ungefähr 50 Millionen. Freilich mit recht zweifelhaftem Silbergehalt. Unten: Eine Händlerin mit frischer Harqus-Malerei animiert zum Kauf angeblich „antiker" Armreifen.*

بسم الله الرحمن الرحيم
سورة الفتح

# DIE DÜFTE AUS 1001 NACHT

Die Passion für duftende Substanzen ist in Vorderasien so alt wie die Zivilisation. Schon in Assyrien, Babylonien und im pharaonischen Ägypten gehörten Räucherwerk und Salböle zu jeder Opferliturgie. In der Antike gelangten Harze „per fumum" (lat.: „für den Rauch") in großen Mengen über die Weihrauchstraße bis nach Griechenland und Rom. Doch ihr Besitz war hier wie dort stets ein Symbol für die Macht, mit den Göttern in Kontakt zu treten, und deshalb Herrscherfamilien und Hohepriestern vorbehalten. Die Demokratisierung der Düfte erfolgte erst durch den Islam.

„Ich liebe Frauen, Kinder und Wohlgerüche", hat Mohammed, so ist überliefert, geschwärmt. Und bei anderer Gelegenheit: „Parfum ist die Nahrung, die mein Denken belebt." Hatte Moses seinem Volk noch bei Todesstrafe und Ausrottung der Sippe verboten, sich mit der Herstellung von Duftstoffen zu beschäftigen, so wurden die Anhänger des Propheten aus Mekka geradezu ermuntert, zu sammeln und zu verarbeiten, was in der Wüste wuchs und gut roch. Freilich sollten die aromatischen (und häufig auch halluzinogenen) Wurzeln und Kräuter – die gängigsten waren Wacholder und Beifuß, Aloe und Thymian – die Gläubigen nicht nur erbauen, sondern in dem heißen Klima auch vor Insekten und Krankheiten schützen.

Als die Kreuzfahrer schließlich Kenntnis und Gebrauch des Parfums in Mitteleuropa verbreiteten, war es im Orient längst fixer Bestandteil der Alltagskultur. Den sinnenfrohen Arabern war es gelungen, die Destillationsmethode entscheidend zu verbessern. So mußten sie statt der leicht verderblichen Öle oder Bündel getrockneter Pflanzen, Rinden und Hölzer nur noch winzige Phiolen transportieren. Auch erforschten und nutzten sie die therapeutische Wirkung von Düften auf Geist, Seele und Körper. Die Sufis, die islamischen Mystiker, waren bisweilen fast süchtig nach subtilen Gerüchen, halfen sie ihnen doch, ihre Gedanken zu reinigen und ihre Wachheit zu erhöhen. Selbst dem Mörtel von Moscheen wurden gelegentlich wohlriechende Essenzen beigemengt.

Wie wichtig der Duft im Leben vieler Moslems noch heute ist, zeigt das Beispiel des als Wundermittel hochgeschätzten Neroliöls. Es wird im Maghreb und in Ägypten alljährlich von Tausenden Familien nach uralter Tradition aus den handgepflückten Blüten des Bitterorangenbaums destilliert und begleitet die Menschen von der Wiege bis zum Tod. Das Neugeborene bekommt damit versetzte Milch zu trinken und wird mit Neroliwasser gewaschen. Die Braut trägt bei der Hochzeit einen Kranz aus Neroliblüten, der ihr die Furcht vor der kommenden Nacht nehmen soll. Kranke erhalten es als Medizin verabreicht und Sterbende als „Proviant für den Weg ins Paradies".

„Ambriert, honighaft, würzig-sinnlich, süß, stark, voll Impact und Signalwirkung ..." Das Vokabular, mit dem Kosmetikkonzerne ihre Parfums aus der Duftfamilie der „Orientalen" zu beschreiben pflegen, läßt wenig Zweifel, welche Assoziationen es wecken will: Odalisken sollen im Geiste auferstehen, die sich in plüschigen Haremsgemächern räkeln und ihren alabasternen Leib so raffiniert beduften, daß kein Mann ihnen widerstehen kann. Der Mythos morgenländischer Sinnlichkeit wird beschworen und mit sagenumwobenen Produktnamen wie „Kleopatra", „Roxane" und „Scheherezade" gesteigert. Und wo die Worte versagen, hilft der Duftkompositeur nach: Er mischt den typisch „orientalischen" Noten ein zusätzliches Quentchen von Zibet (einem Sekret der gleichnamigen, nur in Äthiopien gezüchteten Schleichkatzenart), Ambra (einem bis heute rätselhaften wächsernen Stoffwechselprodukt des Pottwals), Moschus (dem Brunstsekret einer Hirschart aus dem Himalaya) und Castoreum (dem Geschlechtssekret des Bibers) bei – jenen vier animalischen Inhaltsstoffen, die pur zwar erbärmlich stinken, in minimaler Do-

*Auch wenn der Ahnherr noch so unschuldsvoll von der Wand lächelt: Ein Suq el-Attarine, ein Parfum-Markt, ist stets ein Ort des subtilen Erotismus. Denn ob Amber, Moschus oder Zibet, Rosen-, Veilchen- oder Kamillenessenz – jeder Parfumeur hat Dutzende pikanter Rezepte aus solchen Stimulanzien im Kopf, die „dem Greis zu neuer Jugend verhelfen" und auch „die Frau in Leidenschaft geraten lassen". Mancherorts, etwa bei den Atlasberbern, ist man so süchtig nach Düften, daß man Blüten in Schmuckkapseln am Körper aufbewahrt oder sie sogar, mit Bindemittel versehen, in Formen preßt und getrocknet als „organischen Schmuck" um den Hals trägt. Linke Seite: Detail aus einem Laden im Suq el-Attarine von Tunis; unten: ein Rosenblüten-Bukett im Basar von Buchara.*

sis dem Parfum jedoch seine charakteristische, verruchte Note und seinem Träger/seiner Trägerin die erwünschte erotische Wirkung verleihen.
Selbst dort, wo es noch viele Parfumläden gibt – in Tunis, Damaskus oder Kairo, ist von solcher Verruchtheit heute nichts mehr zu bemerken. Erloschen ist bei den meisten der größtenteils recht betagten und vornehmen Händler leider auch die einst obligate Leidenschaft für ihr Fach. Nur wenige können noch die feinen Unterschiede zwischen Kopfnote, Bouquet und Fondnote vermitteln. Nur wenige haben von den komplizierten Herstellungsverfahren eine Ahnung – von Destillation, Mazeration oder Enfleurage (dem Entzug der Duftstoffe mittels Wasserdampf, kaltem oder heißem tierischen Fett), geschweige denn von den synthetischen Prozessen mit all den Benzolen, Phenolen, Terpenen und ihren hunderterlei Abkömmlingen.

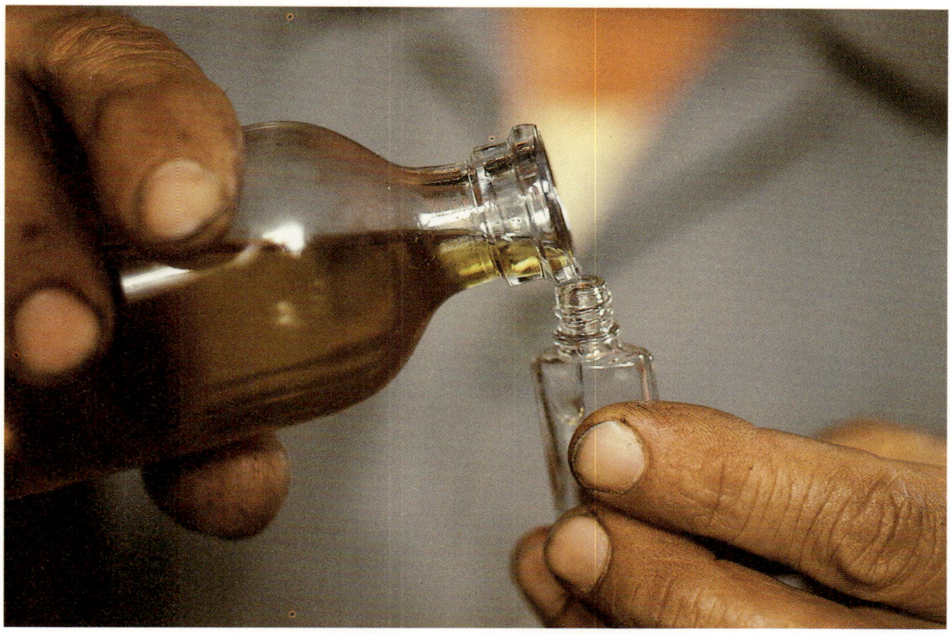

*Manche schwarzen Schafe der Parfumeur-Branche legen eine erstaunliche Geduld und Phantasie an den Tag, um ihre Gewinne zu maximieren. So kamen etwa vor einigen Jahren Moschusbeutel in Umlauf, die statt mit dem unendlich kostbaren echten Sekret mit einer obskuren Mischung aus geronnenem Blut, Schrott, Kaffeesud, Erde und geriebenen Blättern gefüllt und mit gefälschten Siegeln verschlossen waren. Doch bei der großen Mehrheit der Händler sind solche Praktiken gottlob verpönt. Nicht nur deshalb, weil sie ihre Kompositionen mittlerweile synthetisch hergestellt aus Europa beziehen oder sich ihre Elixiere aus ebenfalls künstlichen Einzelkomponenten selber mixen. Die meisten sind sogar so ehrbar, daß sie ihre Ware statt in transparenten Flakons, in denen dem Kunden daheim sein Parfum binnen Tagen brechen würde, in lichtundurchlässigeren aus Braunglas verkaufen.*

Doch den Mangel an Kompetenz gleichen diese Meisterpsychologen mit einem Überfluß an Charme und rhetorischem Geschick aus. Denn während sie ihren Kunden eine Essenz nach der anderen auf Handrücken und Unterarmen verreiben, geben sie „Geheimnis" um „Geheimnis" preis. Sie kramen ein Fläschchen mit „echtem" Ambra oder Moschus hervor. Sie verraten, daß sie Amber, also Bernstein, manchmal insgeheim zu einer Paste verarbeiten, um ihn in Zigaretten oder Tee zu mischen, und bieten – unter dem Siegel der Verschwiegenheit, versteht sich – dieses eigentlich verbotene und dementsprechend kostbare Aphrodisiakum zum Kauf an. Gerne preisen sie auch die Reinheit ihres Rosenöls („aus Bulgarien"), Safrans („aus dem Ostiran") und Weihrauchs („aus den südarabischen Provinzen Dhofar und Hadramaut"). Und in Kairo kann es passieren, daß ein Händler behauptet, Besitzer einer Blumenfarm im Nildelta oder in der Oase Fayum zu sein und mit den dort erzeugten Extrakten europäische Kosmetikkonzerne beliefert.
Dichtung und Wahrheit sind bei solchen Schwadronaden – vor allem für Laien – kaum unterscheidbar. Halten nicht in Ägypten tatsächlich noch eine handvoll Blumenzüchter die jahrtausendealte Tradition der Parfumproduktion am Leben? Kennt nicht die alte Heilmittellehre des Orients wirklich unzählige, im Westen unbekannte Rezepte – unter anderem auch zur Behebung von Impotenz? Andererseits: Moschus und Ambra sind doch aus tierschützerischen Gründen seit langem verboten und deshalb so gut wie unbezahlbar. In Asien und Amerika werden auch jene platanenähnlichen Bäume, aus denen die Duftindustrie wohlriechende, aber vergleichsweise billige Gummiharze gewinnt, Amber-Bäume genannt. Und seit die Bulgaren ihre Rosenzucht drastisch reduziert haben, ist hauptsächlich das synthetisch hergestellte Rosenoxyd im Umlauf. Und wer kann feststellen, ob der Weihrauch kein Verschnitt verschiedener billiger Harze ist, und der fein zerzupfte Safran nicht in Wirklichkeit von der etwas helleren Färberdistel, dem Saflor, stammt?
Zweifel über Zweifel, die freilich das Vergnügen beim Parfumkauf nicht trüben sollten. Wer unbedingt will, kann zwar einige Mogeleien recht einfach aufklären (hinterläßt beispielsweise ein angeblich pures Extrakt beim Verdunsten nicht nur Farb-, sondern auch Fettflecke, ist klar, daß es mit Glycerin, Terpentin oder gar Olivenöl gestreckt wurde). Aber allzu ernst sollte man die Frage nach Herkunft und Güte ohnehin nicht nehmen. Schließlich ist es ein offenes Geheimnis, daß die meisten Basaris – Ausnahmen bestätigen die Regel! – ihre Kompositionen fix und fertig aus Holzminden und anderen europäischen Zentren der Riechstoffproduktion importieren, oder sie nach Vorlage mit Hilfe synthetischer Bausteine selber mixen. Wobei die früher gängige Gleichung „natürlich = hoch- und synthetisch = minderwertig" längst nicht mehr gilt. Denn zahlreiche künstliche Substanzen sind, was Fachleute „naturident" nennen, weichen also weder in ihrer chemischen Formelstruktur noch in ihrem Duft vom Vorbild ab. Andere riechen sogar „typischer". Und wieder andere lassen sich nach heutigem Erkenntnisstand auf natürlichem Weg überhaupt nicht herstellen.
Daß die meisten Käufer ihre Duftsouvenirs später, in neutraler Umgebung, dennoch als, gelinde gesagt, „etwas zu intensiv" empfinden, mag zum einen daran liegen, daß die Lieferanten aus Europa die letzten Geheimnisse der Feinabstimmung selbst ihren treuesten Kunden nicht verraten. Zum anderen aber vielleicht auch schlicht an den andersgearteten Vorlieben der örtlichen Klientel.

# DIE KLEINEN FREUDEN DES ALLTAGS

Die Geschichte soll sich Anfang des 16. Jahrhunderts in *Mokha* am Roten Meer zugetragen haben. Ein gewisser Ali ibn Omar al-Schadhili, seines Zeichens Scheich des kleinen Hafens, kredenzte, so will es die Legende, vorbeisegelnden Kaufleuten aus Portugal ein seltsames schwarzes Gebräu. Er habe es, behauptete er, aus gerösteten, zerstampften und in Wasser aufgekochten Bohnen zubereitet und pflege es tagtäglich selbst zu trinken. Die Fremden waren ob des Aromas und der kräftigenden Wirkung des *qahwa* – so nannte der Alte seinen ungewöhnlichen Trunk – begeistert und nahmen angeblich sofort mehrere Säcke der grünen Bohnen an Bord.

Historiker bezweifeln, daß der Kaffee tatsächlich über Lissabon nach Europa gelangte. Vielmehr sollen südarabische Derwische den stimulierenden Effekt des ursprünglich aus der äthiopischen Provinz Kaffa importierten Samens als erste erkannt und dazu genutzt haben, die Ekstasen während ihrer religiösen Übungen zu verlängern. Ihre geistigen Brüder propagierten ihn dann im gesamten Osmanischen Reich. So erklärt sich auch, daß orthodoxe Theologen anfangs vehement gegen die Verbreitung des ihrer Meinung nach spirituell schädlichen Genußmittels wetterten. Sein Konsum wurde eine Zeitlang mit strengen Strafen, ja sogar mit dem Tod, geahndet. Was freilich seiner Beliebtheit keinerlei Abbruch tat. Erst in der zweiten Hälfte des 17. Jahrhunderts gab sich der Sultan geschlagen und erklärte ihn endgültig für legal. Zu dieser Zeit hatte die Koffeinsucht auch schon Europa erfaßt. In Venedig, Marseille, London, Paris und Wien, ja in Boston und New York – überall öffneten Kaffeehäuser ihre Pforten. Der Rohstoff für das belebende Elixier stammte fast zur Gänze aus dem Hochland des nördlichen Jemen. Und der mit Abstand wichtigste Ausfuhrhafen war Mokha. Die Legende um Scheich al-Schadhili hat demnach zumindest einen wahren Kern.

*Die Zubereitung von Kaffee (oder Tee) ist für jeden Araber ein unverzichtbares Alltagsritual. Schließlich spiegelt sich, wie ein marokkanischer Poet einmal formulierte, das ganze Universum darin wider. „Die ‚sinai', das kreisrunde Tablett, stellt die Erde dar, die Kanne den Himmel, und die Gläser sind der Regen. Himmel und Erde vereinigen sich durch den Regen." Links: ein typisches Café in Damaskus.*

In der Zwischenzeit ist der südarabische Kaffee längst von anderen Sorten aus dem Weltmarkt verdrängt worden. (Heute wird die aromatische Bohne aus Südamerika und den westindischen Inseln importiert.) An die einstige Größe seines Hauptumschlagplatzes – er zählte während des Booms immerhin 20.000 Einwohner – erinnert bloß noch der starke Schwarze mit dem gleichen Namen. Nur als Geschmacksstoff in der Schokoladenindustrie und als besonders rare Spezialität wird der *coffea arabica* noch geschätzt. Die Bedeutung jener sozialen Institution jedoch, die ihm ihre Existenz verdankt, ist auch in der islamischen Welt nach wie vor ungebrochen.

Sei es eine einfache Bank mit drei wackeligen Stühlen am Straßenrand oder ein eleganter Salon – als Mittelpunkt des Alltagslebens ist das Kaffeehaus für die Männer des Orients, dem Siegeszug von Telephon, Radio und Fernsehen zum Trotz, noch unverzichtbarer als für jeden Mitteleuropäer. Niemanden scheint es zu stören, daß die Sitzgelegenheiten üblicherweise so gar nicht nach ergonomischen Gesichtspunkten gestaltet sind und das Licht häufig aus bläulich-weiß flimmernden Neonröhren kommt.

Entscheidend ist, daß man die Freunde trifft, mit ihnen Neuigkeiten austauscht, Scherze ausheckt und *tawla* (Backgammon), *kutschina* (Karten) oder Domino spielt. Und selbst wenn man einmal an diesem täglichen Verbrüderungsritual nicht teilnehmen mag, muß man das Stammlokal nicht meiden. Dann hockt man eben, den Rosenkranz (arab.: *misbaha*, türk.: *tespih*) mit seinen dreimal dreiunddreißig Perlen zwischen den Fingern, in einer Ecke und meditiert, begleitet vom Blubbern der Wasserpfeifen, die man hier für ein paar Groschen leihen kann, über Gott und die Welt. Unterbrochen wird man dabei höchstens von einem Schuhputzer oder Bettler oder – ganz selten noch – von einem *hakawati*, einem Geschichtenerzähler.

*Zu einem echten, orientalischen Kaffeehaus (im Bild: ein Damaszener Straßencafé) gehört ein Sortiment an süßen Klebrigkeiten. Dabei hat fast jede Stadt ihre eigene Spezialität: Damaskus etwa seine Zuckermandeln, Kairouan seine gefüllten Mürbteigtaschen und Maschad – vorhergehende Seite unten – nabat, goldgelben Kandiszucker. Rechts oben: ein Laden im Basar von Kaschan.*

Der Aufstieg des Tabaks zum unerläßlichen Requisit für jeden Kaffeehausbesuch erfolgte in seltsamer Gleichzeitigkeit mit jenem des Qahwa. (Es hat wohl tiefere Gründe, daß es etwa bei den Türken *tschibuk itschmek* heißt, die Pfeife „trinken".) Auch der Tabak tauchte, freilich aus Amerika kommend, im islamischen Orient erstmals um 1600 auf. Auch er wurde – im übrigen wie das Haschisch – primär von den Mystikern konsumiert und von der Orthodoxie als rituell unrein verpönt. Und auch sein Genuß wurde zeitweilig mit dem Tod bestraft, nach endlosen Zwistigkeiten jedoch freigegeben. Angebaut wurde er, im staatlichen Monopol, vor allem in Mazedonien, Nordgriechenland und Anatolien, geraucht aus langen Tonpfeifen. Diese sind die Vorläuferinnen des heutigen Shag-Pfeifentyps und werden noch immer in einigen Gegenden Österreichs und der Balkanhalbinsel als *tschibuk* bezeichnet. Die Wasserpfeife – die *narghile* oder *scheescha* wie sie in der Türkei beziehungsweise

in Nordafrika heißt – schmauchte man erst im 18. Jahrhundert. Ihre gläsernen, oft wunderschön gearbeiteten Rümpfe stammten aus Böhmen. Ihre Mundstücke und die sogenannten Locken aus Meerschaum, auf die man die Tabakbällchen samt der glühenden Holzkohle legt, kamen aus der Gegend um Eskisehir in Westanatolien. Die meterlangen Schläuche sowie die kunstvoll geschmiedeten Aufsätze aus Messing hingegen wurden in den örtlichen Basaren fabriziert.

Auch der Zucker hat im Orient eine relativ junge Tradition. Zwar war er, in kleinen Mengen aus Indien und Chusistan/Südwestiran importiert, bereits den großen arabischen Ärzten des Mittelalters als Heil- und Stärkungsmittel vertraut. Aber zum Süßen blieb er lange Zeit nur wenigen Reichen vorbehalten. Erst als man in der Neuen Welt Zuckerrohr in riesigen Plantagen anbaute, begann in der Alten die „Demokratisierung" der begehrten Substanz. Geht man heute durch einen Zuckerbasar wie etwa jenen in Isfahan, wo sich die weißen Würfel und Hüte und goldgelben Platten, aber auch Honigwaben und Kandiskristalle so hoch türmen, daß man schon vom Hinsehen Karies bekommt, wundert man sich, wie diese Gesellschaft jemals ohne die süßen Kristalle überleben konnte. Andrerseits: Kommen nicht die Beduinen bis heute – zumindest bei der Kaffeezubereitung – ganz gut *ohne* Zucker aus? Sie mischen ihrem Leib- und Magengetränk, um ihm seine Bitterkeit zu nehmen, gemahlenen Kardamom bei und schwören, nur so erfülle es seinen eigentlichen Zweck: bei der Verdauung der fetten Speisen zu helfen. Die Sitte, beim *qahwagi*, dem Ober, einen Qahwa *siadeh* – mit viel Zucker, *masbut* (mäßig gesüßt) oder *arriha* (wenig) zu bestellen, oder gar, wie im Iran üblich, einen Würfel auf die Zunge zu legen und hinunterzuspülen, machte sich erst im vorigen Jahrhundert breit – zu jener Zeit, als der Tee sich anschickte, dem Kaffee als Lieblingsgetränk der Orientalen Konkurrenz zu machen.

Überhaupt – das Morgenland und das Süße: Es gibt wohl kaum eine Stadt, die sich nicht einer eigenen, meist klebrigen Spezialität rühmen könnte. Istanbul zum Beispiel hat sein *lokum* – eine zähe, mit Kokos bestreute Masse aus Maisstär-

*So entspannt wie der Kamelhändler auf dem Markt von Imbaba in Kairo konnten die Araber ihre Pfeife nicht immer schmauchen. Als Tabak um 1600 im Orient aufkam, erklärten orthodoxe Korangelehrte seinen Genuß zum rituell unreinen Akt. Wer ihn dennoch rauchte, wurde schwer, unter Sultan Murat IV. (1623–1640) sogar mit dem Tode bestraft. Mittleres Bild: Tabakverkäufer in den Suqs von Sanaa.*

ke, Zucker, Wasser und Nüssen; Damaskus seine *mlebbas* – mit Zucker übergossene Mandeln, und Kairouan seine mit Dattelpaste gefüllten Mürbteigtaschen, das *maqroudh*. Aus Meschhed stammt *nabat*, ein gelber, besonders großkristalliger Zucker, und aus Isfahan *gaz*, das teure, weil höchst seltene Manna einer bestimmten Tamariskenart. Dazu kommen hunderterlei Variationen von Bonbons, kandierten Früchten, öltriefendem Spritzgebäck ... Sogar das heilige Qom, die geistige Heimat Ajatollah Khomeinis, besitzt eine eigene, sündhaft süße Spezialität – *sohun*, mit Pistazien bestreute Scheiben aus einem beim Abkühlen erhärteten Gemisch aus Öl, Zucker, Weißmehl und einer besonderen Getreidewurzel.
Die größte Süßspeisen-Tradition besitzt allerdings die klassische syrisch-palästinensische Küche. *Baklawa, harisse, karabidsch, ghoraybiyeh, muhallabiyeh* ... – ungezählt sind die Rezepte für die mit Rosen- oder Orangenblütenwasser parfümierten, meist sirupgetränkten Teigtäschchen und Puddings, Kekse und Konfekte. Aus dem riesigen Angebot ragt *kunafeh*, eine Mehlspeise aus extrem dünnem und vielschichtigem Blätterteig, die in heißem Öl gebacken, mit allerlei Nüssen gefüllt und mit gerösteten Teigfäden bestreut wird. Ihre berühmteste Version – gleichsam die Sachertorte der arabischen Welt – ist die *kunafeh nabulsiyeh*, jene aus Nablus. Ihr Markenzeichen: eine Fülle aus süßlichem, weichem Schafskäse.

*Die Kaffee- und Teehäuser – links: ein Prachtexemplar im umgewidmeten Hammam-e Wakil von Kerman – waren und sind stets Orte des vielstündigen Müßiggangs. Musiker, Tänzer und Geschichtenerzähler findet man zwar, im Gegensatz zu früher, so gut wie nirgends mehr. Doch Karten- und Würfelspiele sowie Wasserpfeifen kann man nach wie vor fast überall ausleihen. Und zum viel frequentierten Freizeitangebot gehören – abseits der Cafés – auch der Bauchtanzabend und, bei iranischen Männern, das Krafttraining (oben: Kamal Zour Khaneh, ein Krafthaus, in Isfahan). Karagöz hingegen, das einst so beliebte Schattentheater, bei dem ein Spieler bunt bemalte Kamellederpuppen an Stöckchen führend vor einem hell erleuchteten Stoffschirm auf und ab bewegte, ist aus der Öffentlichkeit längst verschwunden. Das am besten erhaltene Exemplar ist heute in einem Museum, dem Azem-Palast in Damaskus, zu bewundern (Mitte).*

Ist die Liebe der Araber zu ihren Leckereien schon in normalen Zeiten einigermaßen ausgeprägt, so steigert sie sich im Fastenmonat Ramadan zur heftigen Leidenschaft. Sobald Kanonenschuß oder Muezzin das offizielle Zeichen gegeben haben, daß die Sonne untergegangen ist und wieder gegessen werden darf, entzünden Abertausende von Köchen die Gasrechauds ihrer ambulanten Küchen. Begonnen wird das nächtliche Mahl noch moderat: Um den Magen auf die Belastung einzustimmen, verspeist man ein paar rohe Datteln und trinkt einen süßen Tee aus getrockneten *mischmisch*, Marillen. Doch dem obligaten Moscheebesuch folgt ein vielstündiges, geselliges Geschmause, das oft erst endet, wenn sich, wie eine alte Regel besagt, „unter freiem Himmel ein schwarzer Zwirnsfaden von einem weißen wieder unterscheiden läßt“. Populärstes Gericht während des Fastenmonats ist übrigens – insbesondere im Nahen Osten und in den Golfstaaten – *kataef*, eine Art dicker Pfannkuchen aus Mehl oder Grieß, die man mit Käse, Walnüssen oder *kischtah*, einem köstlich cremigen Rahm, füllt.
Apropos Feiern: Den unbestrittenen Höhepunkt der süßen Freuden erleben die Araber zu *id al-fitr* (türk.: *seker bayram*), dem „Fest des Fastenbrechens“ am Ende des Ramadan. An diesem Tag bekommen die Kinder neues Gewand und ein extra Taschengeld, das sie ohne Rücksicht auf etwaige Einwände der Eltern nach eigenem Gutdünken ausgeben dürfen. Den Großteil investieren sie in Schokoladen und Bonbons und in *helu*, eine häufig in Form kleiner Puppen speziell zu diesem Anlaß hergestellte Windbäckerei. Die Überdosis an Zucker wird als gerechter Lohn dafür empfunden, daß man dreißig Tage lang ohne zu Murren mit den Erwachsenen mitgefastet hat.

يوجد
عسل غذاء ملكة النحل
غذاء - شفاء - قوة

# HEILUNG DURCH GLAUBE

El-Bzouriyeh, der Süßwarensuq von Damaskus im Süden der Omajjadenmoschee. An seinem Anfang, vis-à-vis dem Eingang zum *Azem*-Palast, hat tagtäglich ein winziger Laden geöffnet, der auf den ersten Blick wie das Kabinett eines Requisiteurs für altmodische Gruselfilme aussieht. Von seiner Decke baumeln Häute von Waranen, Eidechsen und Schlangen, Schildkrötenpanzer, getrocknete Igel und Kugelfische, Kaninchen-, Fuchs- und Katzenfelle, Wurzelwerk, Riesenschwämme und hunderterlei andere obskure Objekte. Auf den Regalen an den Wänden stehen Batterien von Glasbehältern, auf dem Verkaufspult türmen sich Säckchen und Schächtelchen – gefüllt mit den absonderlichsten Substanzen.

*Die Fortpflanzungsfähigkeit zu erhalten oder wiederherzustellen galt bei allen Kulturen des alten Orients als oberste „sozialhygienische" Maxime. Wohl deshalb sollen so viele der traditionellen Tierarzneien – im Bild: Dr. Aidis Basarapotheke im Zentrum von Damaskus – in erster Linie der Erweckung der Libido dienen.*

Der Besitzer des Ladens, Dr. Mounif Osmane Aidi, ist ein junger, ernster und vielbeschäftigter Mann. Läßt der Kundenandrang, was selten vorkommt, für kurze Zeit nach, gibt er bereitwillig ein paar seiner Geheimnisse preis. Öffnet etwa die Dose mit dem potenzfördernden Pulver aus zerriebenen Salamandern, und die mit den entzündungshemmenden

Ochsenzungen. Erklärt, daß Igel den Haarausfall bremsen, indische Gurken Bauchweh bekämpfen, und Benzoeharz sowie kleine Krebse Schmerzen aller Art lindern. Und daß man den Kindern, um Alpträume zu verscheuchen, Schildkrötenpanzer auf die Brust legen muß.

Basarapotheken wie die von Dr. Aidi sind in unserer Zeit der staatlichen Approbationen, Beipackzettel und Polikliniken selten geworden. Weit verbreiteter sind in den Altstädten noch jene Schilder, auf denen – auch für Analphabeten unmißverständlich – ein riesiges handgemaltes Gebiß auf das Vorhandensein eines Dentisten hinweist. Wobei sich der Dentist oft bloß als *haddscham* entpuppt, als Barbier, der gemäß alter Sitte auch Zähne zieht. Seine Behandlung besteht neben dem eigentlichen Ziehen darin, dem Patienten zuvor wort- und gebärdenreich die Angst zu nehmen, danach die Blutung mit einem in Essigwasser oder Alaun getauchten Verband zu stillen, und ihm ein *miswak* mit auf den Weg zu geben, ein Stäbchen aus dem fasrigen, aromatischen Holz des Arakbaums, mit dem er – künftig bitte öfter – seine Zähne putzen soll. Manche Barbiere werben auf bemerkenswerte Art um Kunden: Sie horten sämtliche gezogenen Zähne in ihrem Schaufenster. Die Botschaft: je höher der Zahnberg, desto höher die Reputation.

*In der traditionellen Medizin gilt oft schon das richtige Wort als Heilmittel – etwa ein Koranvers, über einem Kranken rezitiert. Und eine Sure auf ein Zettelchen notiert und in ein Amulett gerollt, schützt vor dem Bösen Blick.*
*Unten: ein Heilkundiger in den Straßen von Maschad. Oben: ein Hadscham in der jemenitischen Provinzstadt Ibb bei einer seiner vielfältigen Aufgaben, dem Rasieren.*

Hie und da findet man in solchen „Ordinationen" neben Rasierpinseln, Messern, Zähnen und Zangen auch gläserne Schröpfköpfe und Glüheisen, Nadeln und chirurgische Scheren. Zu den Aufgaben eines Haddscham gehören traditionell auch das Aderlassen, Ausbrennen, Tätowieren und Beschneiden. Vor allem letzteres erfreut sich ungebrochener Beliebtheit. Kaum ein *mulid*, ein Fest zu Ehren eines Heiligen, bei dem nicht ein drei-, vier-, ja auch sieben- oder vierzehnjähriger Knabe diese schmerzhafte Operation, feierlich herausgeputzt, über sich ergehen lassen muß. In Arabien und Ägypten werden bisweilen auch Mädchen beschnitten, das heißt ihre kleinen Schamlippen oder ihre Klitoris entfernt.

Knaben pflegt der Barbier einen Dattelkern zwischen Vorhaut und Eichel zu zwängen, um weiterreichende Verletzungen zu vermeiden. Nach dem entscheidenden Schnitt bestreicht er die Wunde mit Sulfonamid (oder auch nur mit Butter oder Olivenöl). In manchen Gegenden bindet er Talismane – mit Gerstenkörnern und Schwefel gefüllte Tütchen – um Knöchel und Handgelenk. So ist er überzeugt, die Gefahr einer Infektion gebannt zu haben.

Die Beschneidung ist kein vom Koran ausdrücklich vorgeschriebenes Ritual, sondern nur eine aus dem Altertum übernommene Gepflogenheit. Dennoch hat sie, als ein Akt der Aufnahme in die muslimische Gemeinschaft, neben ihrer hygienischen längst auch religiös-symbolische Bedeutung und wird deshalb, wie etwa auch das Reinigungs- und Fastengebot oder das Verbot des Genusses von Schweinefleisch und Wein, bis heute als zwingende, nicht hinterfragbare Handlung betrachtet. In den meisten anderen Bereichen stellte der Islam, da er keine Priesterärzte und somit weitgehend auch keine medizinische Ethik kennt, der Entwicklung einer weltlich und wissenschaftlich orientierten Heilkunde nichts in den Weg.

Die in den *hadithen* überlieferte sogenannte „Medizin des Propheten" fußte noch auf den simplen Gesundheitslehren der vorislamischen Beduinen. Doch schon die abbasidischen Kalifen ließen Hunderte von medizinischen Schriften der griechischen Antike ins Arabische übersetzen. Standardwerke wie das „Corpus hippocraticum", die Arbeiten eines Aristoteles oder Galen, eines Rufus von Ephesos, Antyllos, Oreibasios oder Aetios von Amida fanden so Eingang in die muslimische, und über sie später auch in die

*Das Sortiment eines gut bestückten Drogisten reicht von den fasrigen Stäbchen zum Zähneputzen, den Miswaks, über die hölzernen Behälter für Kohl, die Augenschminke aus gemahlenem Malachit, bis zu gedörrten Chamäleons, die sich, zu Pulver zerstoßen, angeblich vorzüglich zur Bekämpfung von Warzen (und natürlich als Aphrodisiaka) eignen. Unten: die „Spanische Fliege".*

christlich-europäische Geisteswelt. Ausgesprochen fortschrittlich gesinnt war man auch, was die Betreuung von Kranken betraf. In Kairo und Bagdad existierten schon im 9. Jahrhundert Spitäler. Berühmtheit erlangte das nach seinem Bauherrn benannte *Bimaristan Nuredin* in Damaskus, in dessen Mauern heute das „Museum für Arabische Medizin und Wissenschaft" untergebracht ist. Dort war nicht nur die Behandlung einschließlich der Medikamente unentgeltlich. Es wurde – Mitte des 12. Jahrhunderts! – auch ein Register geführt, das neben dem Patientennamen auch die vorgesehenen Diäten sowie Arzneien enthielt. Außerdem hatten seine Betreiber, wie der Chronist Ibn Jubair bei einem Besuch begeistert feststellte, herausgefunden, daß „Musik den Heilungsprozeß beschleunigt. Sie holten Sänger und Geschichtenerzähler in die Krankenzimmer. Die Patienten erhielten Fußmassagen, Parfumrationen, Gratiskleidung, und bei ihrer Entlassung fünf Goldstücke, um ihnen während der Rekonvaleszenz finanzielle Sorgen zu ersparen."

An manchen Spitälern wurde auch unterrichtet. Wobei die medizinische Ausbildung viel universeller war als heute. Sie umfaßte neben der Medizin die Botanik, Pharmazie, Chemie, Astronomie sowie Theolo-

*Ein Zentrum der islamischen Heilkunst war das Nuredin-Hospital in Damaskus. Dort führte man bereits im 12. Jahrhundert ein Arzneien- und Patientenregister, und unterschied die Bereiche Chirurgie, Orthopädie, Fieber- und Geisteskrankheiten. Heute beherbergt das denkwürdige Gebäude, in dem einst auch der große Abu Ali Ibn Sina alias Avicenna wirkte (unten: eine Erinnerungsbüste), ein Museum für Wissenschaft und Medizin. Die ganzheitliche Sichtweise in der islamischen Heilkunde zeigt sich auch in der Sprache: „Attar" heißt noch heute sowohl der Parfumeur als auch der Gewürz- und Drogenhändler. Rechts: Khedr el-Attar, der legendäre Apothekerladen im Kairoer Basarviertel Ghuriyah; oben: Szene auf dem Gewürzmarkt von Taizz (Jemen).*

gie, Rechtskunde und Philosophie. Nicht ohne Grund durfte der Absolvent den Titel *al-hakim* tragen, was zugleich „der Weise", „Philosoph" und „Doktor" bedeutet. Auch die berühmtesten Ärzte des Islam wie Ibn Ruschd alias Averroes, dessen Schüler, der Jude Maimonides, oder der schon erwähnte ar-Razi waren Universalgelehrte, und als Naturforscher, Alchimisten und Philosophen ebenso angesehen wie als Mediziner. Und Abu Ali Ibn Sina (Avicenna) mehrte als Wesir sogar noch in der Politik seinen Ruhm.

Natürlich gab es daneben auch Spezialisten, die sich beispielsweise besonders gut auf das Einrichten gebrochener Glieder, auf das Aufmeißeln kariöser Zähne und das Abtöten ihres Marks mit siedendem Öl oder auf das operative Öffnen der Schädeldecke verstanden. Die Augenheilkunde entwickelte sich – infolge der klimabedingten Häufigkeit einschlägiger Leiden – sogar zu einer regelrechten Fachdisziplin.

Die denkwürdigsten Leistungen erzielten die islamischen Mediziner jedoch auf dem Gebiet der allgemeinen Heilmittellehre. Wer sich in entsprechenden Läden wie zum Beispiel bei Khedr El Attar im Gewürzbasar von Altkairo umsieht, bekommt eine Vorstellung von der ungeheuren Vielfalt der noch heute verwendeten – überwiegend pflanzlichen – Arzneien. Schwanzpfeffer bei Katarrhen, Betel bei Gelbsucht, Myrobalan bei Bluthochdruck, Kamelschwefel bei Ekzemen, Kardamom bei Kreislaufschwäche, Kampfer, Turbith und Tamarinde ... Gegen jedes Leiden ist hier ein Kraut gewachsen. Nigella, der Schwarze Kümmel, sagt Khedr, werde derzeit in US-Labors sogar als Mittel gegen AIDS getestet.

Die Praktiken der Alchimisten, die jahrhundertelang unedle in edle Materie zu verwandeln hofften, haben sich aus solch volkstümlichen Apotheken längst verflüchtigt. *Theriak*, das legendäre, aus unzähligen Stoffen kombinierte Universalelixier, ist ebenso nicht mehr zu haben wie *bendsch*, das einst so beliebte Gegengift aus schwarzem und weißem Mohn, Hanf und einem Extrakt aus Bilsenkraut. Nicht einmal Haschisch und Opium sind – offiziell – mehr zu bekommen. Und die Droge *mumia*, jenes Gemisch von Naphta, Erdpech, Bitumen und diversen Felsenölen, mit dem man gerne Furunkel und Abszesse bestrich, ist nur noch in gewissen Provinzen Usbekistans und Tadschikistans in Gebrauch. Sehr wohl zu entdecken sind zwischen den Aberhunderten Tiegelchen und Gläsern jedoch oft kleine magische Objekte und mit rätselhaften Zeichen und Ziffern bekritzelte Zettelchen. Es sind Talismane, die ihren Trägern Schutz vor unsichtbaren, bösen Mächten verleihen und, laut Auskunft aller Drogisten, nach wie vor reißenden Absatz finden.

Wie wenig in der traditionellen Heilkunde bis heute Magie und Empirie zu trennen sind, erlebt man auch auf Jahrmärkten und Gauklerplätzen wie etwa dem berühmten *Dschemaa el-Fna* von Marrakesch. Dort üben nicht nur ambulante Kurpfuscher und Quacksalber ihr Gewerbe aus, sondern auch hochangesehene Heiler. Sie heißen in Marokko *fkih*. Ein Fkih hat die Aufgabe bei Begräbnissen die Gebete zu sprechen und in den Koranschulen die Kinder vom Leben der „Heiligen" zu lehren. Vor allem aber hält er die traditionelle Medizin lebendig, jene oft fälschlich als „Medizin der Armen" apostrophierte Kunst, deren Geheimnisse in jüngster Zeit auch die moderne Wissenschaft wieder entdeckt.

Ein Fkih hat im Laufe seiner langwierigen Ausbildung gelernt, mit okkulten Kräften umzugehen. Er hat seinen persönlichen Geist zur Seite, der ihm bei der Auswahl der richtigen Koranverse und Zahlensymbole hilft, wenn es gilt, einen Besessenen zu exorzieren. Er hat noch ausgiebig jene Zeit zum Anhören und Beraten, die vielen fortschrittlichen Doktoren in ihren Ordinationen fehlt. Ein Fkih ist in die Mysterien der Traumdeutung und des Analogiezaubers eingeweiht. Er weiß noch um die engen Beziehungen zwischen dem Gang der Gestirne und dem Auftreten von Krankheiten, weiß wie man Tiere korrekt ausräuchert und bespricht, bevor man sie opfert, und wie man mit Eulenblut und Hyänenhirn heilt. Vor allem aber kann er, und nur er, oft doch zum lange ersehnten Nachwuchs verhelfen. Denn er kennt alle nötigen Bannsprüche und Aphrodisiaka.

Die begnadetsten unter den Fkihs verströmen selbst nach ihrem Tod noch so viel heilsame Energie, daß Hilfesuchende zu Tausenden zu ihren *marabouts*, ihren Grabmälern, pilgern, um von ihr ein paar Tage lang zu profitieren, und später vielleicht sogar einmal, wer weiß, in der Nähe des verehrten Heiligen bestattet zu werden.

العطار
Khedr

# VON BUCHSTABEN UND BILDERN

„La ilah illa allah; Muhammad rasul allah“, „Es gibt keinen Gott außer dem Einen; und Mohammed ist sein Prophet.“ Wo immer in der Welt ein muslimisches Kind geboren wird, bekommt es zuallererst die Worte dieses Glaubensbekenntnisses ins Ohr geflüstert. Das sind die ersten Worte, die es als Kind sprechen lernen wird, und die letzten, die es einst im Sterben auf seinen Lippen führen soll.

„La ilah illa allah.“ Ihre Schönheit, den Rhythmus und gutturalen Klang, hat die arabische Sprache schon unter den heidnischen Beduinen entfaltet – in den langen Wüstennächten am Lagerfeuer und bei den Dichtertreffen in den Städten. Ihre Vollkommenheit und universelle Bedeutung erhielt sie jedoch erst durch die Offenbarung des Korans – jenes göttlichen Buches, das nach orthodoxer Auffassung seit ewigen Zeiten schon als „ungeschriebener Urtext“ im Himmel existiert, und das von den Gesandten des Propheten in die ganze Welt getragen wurde, damit es wie ein unsichtbares Band die Gemeinschaft aller Muslime eine.

*Unter den vier Disziplinen der Buchmacherei – dem Binden, der Illumination, Illustration und Kalligraphie – genoß letztere stets das höchste Ansehen. Der Ernst, mit dem sie betrieben wurde, läßt sich schon daran ermessen, daß sogar Fürsten trachteten, durch eine schöne Handschrift ihren Ruhm zu mehren. Berühmt ist die Tughra, der Namenszug des Sultans. Er wird bis heute gerne mit hauchdünner Goldfolie belegt.*

Der Koran, der seit dem 7. Jahrhundert die Grundlage der islamischen Religion, Kultur und Politik bildet, brachte unter anderem eine archaische Idee wieder ins Bewußtsein, die sich für die Entwicklung der islamischen Kunst als entscheidend erweisen sollte. Ihr liegt die Überzeugung zugrunde, daß alle Bilder, auch figürliches Dekor, grundsätzlich darauf warten, belebt zu werden. Da jedoch nur Allah Leben zu spenden vermag, stellt jeder Versuch des Menschen, Naturerscheinungen nachzuahmen, eine unzulässige Anmaßung dar. Außerdem, so die Überzeugung, die noch heute hinter der Photoscheu vieler Orientalen zum Vorschein kommt, zerstöre die formale Fixierung einer Schöpfung die Unmittelbarkeit der göttlichen Tat und lenke von ihrem tieferen, eigentlichen Wesen ab.

Im Koran ist diese als „Bilderverbot" bekannt gewordene Haltung nur sehr vage ausgeführt. Aber schon kurz nach dem Tod des Propheten heißt es in den *hadithen*, den Sammlungen all seiner Aussprüche und Handlungen, daß „kein Engel jemals ein Haus betritt, in dem sich ein Bild oder ein Hund befindet". Und den Verfertigern von Bildern wird angedroht, sie müßten nach dem Jüngsten Gericht für ewige Zeiten vergebens versuchen, ihren Kreationen „Lebensodem einzublasen". Tätowierungen, Wucher und die Bildende Kunst gelten gemäß den kanonischen Gesetzen der vier großen Rechtsschulen als gleichermaßen verachtenswert.

*Papyrus war, nachdem er vor Jahrtausenden Teile des Nildeltas mit einem bis zu 6 m hohen Dickicht überwuchert hatte, in Ägypten lange Zeit ausgerottet. Erst Mitte der sechziger Jahre kultivierte Dr. Hassan Ragab in seinem Institut in Kairo die Pflanze neu. Seither wird der mit pharaonischen Motiven und Hieroglyphen bemalte Vorläufer des Papiers in den Touristenbasaren en masse angeboten.*

Hinter diesen Doktrinen steckten freilich auch handfeste soziale und politische Absichten: In seinen Anfängen hatte sich der Islam in einer Gesellschaft durchzusetzen, in der sowohl Gemälde als auch Skulpturen oft starke religiöse Symbolkraft besaßen, ja viele dargestellte Wesen sogar als Götzen angebetet wurden. (Bekanntlich war es eine der ersten Taten Mohammeds nach der Eroberung Mekkas, die Standbilder der lokalen Schutzgötter zu beseitigen.) Der neue Glaube an den einen Gott mußte sich also radikal von der Vielgötterei abgrenzen. Und sich offenbar gleichzeitig kompromißfähig zeigen: Denn seine Interpreten verboten zwar die Darstellung von „lebensfähigen" Wesen, duldeten jedoch solche, deren Kopf abgetrennt, Hals durchschnitten oder Leib – wie etwa bei den Figuren des beliebten Schattentheaters – durchlöchert war. Die Rechtfertigung: Durch eine derartige Behandlung gehe die „theoretische Lebensfähigkeit" verloren.

Strikt eingehalten wurde das Verbot freilich ohnehin nie. Schon die Omajjaden schmückten die Wände

ihrer Wüstenschlösser mit freizügigen Fresken. Fatimidische Wesire in Ägypten betätigten sich als Mäzene für Maler. Osmanische Sultane engagierten später sogar Portraitisten aus dem Abendland – Mehmet II., der Eroberer Konstantinopels, zum Beispiel den Venezianer Gentile Bellini. Schließlich verzichteten auch Wissenschaftler, vor allem Anatomen und Techniker, nicht länger darauf, ihre Theorien durch Bilder zu veranschaulichen. Und in den iranischen Ostprovinzen entstand ab dem 13. Jahrhundert eine regelrechte Ikonographie mit Themen aus dem Prophetenleben und der Leidensgeschichte der Märtyrer Ali und Hussein. Wobei allerdings Mohammeds Gesicht stets durch eine weiße Scheibe oder einen Schleier verdeckt wurde.

Ebenfalls im Iran wurde durch die einfallenden Mongolen zur selben Zeit eine neue, in arabischen Ländern vorerst noch als überaus anrüchig empfundene Kunstgattung begründet: die Miniaturmalerei. Anfangs in fernöstlich-zarten Pastelltönen, bald jedoch in kräftigen Leuchtfarben pflegte man dort Landschaften, Tiere und auch Menschen darzustellen. Bevorzugte Motive waren Szenen aus den großen nationalen Epen wie Firdausis „Schah nameh" und Nisamis „Chosrau und Schirin". Auch Verse der Liebespoeten Hafis, Saadi oder Omar Chajjam wurden gerne illustriert. Die Künstler legten weder auf Schatten noch Tiefe oder eine zentrale Perspektive wert. Ihre Figuren strahlten, statt einer individuellen Persönlichkeit, wie Klone ein und denselben überirdischen Gleichmut aus. Dennoch war der Realismus von Meisterwerken, wie sie etwa aus den Malschulen von Täbris, Schiras und Herat kamen (allen voran die einzigartige Prachtausgabe des „Schah nameh" aus Täbris mit ihren über 250 Illustrationen), für die islamische Kunst beispiellos. Er wurde erst im 16. und im 17. Jahrhundert von osmanischen Malern wieder erreicht, die zu Aberhunderten im Auftrag der Sultane deren verehrte Antlitze, ihre Kriegszüge und das Leben im Saray auf Papier festhielten.

Trotz allem Raffinement blieb die Miniaturmalerei freilich stets einer anderen Kunstform untergeordnet: der Kalligraphie. Die Araber hatten schon bald nach der Offenbarung den Wunsch verspürt, den Koran in der ihm gebührenden Schönheit niederzuschreiben. Noch an der Wende vom 7. zum 8. Jahrhundert schufen sie deshalb für die 28 Konsonanten und drei Vokale (das a, i und e), für deren Kurzformen und die Sonderzeichen ihrer von rechts nach links laufenden Schrift einen eigenen Duktus. Er hieß *kufi*, ähnelte der alten Zierschrift der Nabatäer, und war noch recht archaisch, eckig und steif. Doch bald schon zollte man der wachsenden Freude an arabesken Verzierungen Tribut, indem man den Lettern dekorative Elemente hinzufügte. Die sogenannten „blühenden", „blättrigen" und „geknüpften" Varianten entstanden. Anfang des 9. Jahrhunderts begann das Papier den Papyrus zu ersetzen. Nun konnte man die Feder viel schwungvoller führen. Die Schrift wurde reformiert. Es entstand *naskhi*, eine vergleichsweise geschmeidige Kurrentschrift, die sich leichter erlernen und schreiben ließ – was den abermillionen Konvertiten ebenso entgegen kam, wie den Hunderten Schreibern, die am Hofe der abassidischen Kalifen die alten Werke aus den eroberten Gebieten ins Arabische zu transkribieren hatten. Die neue Schrift unterwarf die Kalligraphen präzisen Regeln: Die Proportionen zwischen An-, Abstrichen und Buchstabenkörpern sowie das Verhältnis zwischen Höhe und Breite der Lettern wurden festgelegt. Ein Punktraster wurde erstellt, als dessen Grundmaß jener rhombische Punkt galt, den die Feder auf dem Papier hinterläßt. Naskhi fand weite Verbreitung. Es bildete die Grundlage für den Satz von Druckbuchstaben und für das moderne Schriftarabisch.

Doch die Phantasie der Kalligraphen gab sich damit nicht zufrieden. Aus der Not, manche Buchstaben nicht verbinden zu können, wurde eine Tugend gemacht: Man hob ganze Textteile in die Leerräume zwischen den verschieden hohen Lettern, reicherte sie mit immer mehr Schleifen und Knoten an und umrankte sie mit floralen Mustern. In der Folge entstanden zahlreiche Zierschriften – *thuluth*, das vor allem als architektonisches Dekor Verwendung fand, die persisch-indischen Formen *nastaliq* und *schikaste*, allerlei verspielte maghrebinisch-andalusische Stile, und das *diwani*, die höfische Kanzleischrift der Osmanen, die man, ergänzt durch den

*Aufgrund einer Analphabetenrate von teilweise über fünfzig Prozent ist der Beruf des öffentlichen Schreibers in vielen islamischen Ländern bis heute eine Notwendigkeit. Mit Papier und Feder oder auch Schreibmaschinen ausgestattet, pflegen die Professionisten vor Gerichts- und Polizeigebäuden zu sitzen und ihre Dienste anzubieten (links oben: im Basar von Hadschah im Jemen). Erhalten haben sich bis heute auch die alten Traditionen der Miniaturmalerei und des Ebru, des Marmorierens von Papier (rechts oben: eine Schlachtenszene, entstanden im Basar von Isfahan; links unten: der Istanbuler Meister Fuat Basar bei der Arbeit). Eine spezielle Technik, um das Schriftmuster auf den Stoff zu übertragen, haben die Brokatsticker entwickelt (unten): Sie perforieren ein Stück Seidenpapier entsprechend und berieseln durch die Lochung das darunter liegende dunkle Textil mit Kreidepulver.*

vielfach verschlungenen Namenszug des Sultans, die *tughra*, häufig auf alten Urkunden finden kann. Das Höchstmaß an Verschnörkelung war schließlich erreicht, als man – in eleganter Umgehung des Bilderverbots – Buchstaben so kunstvoll arrangierte, daß sie die Form von Tieren, Pflanzen und Menschen beschrieben oder komplizierte geometrische Ornamente ergaben.

Der Koran besteht aus 114 Suren, die, wie gewissenhafte Statistiker gezählt haben, rund 500 Seiten mit 6.666 Sätzen und 378.751 Buchstaben füllen. Geübte Schreiber kopieren das in etwa einem Jahr. Ibn al-Bawwab, der Meister der Kalligraphenschule von Bagdad, soll in seinem Leben jedoch 500 Exemplare geschaffen haben. Zu seiner Zeit, im 11. Jahrhundert, existierte bereits der Beruf des *warraq*. Zu dessen Tätigkeiten zählte nicht nur das Abschreiben von Büchern. Er stellte auch aus dünnen Holzbrettern oder Papyrusmaché deren Deckel her und versah sie mit Gravuren, Punzierungen oder Goldornamenten, lackierte sie auf chinesische Art oder nähte ihnen Ledernetze auf. Das Buchinnere schmückte er mit Illuminationen, kalligraphischen Zierleisten oder sogenannten

*Ob auf Marmor, Brokat oder Messing: Arabisch, die geheiligte Schrift des Koran, wird zur höheren Ehre Allahs auf alle nur erdenklichen Materialien appliziert. Ein besonderes Erbe bewahren die Gebrüder Assil, Surensticker im Kairoer Khan al Kalili (gegenüberliegende Seite, unten): Schon ihre Vorväter haben die Kiswa, jenes Brokattuch, das die Kaaba in Mekka umhüllt, eigenhändig mit Koranversen bestickt.*
*Der altehrwürdige Beruf des Warraq, der sowohl Papier schöpft als auch Bücher kopiert, bindet und verkauft, ist längst ausgestorben. Heutzutage beziehen Korenverkäufer – im Bild: in den Straßen von Abu Dhabi – ihre Ware aus Druckereien. Doch immerhin ergänzen Gebetketten ihr frommes Sortiment.*

Verstrennern. Angeschlossen an die Werkstatt war oft eine Buchhandlung, in der sich die gebildeten Schichten trafen.
In den Bibliotheken, damals „Häuser der Gelehrsamkeit“ genannt, waren ganze Heerscharen von Kopisten beschäftigt. Die Bestände erreichten enorme Ausmaße, gingen aber im späten Mittelalter fast zur Gänze verloren. Die sagenhafte Sammlung von Tripolis etwa, mit ihren drei Millionen (!) Bänden, wurde von den Kreuzrittern gebrandschatzt, jene in Bagdad von den Mongolen. Und die Schätze der fatimidischen Bibliothek in Kairo, die angeblich vierzig Räume des Palasts füllten, wurden von Eiferern zu einem Bücherhügel gestapelt und – verbrannt. Eine Strategie, die später bekanntlich auch in Europa Furore machte.
Heute, am Ende des 20. Jahrhunderts, wird das Schönschreiben im Alltag arg vernachlässigt. Im Schulunterricht begnügt man sich mit der ungefähren Nachahmung des Typendrucks. Zur Beschleunigung von Alphabetisierungskampagnen erfindet man sogar neue „Einfach“-Schriften. Doch die elitäre Kunst der Kalligraphie steht nach wie vor hoch im Kurs. Ihre Aspiranten müssen immer noch stundenlang richtig atmen lernen (um ein Zittern der Feder zu verhindern), müssen die richtige Hal-

tung im Schneidersitz üben (um die Gegenbewegung der Stütz- und der Schreibhand zu perfektionieren) und täglich ihre geistigen Kräfte schulen. Denn, wie es Kamel Ibrahim, der heute knapp siebzigjährige Begründer der weltberühmten „School of Arabic Calligraphy" in Alexandria formuliert: „Es ist nicht deine Hand, die schreibt, sondern dein Herz, dein Gefühl, dein Glaube."

Das Schreibgerät hat sich über die Jahrhunderte kaum geändert. Es ist immer noch die an der Spitze gekappte Feder aus Schilfrohr (arabisch: *kalam*, türkisch: *divit*), die der Kalligraph in das traditionelle Tintenfaß taucht. Tinte und Beschreibstoff hingegen sind nicht mehr die gleichen: Anstelle des Rußes von Öllampen, den man einst mit Gummiwasser, Eisensalz und Gallussäure mischte, verwendet man heute meist synthetische Substanzen. (Nur im Maghreb beschreiben die Kinder in den Koranschulen ihre Zedernholztafeln noch mit *suif*, dem schwarzen Wollfett der Schafe.) Und statt der Kamelknochen und Lederstückchen, der Palmenrinden, Papyri und Pergamente gebrauchte man bereits sehr früh Papier. Von den Chinesen erfunden, wurde es im islamischen Raum erstmals in Samarkand produziert. Die erste große Papiermühle ließ Harun ar-Raschid 795 in Bagdad errichten, das erste papierene Buch lag 870 vor. Bald schon begannen Kalligraphen, den fasrigen Rohstoff nach ihren Bedürfnissen zu verfeinern. Sie tönten ihn mit Farben, die aus Lindenblüten, Tee, Safran, Stroh, Tabak oder Zwiebelschalen zusammengesetzt waren, und glätteten ihn, indem sie mit Polierscheiben aus Marmor oder Elfenbein rohe Eier darauf verrieben. Die islamischen Länder besaßen das Papiermonopol bis ins 14. Jahrhundert. Dann erst wurde es von den Europäern gebrochen.
Als nicht ganz so fortschrittlich erwies sich der Orient auf dem Gebiet des Buchdrucks. Weil die Herrscher Blasphemie und Glaubenskonflikte fürchteten, aber auch, weil es zum Beispiel undenkbar war, mit den Schweinsborsten des Putzpinsels jenen Druckstock zu beschmutzen, der den Namen Allahs vervielfältigte, blieb die technische Reproduktion von Texten überaus lange verboten. Der gebürtige Ungar Ibrahim Müteferrika mußte viele Jahre kämpfen, bis ihm der Sultan in Istanbul 1727 endlich den Betrieb einer Presse – einer Novität im ganzen islamischen Raum – gestattete. In Ägypten war es dem Reformer Muhammed Ali vorbehalten, 1833 die erste Druckerei zu installieren. Und die allererste offizielle Druckversion des Koran wurde gar erst 1925 veröffentlicht. Fast vierhundert Jahre, nachdem in Venedig schon eine auf arabisch erschienen war.

# UNTER DRECHSLERN UND SCHNITZERN

Man findet sie noch, wenn auch nur mehr recht selten: die kleinen Buben und Männer, die in dunklen Nischen auf niedrigen Schemeln hocken und tagaus, tagein mit gekrümmtem Rücken an filigranen Holzstückchen drechseln. Ihre Drehbänke, sie nennen sie *machrata baladi*, sind Relikte aus dem Mittelalter – simple Holzrahmen mit einem quer darüber gelegten Rohr, an dem zwei metallene Klemmschrauben festgemacht sind. Als Werkzeuge dienen ihnen Hände und Füße, ein Schnitzmesser sowie ein Holzstab und eine Schnur.

*Stolz präsentiert ein Schnitzer in einer Privattischlerei am Stadtrand von Samarkand sein „schebeke" – eine Art Steckpuzzle aus hunderten, kunstvoll ornamentierten Holzteilen. Rund zwei Jahre hat er daran gearbeitet. Es wird als Paneel eine Türe zieren.*
*Linke Seite: eines der auf schlanken, hohen Säulen ruhenden Flachdächer, wie man sie in usbekischen Moscheen häufig findet.*

Auch ihre Arbeitsmethode ist einigermaßen anachronistisch: Das Werkstück wird im Schraubstock verkeilt, die Schnur einmal darum gewickelt und auf den Stab gespannt. Den entstandenen Bogen bewegen sie mit der rechten Hand vor und zurück. Mit der Linken halten sie das Messer an das rotierende Holz. Die exakte Führung geben sie ihm – mit den Zehen.
Natürlich wird diese Arbeit vielerorts längst von Maschinen erledigt. Doch noch gelingt es etlichen Handdrechslern, im Schutz der Binnenökonomie

*Die unendliche Vielfalt eines Werkstoffs: Ein damaszener Lautenbauer biegt über einem Feuer behutsam die dünnen Holzstreifen für den Korpus. Unten: zwei formvollendete Kairiner Maschrabiyas – von außen und von innen. Rechts: eine Spezialdrechslerei im Basar von Isfahan. Hier entstehen die „mils", jene bis zu 40 kg schweren Keulen aus Ulmenholz, die iranische Männer allabendlich im „zour khaneh", dem „Krafthaus", schwingen.*

des Basars mit ihren minimalen Transport- und Materialkosten und Mieten zu überleben. Und noch gibt es die *usta*, die alten Meister, die abseits der sonst üblichen Eifersüchteleien neue Lehrlinge gewissenhaft in ihre „Geheimnisse" einweihen. Es ist, als ob sich die Gemeinschaft in ihrem Innersten der großen Tradition des Drechsler-Gewerbes verpflichtet fühlt. Immerhin bestand das allererste Kunstwerk, das im Namen des Islam geschaffen wurde, aus gedrechseltem Holz: der dreistufige *minbar*, der Predigtstuhl, von dem aus der Prophet in seinem Haus in Medina zu den Gläubigen sprach.

Es wird oft behauptet, in den meisten islamischen Ländern habe stets Mangel an Holz geherrscht und dieser habe die Schnitz- und Baukunst in ihrer Entfaltung erheblich behindert. Im großen und ganzen ist diese Ansicht falsch. Gewiß, in manchen Wüstengegenden, vor allem auf der Arabischen Halbinsel, war die Verwendung von Holz lange Zeit das Privileg der reichsten Städter. Sie nutzten es vorrangig als kostbares Dekor für relativ kleine Flächen, als Nischenverkleidung, zur Rahmung von Spiegeln oder höchstens zur Herstellung von Türen. Und besonders edle Sorten waren als Schnitzmaterial fast so begehrt wie Elfenbein.
Doch dem steht die Tatsache gegenüber, daß in den frühen Jahrhunderten viele heute kahle Regionen bewaldet waren, ja daß man etwa im fatimidischen und ajjubidischen Ägypten (also im 11. und 12. Jahrhundert) aktiv und auf großen Flächen Aufforstung betrieb. In Wahrheit war Holz bei Bedarf fast überall stets zur Genüge vorhanden. Der beste Beweis dafür ist das umfangreiche Sakralmobiliar, all die Koranklappständer und Leuchtertische, die Kanzeln, Lesepulte und Büchertruhen, über das selbst kleinere, ärmere Moscheen verfügten. Aber auch im Profanbereich war Holz allgegenwärtig. Fast jedes der großen alten Stadthäuser in Damaskus, Tunis, Kairo oder Fes hat – oder zumindest hatte – seine hölzernen Zwischenwände und Balustraden, Kassettendecken und Wandpaneele. Daß es hingegen so gut wie keine Möbel aus Holz gab, hatte nichts mit einer angeblichen Rohstoffknappheit, sondern mit der orientalischen Lebensart zu tun. Schließlich aß, saß und schlief man auf dem Boden, auf Pölstern, Matratzen und Teppichen. (Nur höchste Würdenträger pflegten auf Stühlen Platz zu nehmen.) Speisen wurden auf Metalltabletts serviert, und Hausrat und Bücher in Wandnischen verstaut. Das einzige hölzerne Inventar bildeten oft jene Truhen, in denen man Kleider, Bettwäsche und eventuell Schmuck aufbewahrte. Erst mit der Europäisierung des Stilempfindens etwa um die Wende vom 18. zum 19. Jahrhundert kam der Gebrauch von „westlichen" Einrichtungsgegenständen, von Sesseln und Lehnstühlen, Tischen, Regalen und Schränken, in Mode.

Ganz anders war die Situation in waldreichen Regionen – auf dem Balkan, in Anatolien und Teilen Persiens, aber auch im Norden Tunesiens und in Marokko. Dort bildete Holz seit jeher auch einen integralen Teil der Architektur. Das traditionelle osmanische Haus bestand sogar häufig zur Gänze aus Holz. Es verfügte über Außentreppen und offene Galerien, kunstvoll zurechtgesägten Fassadenschmuck und manchmal auch über Fachwerk. Besonders eindrucksvoll bezeugen die sogenannten *yalis*, wie virtuos die Osmanen mit dem (leider leicht brennbaren) Baustoff umgingen – jene zwei-, dreihundert Jahre alten Sommerresidenzen der Istanbuler Hautevolee, die, zum Teil frisch renoviert, noch heute die Ufer des Bosporus schmücken. Auch weiter östlich, in Mittelasien, bewirkte der Holzreichtum die Ausbildung ganz spezifischer Stile. So verwendete man etwa besonders mächtige und lange Stämme als Säulen und stützte damit Vorbauten oder große, gewölbte Portalnischen, die *iwane*. Paradebeispiele sind die Paläste *Ali Kapu* und *Tschehel Sutun* in Isfahan, die *Bolo Chaus*-Moschee in Buchara und die Freitagsmoschee im usbekischen Chiwa, deren insgesamt 213 Säulen außerordentlich reich mit Schnitzwerk verziert und teilweise über tausend Jahre alt sind.
Aus dem innerasiatischen Raum, genauer: von den Uiguren, stammt auch der Brauch, Holzelemente farbig zu bemalen. Er gelangte bereits unter den Tuluniden (im 9. Jahrhundert) über Samarra nach Kairo und breitete sich von dort später in ganz Vorderasien und Nordafrika aus. Wobei die anfangs buddhistisch und chinesisch beeinflußten, naturalistischen Tier-

und Menschengestalten trotz islamischen Bilderverbots nur nach und nach durch abstraktere kalligraphische und florale Muster ersetzt wurden. Wer heute authentisch erleben will, wie man Holz in traditioneller Manier bemalt – nämlich mit pflanzlichen Farben und nach alten, mündlich überlieferten Vorlagen, fährt am besten nach Marokko. In Tétuan, Chéchauèn und Rabat, vor allem aber im Kunsttischler-Markt von Fes, dem *Suq en-Nejjarin*, werden Möbel und Wandverkleidungen aus Atlaszeder noch in rauhen Mengen händisch verziert.

*Ein Paradebeispiel für die sehr eigenständige und hochentwickelte Schnitzkunst in der Oase Choresm sind die Holzsäulen im Haremshof des Tasch-Hauli-Palastes von Chiwa. In Zentralasien hat auch die Mode ihren Ursprung, hölzerne Bauelemente bunt zu bemalen. Sie fand sehr rasch im arabischen Westen Verbreitung. Im Bild: das Arkadengewölbe der Omajjaden-Moschee von Damaskus.*

Das unbestrittene Zentrum der Holzverarbeitung bildete freilich jahrhundertelang Kairo. Schon die Fatimiden schufen, in Fortführung der hochdifferenzierten Schnitzkunst der Kopten, aber auch unter dem Einfluß des sogenannten Schrägschnittstils abbasidischer Künstler Füllungen und Zierbretter von einmaliger Qualität. Deren wesentliche Kennzeichen: elegante Blattornamente, aber auch figürliche Darstellungen und kufische Schriftzüge, oft in Kombination mit feinstem Elfenbeinschmuck. Zur Zeit der Mamelucken – die Ägypter hatten ihre Kunst längst in den gesamten Mittelmeerraum exportiert – entstanden dann, inspiriert vom seldschukischen Dekor, dem *rumi*, komplizierte Netzwerke aus Sechsecken, Sternen und Arabesken. Zugleich erlebte die uralte Ziertechnik der Intarsie eine neue Blüte.

Bereits die alten Ägypter hatten, wie auch vor ihnen die Babylonier, Phöniker und Byzantiner, ihr religiöses Inventar mit Mosaiken aus verschiedenfarbigen Hölzern, Knochen, Elfenbein und vor allem Perlmutt dekoriert. Die Kopten und Fatimiden hatten diese Tradition fortgesetzt. Doch nun, im 14. und 15. Jahrhundert, brach ein wahres Einlege-Fieber aus. Der Grund: Über neu erschlossene Handelsrouten kamen riesige Mengen von Perlmutt ins Land. Die irisierende Substanz aus dem Innern bestimmter Muscheln war plötzlich für weite Kreise erschwinglich, ihr Gebrauch en vogue. Bald wurden auch andere Länder, allen voran Syrien und Persien, infiziert.

Das Fieber hat sich bis heute nicht gelegt. In den Basaren von Kairo, Damaskus, Isfahan oder Schiras werden Mosaike nach wie vor in Massen auf alle nur erdenklichen Gegenstände appliziert. Auch die Herstellungsmethoden sind im Grunde dieselben ge-

blieben. Es gibt deren zwei: Bei der einen, klassischen werden die einzelnen Plättchen mühselig mit der Pinzette nach einem vorgezeichneten Muster aufgeklebt und die Kanten und Flächen, wenn das finale Stück eingepaßt ist, mit Sandpapier geglättet. Danach trägt man, um die winzigen Ritzen auszufüllen, feinen, mit Sägemehl vermischten Kitt auf, schabt ihn wieder ab und lackiert das fertige Stück zuletzt mit Firnis.

Die zweite, weniger aufwendige Methode besteht darin, wenige millimeterdünne, 60–80 cm lange farbige Stäbe zusammenzuleimen, sie in hauchdünne Scheibchen zu zersägen und die entstandenen Querschnittmuster aufzukleben. Der restliche Vorgang entspricht der Variante eins.

*Säger, Zimmerleute oder Drechsler, Wanddekor- oder Türschloßschnitzer ..., das holzverarbeitende Gewerbe war im Orient schon unter den Fatimiden sehr facettenreich. Späte Erben der frühen Spezialisierung sind die Hersteller von Perlmutt-Intarsien und lackierten Hochzeitstruhen, denen man noch heute in vielen Basaren begegnet. Oben: im Tischler-Suq von Marrakesch; unten: im Wakalat al-Ghuri in Kairo.*

Ebenfalls am Nil, und ebenfalls in mameluckischer Zeit, entstand die sogenannte *maschrabiya* – ein Gitterwerk aus gedrechselten, auf Stifte gezogenen Holzstücken, die sich zu geometrischen Ornamenten von unbegrenzter Vielfalt und Größe ineinanderstecken lassen. Als Raumtrenner und Dekorelemente in Moscheen, Kirchen und Privathäusern werden diese dreidimensionalen Puzzles bis heute gerne verwendet (und teilweise auch noch mit Händen und Zehen hergestellt). Bis zu Beginn dieses Jahrhunderts schuf man aus ihnen jedoch vor allem jene riesigen Erker, die einst das Stadtbild von ganz Kairo und noch heute manche seiner alten Ecken prägen. Diese Vorläufer der Jalousien erfüllten mehrere Funktionen: Einerseits brachen sie das grelle Sonnenlicht und die Hitze und sorgten für Luftzirkulation. Andrerseits gestatteten sie den Bewohnern, vor allem den Frauen, auf die Straße hinabzuschauen, ohne selbst gesehen zu werden. Wie hat Hassan Fathy, der Doyen unter den ägyptischen Architekten und Wiederentdecker der alten arabischen Bautraditionen, gemeint? „Ein Haus ist weder ein Aquarium noch ein Schaufenster!“ Die Erker hatten freilich noch eine Funktion. In ihre kleinen, zusätzlichen Auskragungen stellte man mit Wasser gefüllte Tonkrüge. (Maschrabiya bedeutet wörtlich übersetzt „der Trinkplatz“.) Denn das poröse Material schwitzte die Flüssigkeit aus. Die leichte Brise brachte sie zum Verdunsten. Gefäß und Inhalt – und ein wenig auch die Zimmerluft – blieben dank dieses hölzernen Frigidaires angenehm kühl.

# DIE LETZTEN MEISTERBLÄSER

Das System müßte wegen seines Erfolgs jeden westlichen Recycling-Spezialisten vor Neid erblassen lassen: Da fahren Tausende Halbwüchsige mit hölzernen Eselskarren kreuz und quer durch die 15-Millionen-Metropole Kairo und sammeln Müll. Aus dem täglich entstehenden Riesenberg sortieren sie Scherben und Flaschen aus und beliefern damit eine winzige Werkstätte im Norden der Altstadt. Dort wird das Material nach Farben getrennt und wieder eingeschmolzen, um letztendlich in Form von Vasen, Karaffen, Tassen oder Trinkbechern als das berühmte, handgeblasene *muski*-Glas im Touristenbasar verkauft zu werden.

Für die grünlichen Gläser liefert hauptsächlich Seven Up den Grundstoff, für die transparenten Pepsi oder Coke. Und die Amberfarbe stammt von Flaschen für Medizin oder Stella-Bier. Nur um die violette und blaue Tönung zu erreichen, werden chemische Färbemittel – Magnesiumpulver beziehungsweise Kobalt- oder Kupferoxid – benötigt. Ein Mann verarbeitet am Tag ungefähr dreißig Kilo-

*Lange bevor man – um die Zeitenwende – in Syrien Glas zu blasen begann, schmolz man es in Ägypten und Mesopotamien bereits rund um einen Sandkern zu Gefäßen. Im 13. Jahrhundert importierten die Venezianer dann das Knowhow aus dem Orient und schufen auf Murano ein Beinahe-Monopol. Im Bild: Vasen aus Kairoer Muski-Glas – berühmt, wenn auch von zweifelhafter Qualität:*

gramm Bruchglas. Er macht daraus, je nachdem, hundert bis zweihundert Objekte. Die *zabbalin*, die Müllmenschen, bekommen für ein Kilo farbloser Rohware zehn Piaster, für bunte um die Hälfte mehr.
Diese simple aber effiziente Methode der Wiederverwertung wird nur in Kairo und so konsequent nur an einem einzigen Ort praktiziert: in der „Glass factory" der Brüder Hassan und Reda Raouf. Der Betrieb – er liegt gleich hinter dem *Bab el-Futuh* – ist freilich auch in anderer Hinsicht einzigartig: Es mag im ganzen Nahen Osten noch rund ein Dutzend traditioneller Glasbläsereien geben. In Kairo sind es insgesamt noch drei. So urtümlich wie bei Raoufs jedoch geht es in keiner anderen mehr zu.

*Eine von drei verbliebenen Bläsereien in Kairo: der Betrieb der Brüder Raouf (siehe auch folgende Doppelseite). Eine der Ursachen für die dramatische Situation der Branche entbehrt nicht einer gewissen Ironie. Angeblich verweigert die ägyptische Regierung die Ausgabe neuer Lizenzen unter anderem mit dem Argument, die Arbeit gefährde die Gesundheit der Glasmacher.*

Es ist ein kahler, düsterer Raum, in dem sich alles abspielt. Seine grob getünchten Wände sind mit Ruß überzogen. Sein Boden besteht aus gestampftem Lehm. In einem Anbau sind Leinensäcke, gefüllt mit Tonnen von Scherben, gestapelt. Den Schmelzofen aus groben Steinen haben die Brüder selbst gemauert. Er ist in mehrere Sektoren – für jede Glasfarbe einer – unterteilt. Vor seinen mit Fußklappen verschließbaren Auslässen arbeiten sie, sechs Tage die Woche. Neben den wackeligen Holzschemeln, auf denen sie hocken, haben sie ihre Utensilien ausgebreitet – eiserne Stangen, Zangen und Riesenpinzetten, die aussehen wie mittelalterliche Folterwerkzeuge. Auf den Stirnen der Männer steht permanent Schweiß. Glas schmilzt erst ab tausend Grad.
Auch das Herstellungsverfahren dürfte sich kaum von jenem unterscheiden, das die Emigranten aus Mesopotamien im 10. Jahrhundert nach Alt-Kairo mitbrachten. Wie eh und je taucht der Künstler sein hohles Metallrohr mit dem stumpfen Ende in die teigige Schmelzmasse, fischt sich einen kleinen Klumpen heraus, setzt das Mundstück an und bläst ihn auf zu einem Ballon. Schwingt daraufhin, um dem Glas eine längliche Grundform zu geben, das Rohr mit artistischer Verve durch die Luft, und verpaßt ihm schließlich mit seinem Folterinstrumentarium die gestalterischen Details wie Stiele, Griffe oder Ornamente. Zuletzt flacht er den Gefäßboden, indem er ihn gegen einen Stein preßt, ab und überreicht das Stück seinem Gehilfen, auf daß er es zum Auskühlen ablege. Das einzige Zugeständnis an die Gegenwart ist die neue Kerosin-Feuerung. Sie erspart den Raoufs jeden Morgen das zweistündige

# القزاز

Anheizen. Der Arbeitstag dauert nun nur noch etwa elf Stunden.

Auch wenn die Zeiten längst vorbei sind, da man als Tribut an die Feuergötter menschliche Embryos in den Schmelzofen legte, bevor man ihn das erstemal entzündete – etwas Esoterisches haftet der Glasmacherkunst nach wie vor an. So gewöhnliche Substanzen wie Quarzsand, Kalk und Soda oder Pottasche nur mit Hilfe von Feuer in eine so ätherische Substanz zu verwandeln, und ihr dann auch noch kraft des Atems vollendete Formen zu verleihen ... Wer spräche diesem Schöpfungsakt seine magische Note ab?

Nun, im heutigen Alltag gleicht die Tätigkeit des Glasbläsers oft schnöder Arbeit im Akkord. Der Einfluß der Zwischenhändler und die Allmacht der Industrie setzen die verbliebenen Vertreter dieser Zunft arg unter Druck. Doch zu bewundern – und stundenlang zu beobachten – gibt es in solch archaischen Ateliers immer noch mehr als genug: Die geradezu erotische Hingabe etwa, mit der die Künstler dem Glasklumpen seine Gestalt einhauchen, die Vielfalt der Formen (ein Meister hat über hundert verschiedene Gefäßtypen im Kopf), und die schlafwandlerische Sicherheit sowie das aberwitzige Tempo, mit der sie die hunderttausendfach erprobten Handgriffe ausführen.

Abgesehen von Kairo läßt sich diese Meisterschaft heutzutage so vollendet nur noch in Damaskus erleben. Nicht ohne Grund: Syrien gilt – neben Mesopotamien und Ägypten – als eine der Wiegen der Glasmacherkunst. An seiner Küste, rund um Tyrus und Sidon, soll antiken Schriftstellern zufolge schon zur Zeitenwende eine regelrechte Industrie geblüht haben. Die Reinheit des Sandes und der Überfluß an dem besonders geeigneten, harzhaltigen Kiefernholz aus dem Libanon boten ideale Voraussetzungen. In Syrien soll um Christi Geburt auch die Technik des Glasblasens entdeckt worden sein. Hier schnitt man die in Europa so begehrten Gefäße und Amulette aus Bergkristall und fabrizierte jene berühmten, färbigen, oft reich emaillierten oder gar mit vergoldeten Ornamenten verzierten Moschee-Ampeln, die die mameluckischen Fürsten massenhaft orderten. Von hier gelangte im 13. Jahrhundert das Know-how durch die Kreuzfahrer nach Venedig. Und mit gutem Grund verschleppte 200 Jahre später Timur von hier die Experten nach Samarkand.

Mittlerweile stellt Syriens Hauptstadt allerdings leider nicht mehr so sehr den Kristallisationspunkt für diese Kunst, sondern vielmehr ein bezeichnendes Beispiel für deren akute Gefährdung dar: 1975 existierten hier immerhin noch dreizehn Werkstätten. In den frühen Neunzigern waren es nur mehr zwei.

# VON SCHMIEDEN UND SCHWERTMACHERN

Man kann sich des Eindrucks nicht ganz erwehren: Wer zum ersten Mal einen Kupfer- und Messingsuq betritt, muß glauben, in eine Nervenheilanstalt geraten zu sein. Da traktieren Männer mit faustdicken Hämmern metallene Platten und Gebilde – so entfesselt, als wären sie in kollektive Hysterie ausgebrochen. Andere treiben mit Stichel und Punze so automatenhaft Ornamente in ihre Teller und Tabletts, als litten sie unter einer motorischen Manie. Und gemeinsam erzeugen sie einen so infernalischen Krach, daß man meint, dieser müsse sich unweigerlich aufs Gemüt schlagen. Doch lauscht man der Kakophonie erst ein Weilchen, offenbart sich darin ein verborgener Takt. Die Männer, so merkt man, gehen immer wieder behutsam auf die wechselnden Rhythmen ihrer Nachbarn ein. Und ihre Mienen lassen keinen Zweifel, daß sie echte Freude an ihrer Arbeit empfinden.

Die Melodie der *nahassin*, der Kupferschmiede, ertönt noch heute in fast jedem Basar. Denn mag in den letzten Jahrzehnten auch der Bedarf an handge-

*Das Konzert der Kupferschmiede – im Bild ein „Paukist" aus Isfahan – bildet den akustischen Höhepunkt jedes Basarbesuchs. In diesem großartigen, mehr als nur musikalischen – beinah schon sozialen – Willen zur Harmonie trete, schrieb der gebürtige Österreicher Muhammad Asad, die verschleierte Anmut der orientalischen Seele zutage. (Links: ein Isfahani inmitten seines Altmetalls.)*

Ihren Anfang nahm die islamische Metallkunst weit im Osten – in den persischen Landschaften Fars und Chorassan, und in Sogdiana, dem heutigen Usbekistan. Schon im 9. und 10. Jahrhundert, unter den Samaniden und Ghasnawiden, entstanden in Buchara und Samarkand, Ghasni und Herat prächtige Räuchergefäße, Kannen, Krüge, Schalen und Aquamanile, große Wasserbehälter. Bevorzugtes Material war, nicht zuletzt aus spirituellen Gründen, die Bronze. Sie galt, wie schon im alten Orient und in Ostasien, als ideale Vermittlerin astrologischer und okkulter Vorstellungen. Ihre figuralen Formen verrieten zwar noch sassanidische und fernöstliche Einflüsse (am bekanntesten sind die Tiergestalten wie etwa jene Raubvögel, deren Nachkommen man noch heute in Isfahan gießt), doch sie trugen bereits Kufi-Kalligraphien – den untrüglichen Stempel des Islam.

Da der Gebrauch goldener und silberner Eß- und Trinkgefäße von Mohammed zur verschwenderischen Tat erklärt und verboten worden war, hatten moslemische Handwerker schon bald Methoden entwickelt, Oberflächen so zu behandeln, daß sie aussahen, als wären sie aus Edelmetall. Ihre besondere Vorliebe galt dem Tauschieren, jener Ziertechnik, deren Prinzip darin besteht, auf einen harten Messing-, Bronze- oder Stahluntergrund Elemente aus dem weicheren Kupfer – und später auch Silber – aufzubringen und darin filigrane Ornamente einzuritzen. Entscheidend verfeinert wurde diese an sich bereits in der Antike praktizierte Kunst durch die Seldschuken. Ihre höchste Blüte erreichte sie jedoch im 13. und 14. Jahrhundert in Mesopotamien, vor allem in der Stadt Mossul. Die dortigen Meister beherrschten beide Tauschiermethoden in Perfektion: sowohl die der Einlage (bei der man auf dem Metallkörper die Motive in groben Umrissen eingraviert und in die entstandenen Rillen dünne Drähte oder Plättchen aufhämmert) als auch die später in Indien und im Osmanischen Reich als *koftgari* bekannte und hauptsächlich für Stahl verwendete Aufriebtechnik (bei der die Grundfläche durch feine Striche aufgeraut und die „Intarsie“ mit einem Rundhammer aufgetragen wird). Das Dekorationsschema der „Schule von Mossul“ – ihre Kampf- und Festszenen, Rosetten, Tierfriese, Schriftborten und Figurenmedaillons – fand nach dem Einfall der Mongolen sehr rasch weiter im Westen Verbreitung. Neue Zentren wurden Damaskus, Aleppo sowie das mameluckische Kairo. Sogar in Venedig war ab dem späten 14. Jahrhundert eine ganze Zunft sarazenischer Handwerker damit beschäftigt, Prunkgefäße, Leuchter, Kerzenhalter, Koranständer, aber auch Astrolabien, Quadranten und Globen zu tauschieren; und zwar *all'azzimina* und

*Die Hauptachsen der Basare fungieren, insbesondere im Iran, auch als Prozessionswege. Sie werden während des Trauermonats Moharram, in dem die Schiiten ihres Märtyrers Hussein gedenken, häufig mit schwarzen Tüchern drapiert. Die wichtigsten Requisiten für diese religiösen Umzüge stammen aus dem Basar der Schmiede: der mit Glöckchen und eisernen Pfauenfedern verzierte Lebensbaum, die Geißeln, mit denen sich die Gläubigen beim Aschura-Fest selbstquälerisch die Rücken blutig schlagen und die „chamsa“ oder „Hand der Fatima“ gegen den Bösen Blick (beide Bilder: aus dem Basar Mesgaran in Isfahan).*
*Gegenüberliegende Seite oben: Tabletts aus Alpaka und Silber im Basar von Fes;*
*unten: Buntmetall-Allerlei in der Altstadt von Kairo (am rechten Bildrand: eine aus Kupfer getriebene Minarettspitze).*

fertigten Nägeln und Hufen, an Scharnieren, Schlössern und Türklopfern rapide gesunken sein und mögen viele Spezialschmiede deshalb bereits zugesperrt haben: Traditionelles Kupfergeschirr hat sich, vor allem auf dem Land, gegen das billigere Plastik und Aluminium ganz gut behauptet. In Großstädten – Aleppo, Fes oder Isfahan zum Beispiel – werden auch die riesigen Kochkessel für Hochzeiten, Spitäler und Kasernen noch händisch hergestellt. Dazu kommt der unersättliche Hunger der Touristen auf Souvenirs, der Heerscharen von Graveuren und Ziseleuren ernährt.

*alla damaschina* – nach persischer *und* damaszener Art.
Verglichen mit den Glanzleistungen von einst, mutet, was heute die Ateliers verläßt, schnöde an. Gewiß, dann und wann erhalten syrische, ägyptische oder marokkanische Künstler schon noch Aufträge von reichen Klienten für Einzelstücke, an denen sie in monatelanger Arbeit ihre – im Verborgenen erhaltene – Meisterschaft beweisen können. Und manche Gebrauchsgegenstände für die Einheimischen besitzen auch noch die authentische Schlichtheit aus früheren Zeiten. Doch ein beträchtlicher Teil der ursprünglichen Kreativität wurde durch die Massenproduktion für den Andenkenhandel schon erstickt. Immer öfter ist es üblich, billige Messingware industriell vorzufabrizieren und ihr, um sie als Handarbeit verkaufen zu können, im Basar nur noch alibihalber den letzten Schliff zu verpassen.
Vorbei sind die Zeiten, da selbst die Kessel der Armenküchen, wie etwa in manchen anatolischen Klöstern, reich verzierte Kunstwerke waren. Vorbei auch jene, da man etwa in Istanbul noch einen Waffenbasar finden und wie der italienische Reiseschriftsteller Edmondo de Amicis im Jahr 1883 ob der dort feilgebotenen „eleganten Helme und Armschienen, Brustschilde und Kniekacheln, der gleißenden Schwerter und Dolche mit Scheiden aus Silber, mit Griffen aus Achat und Elfenbein, und eingravierten Lettern aus Gold“ schwärmen konnte. Erloschen ist auch die über 500 Jahre alte Tradition der legendären Damaszener Klingen. Mit einer kleinen Ausnahme allerdings.

Im Herzen von Damaskus, inmitten des Gassenwirrwarrs südlich der Geraden Straße, kann, wer geduldig sucht, eine unscheinbare, jedoch einzigartige Werkstätte entdecken. Ihr Besitzer, ein wohlbeleibter Mittvierziger namens Daud Kahale, ist einer von drei Männern, die in den sechziger und siebziger Jahren das Metier der Schwertherstellung, nachdem es zwei Generationen lang ausgestorben zu sein schien, zu neuem Leben erweckten. Im Vorderraum seines Familienbetriebs fabriziert er – hauptsächlich für prestigebewußte Kunden aus den Golfstaaten – serienweise imposante aber größtenteils billige Schmuckschwerter. Ihre Klingen sind aus verchromtem Stahl, ihr Goldbelag ist in Wahrheit Lack, und ihr Wert beträgt in der Regel bloß ein paar tausend syrische Pfund. In einem winzigen Hinterzimmer hingegen bewahrt er die Objekte seiner wahren Leidenschaft auf: einige Dutzend in ein Leintuch gewickelte alte Schwerter, denen jeder Laie sofort ihre Besonderheit ansieht.
Daud Kahale ist einer der weltbesten Experten für historische Waffen aus dem Orient. Viele hochkarätige Sammler, ob in London, Los Angeles oder Qatar, vertrauen ihm ihre schadhaften Stücke zur Reparatur an. Und plant etwa das British Museum eine Sonderausstellung, fragt es zuvor ihn um Rat. Der Wert der ihm anvertrauten Schätze geht in die Millionen – Dollar.
Spürt er bei seinem Gast echtes Interesse, weiht er ihn gerne in einige Geheimnisse ein. Erklärt zum Beispiel, was die Qualität einer wirklich kostbaren Klinge ausmacht: nämlich jene delikate Balance zwischen Steifheit und Elastizität, die bei einem heftigen Schlag garantiert, daß die Waffe weder nachgibt noch bricht. Oder verrät, daß der Hohlraum in der Nähe des Griffs und die Rillen in der Klinge dazu da sind, die Wucht des Hiebes abzufedern beziehungsweise der Wunde des Gegners Bakterien zuzuführen. Auch die Unterschiede zwischen diversen Grundformen legt er dar, etwa zwischen dem unvergleichlich elegant geschweiften *schamschir* der Safawiden, dem älteren damaszenischen Krummschwert, dessen Name – *kalidsch* – aus dem Türkischen übersetzt soviel wie „haarspaltend“ meint, und jenen raren zweischneidigen Modellen, deren Gebrauch stets Königen vorbehalten war. Und schließlich berichtet er auch – wohl nicht ohne leise Schadenfreude – von den vergeblichen Versuchen amerikanischer Wissenschafter, das Rätsel des Damaszierens zu lösen. Denn natürlich fasziniert es einen Fachmann wie ihn besonders, daß heute kein Mensch – inklusive ihm selbst – mehr weiß, wie man früher die extrem soliden Stahllegierungen für die aus bis zu tausend Schichten bestehenden Klingen herstellte und beim anschließenden Feuerschweißen die eigentümlich gewellte, farbige Maserung, den sogenannten „Diamant“, erzeugte.

*Die Technik, Schwerter zu inkrustieren, lernten die Araber angeblich im 8. Jahrhundert von gefangenen Uiguren in Samarkand. Doch zur höchsten Blüte gelangte die Kunst des Waffenschmiedens viele Generationen später in Damaskus. Unbestrittener Meister unter den Schwertfegern war Asad-Allah, ein gebürtiger Damaszener, der, nach Isfahan verschleppt, um 1600 für den safawidischen Hof tätig war. Sein Prägezeichen, ein Garant für höchste Qualität, tauchte noch viele Generationen später auf Hunderten von persischen Klingen auf (oben links) – ein typischer Fall frühen Produktplagiats. Links: Feilschszene im aleppiner Suq für Messing- und Kupferwaren. Das kleine Bild unten, entstanden in Fes, zeigt keinen Laden für Hühner, sondern eine Schmiede.*

# BEI DEN TÖPFERN UND KACHELMACHERN

Würde man nicht durch die Rauchschwaden hindurch am Horizont die Hochhäuser der Neustadt von Kairo erkennen, man fühlte sich in die Zeit der Fatimiden zurückversetzt: Viel anders werden die aus Ziegeln gemauerten Brennöfen hier in Fustat auch vor tausend Jahren nicht ausgesehen und vor sich hin gequalmt haben. Auch die Art und Weise, in der man das Rohmaterial gewinnt – mit Spaten Gruben aushebt, ihren lehmigen Boden mit Wasser bedeckt und so lange mit bloßen Füßen tritt, bis eine kompakte, aber gut knetbare Tonmasse entsteht –, dürfte sich kaum geändert haben. Und selbst die *dulab*, die Töpferscheiben, auf denen hier Hunderte von Männern, durch Wände aus Schilf und Palmwedel notdürftig vor der Sonne geschützt, in atemberaubendem Tempo Gefäß um Gefäß hochziehen, funktionieren noch nach dem Prinzip der Urahnen: mit Fußantrieb.

Doch betrachtet man die Endprodukte, merkt man, daß der Vergleich mit jener längst vergangenen Blütezeit, als Alt-Kairo den Beinamen „Stadt der Töpfer“ trug, hinkt. Denn was heute hier auf dem Rui-

*Abertausende rohe Tonköpfe für Wasserpfeifen trocknen zwischen den Ruinen von Fustat (links). Wenig später werden sie, kunstvoll zu riesigen Türmen geschichtet, in archaischen Öfen aus Ziegeln und Lehm gebrannt (unten). Über 1.500 Töpfer arbeiten hier im Nordwesten von Alt-Kairo unter Bedingungen, die europäischen Arbeitsinspektoren wohl die Haare zu Berge stehen ließen.*

Zu den schönsten Formen islamischen Kunsthandwerks zählt die Herstellung von Mosaikkacheln. Sie erfolgt nach einer komplizierten Prozedur. Erst werden Motive und Muster auf ein großes Stück Papier gezeichnet, dann die einzelnen Farben zur Vermeidung von Fehlern durchnumeriert und ausgeschnitten. Danach legt man die Einzelmuster auf die gleichfarbigen Kacheln, schneidet diese mit speziellen Werkzeugen aus und schmirgelt ihre Kanten glatt. Als nächstes ordnet man die Muster auf einer weichen Gipsfläche an, zieht ihre Konturen mit einer Messerspitze nach, setzt die Originalkacheln ein. Die Form wird mit Holzbrettern verschalt und, nachdem sie getrocknet ist, im Bauwerk verarbeitet.
Rechts: Ein Meister aus Fes präsentiert das zentrale Sternelement des sogenannten „Spinngewebe Gottes", einem im Maghreb beliebten Muster. Es besteht aus unzähligen Bändern, die nach streng geometrischen Gesetzen vom Zentrum ausstrahlen, sich überkreuzen und zu einer riesigen Rose entfalten.
Oben: Mit grün glasierten Dachziegeln werden im Maghreb ausschließlich geheiligte Stätten gedeckt. Unten: ein Fayencen-Maler im Basar von Isfahan.

nenfeld von Fustat abertausendfach in der Sonne trocknet, sind schlichte Gebrauchsgegenstände – erdfarbene Krüge, Kannen, Teller, Vasen, Mundstücke für Wasserpfeifen, oder, im besten Fall, ein paar jener tönernen Puppen, die es vor dem Fest zum Geburtstag des Propheten in den Basaren zu kaufen gibt. Was hingegen an der Wende vom ersten zum zweiten Jahrtausend in den hiesigen Keramikwerkstätten hergestellt wurde, war hochwertige Kunst und beispiellos in der ganzen damals bekannten Welt.

Die islamische Töpferei hatte schon sehr früh, den vielfältigen Einflüssen älterer Zivilisationen zum Trotz, eine eigene, unverkennbare Sprache entwickelt. Ihre Hauptmerkmale: ein bis dahin unüblicher Reichtum an Farben und Ornamenten und grundlegend neue Techniken der Verarbeitung. Ihr Zentrum bildeten im 9. Jahrhundert die Kalifenhöfe von Samarra respektive Bagdad. Dort machte die noch junge Kultur aus Arabien erstmals mit chinesischem Porzellan Bekanntschaft. Bestrebt, dieses faszinierende Material zu imitieren, überzog man den grau-braunen Ton mit weißen, zinnhaltigen Glasuren und schaffte damit die erste echte *Fayence* in der Geschichte der Keramik.
Ebenfalls im Irak der Abbasiden entstand die sogenannte *Lüstertechnik*. Dabei wurde das bereits gebrannte Gefäß mit einem Gemisch aus Silber, Schwefel, Kupferoxiden und Farbpigmenten bestrichen. Ein zweiter, spezieller Brennvorgang verlieh ihm dann eine metallisch schimmernde Oberfläche. Zu größter Meisterschaft in diesem, viel später von der italienischen Renaissance wiederentdeckten Verfahren brachten es freilich erst zweihundert Jahre danach die Künstler in Fustat.
Sie waren es auch, die nach dem Fall der Fatimiden, Ende des 12. Jahrhunderts nach Persien und Anatolien emigrierten und dort die eigentliche Hochblüte der islamischen Keramik einleiteten. In Rayy zum Beispiel, in der Nähe des heutigen Teheran, regten sie die Entwicklung der *minai*-Ware an – Fayencen, auf deren Glasur man im feinen Stil höfischer Miniaturmalerei erstmals eine Art Muffelfarben auftrug. Aghkant bei Täbris erlangte Berühmtheit für seine Sgraffitoware, Nishapur für seine spezielle, transparente Deckglasur, Kaschan für den besonders virtuosen Umgang mit polychromen Effekten, und Konya sowie Raqqa für die Erfindung der *fritte*, einer glasartigen Substanz aus gemahlenem Quarz und Ton, die ein härteres Brennen ermöglichte.
Die begehrteste Grundfarbe war das Kobaltblau, und Persien lange Zeit ihr alleiniger Lieferant. Es wurde in Chinas Porzellanindustrie als „hui hui ch'ing", als „Mohammedanerblau", hoch geschätzt und von den Bewohnern des fernen Fes sogar zur charakteristischen Farbe ihrer Stadt erwählt. Auch die Fayencetechnik gelangte aus dem Mittleren Osten bis in den äußersten Westen. Málaga und Valencia, später auch Sevilla, wurden zu Zentren der spanisch-maurischen Töpferkunst, die auf dem Umweg über Mallorca (daher die Bezeichnung „Majolika") die italienische und später gesamteuropäische Keramiktradition maßgeblich beeinflußte, und noch heute auf der Iberischen Halbinsel in den volkstümlichen blau-weißen Wandfliesen, den *Azulejos*, fortlebt.

Die islamische Keramik produzierte freilich nicht nur Gefäße. Sie stand schon früh auch im Dienst der Architektur. Pioniere waren die Seldschuken. Sie schmückten in ihrer Hauptstadt Konya bereits Mitte des 13. Jahrhunderts Koranschulen innen und außen mit Fayencemosaiken – eine Leistung, die heute das örtliche Museum in der *Karatay Medrese* höchst eindrucksvoll dokumentiert. Wenig später entfaltete sich die Fliesenkunst auch im Maghreb, und weit im Osten brachten die Timuriden sie auf ihren Kolossalbauten in Samarkand und Herat zu einem ersten Höhepunkt. Ihre große Blütezeit erlebt sie allerdings unter den Osmanen. Diese entwickelten in ihren Manufakturen in Iznik ständig neue Ausdrucksformen und Herstellungsmethoden (von deren überwältigender Vielfalt und Qualität die Fayencen-Sammlung des *Topkapi-Saray* Zeugnis gibt). Schon in ihren früheren Residenzen Edirne und Bursa, vor allem aber dann in Istanbul, entstanden Glanzstücke großflächigen Dekors – keramische Teppiche, über deren meist weißem oder blauem Fond bolusrote, türkisfarbene und smaragdgrüne Tulpen, Blütenbäume und Arabesken mit zuvor nie gekannter Üppigkeit wuchern.

*Ihre unbestrittenen Höhepunkte erreichte die Kunst des Kacheldekors im persischen und zentralasiatischen Raum. Fassaden und Innenräume wie jene der Medrese Tillja-Kari in Samarkand (links sowie unten) und Kuppeln wie die der Lotfollah-Moschee in Isfahan (oben) finden, wenn überhaupt, höchstens noch in Istanbul ihresgleichen.*

Eine Steigerung erfuhr dieses Raffinement nur noch im Iran unter Schah Abbas I. Die Perfektion, mit der seine Mosaizisten – etwa in den Kuppeln der *Schah-* oder der *Lotfollah*-Moschee in Isfahan – Farben und Ornamente kombinierten, wurde nirgendwo sonst erreicht. Schon die Arbeiten des „Türkischen Rokoko" aus den Manufakturen von Kütahya und Canakkale kündigten einen Verlust an Inspiration und Dynamik an. Was dann im 19. Jahrhundert aus den Brennöfen kam, wirkte schematisiert und pedantisch genau.

Eine gewisse „magische" Aura hat sich die Töpferei allerdings trotz ihres künstlerischen Niedergangs bis in die Gegenwart bewahrt: So wird etwa in den „Keramikstädten" Nordafrikas wie Nabeul, Fes, Safi oder Salé jeder Arbeitsplatz nach wie vor als heiliger Ort empfunden. Läßt sich ein Töpfer auf dem Platz eines Konkurrenten nieder, soll seine Ware – angeblich – noch in der Nacht nach der Fertigstellung zerspringen. Und unter den Töpfern von Fustat gilt als ungeschriebenes Gesetz, keine ungebrannten Gefäße zu verkaufen. Denn wer in ihren feuchten Ton Namen oder Zauberformeln ritzt und sie in den Nil wirft, kann, so ist man fest überzeugt, dadurch Mitmenschen großen Schaden zufügen.

# DIE GERBER UND FÄRBER VON FES

Zu den atemberaubendsten Erlebnissen, die man in der Welt der Basare überhaupt haben kann, zählt ein Besuch im Viertel der Gerber von Fes. Es liegt im *Quartier Chouara*, ganz im Osten, wo der Fluß völlig verschmutzt die Altstadt verläßt, und ist ein Relikt aus dem tiefsten Mittelalter – ein Ort wie aus einem Höllenkreis in Dantes „Göttlicher Komödie“. Seinen Kern bildet ein großer Hof voller gemauerter und mit Kacheln ausgekleideter Bassins. Sie sind mit verschiedenfarbigen Brühen gefüllt, in denen halbnackte Männer watend ihr Tagewerk verrichten. Es stinkt pestilenzialisch nach Fäulnis, Urin und Schweiß. An den grindigen Hauswänden der Umgebung hängen herdenweise Häute von Kühen, Kälbern, Ziegen und Schafen zum Trocknen, während schwer bepackte Esel ständig neue, noch blutige Ware heranschleppen. Ein Großteil stammt aus den Schlachthäusern der Stadt. Der Rest wird aus dem ganzen Land angeliefert. In vier nahegelegenen, seit Jahrhunderten auf das Ledergeschäft spezialisierten *funduqs* wird (jeweils zur Mittagsstunde) das Material versteigert –

*Unendlich mühsam ist das Tagwerk der vierbeinigen Lastentaxis. Bis zu sechstausend rohe Rinder- und immerhin halb soviele Ziegenhäute schleppen sie Tag für Tag aus den Lagern der Umgebung heran, um sie ein, zwei Wochen später – vom Blut- und Aasgeruch befreit, gegerbt, gefärbt und getrocknet – im Auftrag des Zwischenhändlers (unten) wieder abzuholen.*

3.000 Ziegen- und bis zu 6.000 Rinderhäute pro Tag.
Die Prozedur, der die Bälge in Chouara – und in einigen kleineren Gerbereien in anderen Bezirken – unterzogen werden, ist ebenso alt wie langwierig: Im Zuge der sogenannten „Flußarbeit" werden sie erst einmal in Kalkbäder getaucht, damit sich Fleischreste und Haare lösen. Danach kommen sie zum Beizen und Pickeln in ein mit Schwefelsäure und Meersalz versetztes Wasserbad. Beim darauf folgenden eigentlichen Gerbvorgang werden die nunmehr geschmeidigen und weichen „Blößen" für mehrere Tage in einem Gemisch aus Öl und Gerbstoffen eingeweicht. Wobei man statt der früher üblichen pflanzlichen Substanzen – vornehmlich Eichen- oder Kastanienrinden – neuerdings das synthetisch erzeugte Chromalaun verwendet.
Es folgt der Schritt des Sämischgerbens – das Leder wird mit Hilfe einer Fettlösung erneut aufgeweicht, hinterher auf der Fleischseite gehobelt und auf der Außenseite geglättet, was dieser ihren charakteristischen Glanz verleiht. Abschließend landet es in einem mit Fixiermitteln angereicherten Farbbad und zu guter Letzt, um in der Sonne endgültig zu trocknen, auf den Wiesen außerhalb der Medina. Als Farbstoffe werden in Fes noch ausschließlich natürliche Pigmente benutzt – Indigo für das Blau, Krapp oder Kochenille für Rot, Färberdistel (Saflor) für Gelb und Antimon oder Eisenoxid für Schwarz. Den weißen und blaßgelben Farbton für die berühmten *babouches*, die Pantoffel, erzielt man mit Hilfe von Tamariskenschalen und Kamelmilch beziehungsweise Granatapfelschalen und Alaun.

Leder war im Islam von Anfang an allgegenwärtig. Die Araber – ursprünglich ein Nomadenvolk, das sein Leben großteils auf Sätteln und in Zelten zubrachte – aßen, schliefen und beteten darauf, tranken daraus, kleideten sich damit und banden ihr heiliges Buch darin. Sogar in der Innenarchitektur fand es Verwendung: als Bodenmatten (im Jemen), als Wandbehang (in Kairo und Damaskus) oder, wie in der berühmten „Sala de los Reyes" der Alhambra, als vergoldete Deckenapplikation. Ob an den Ufern des Euphrat, Nil oder Bosporus, im Jemen, in Persien oder Tunesien – überall gab es bedeutsame Zentren der Verarbeitung.
Doch das klassische Land des Leders war und ist Marokko. Nicht zufällig gilt in Europa der *maroquin* als Synonym für besonders qualitätvolles Schafs- und Ziegenleder. Nicht zufällig wurden früher ganze Bibliotheken hierhin verschifft, damit ihre Bücher von marokkanischen Lederschneidern gebunden und mit Goldpressungen und Gitterdekor verziert werden. Zwischen Tanger und Agadir

quillt jeder Basar von Taschen und Täschchen, Koffern und Köfferchen, Gürteln, Säcken und Sitzkissen über. Das populärste Produkt jedoch sind die Babouches, die Pantoffel. Sie baumeln zu Trauben zusammengebunden von den Decken der Läden oder werden paarweise fein säuberlich in Steckfutteralen an der Wand präsentiert.
Wie für Rohleder gilt auch für sie als traditionsreichster Produktionsort Fes. Hier leben dreißig Prozent aller Lederhandwerker des Landes. Hier sind allein über 1.500 Babouche-Macher tätig. Sie erzeugen hauptsächlich die weißen und gelben Standardausführungen aus Schafs- oder Rinderleder. Aber sie haben auch ein nur in ihrer Stadt erhältliches Sondermodell im Sortiment: graue Schlüpfer aus Pferdeleder, die als neiderweckendes Statussymbol gelten.
Sämtliche Rohteile werden von den Männern in den Werkstätten zugeschnitten und genäht. Halbwüchsige Lehrlinge kleben die oft aus Schweins(!)leder fabrizierten, importierten Einlagen ein. Das Besticken der Vorderkappen besorgen Frauen in Heimarbeit. Die Muster, die sie verwenden, ähneln frappant den Tätowierungen auf den Gesichtern der Berber. Die Schuhmacher schuften für gewöhnlich sechs Tage in der Woche von sieben Uhr früh bis neun am Abend und ohne das geringste soziale Netz. Für ein Paar eleganter Babouches bekommen sie 150 Dirham – gerade soviel, wie man im Touristenhotel für fünf Flaschen Bier bezahlt.

*Chouara, das Viertel der Gerber und Färber, aus der Perspektive des eiligen Touristen betrachtet. Wer von der Aussichtsterrasse in diese Arena hinabsteigt, ringt erst einmal ein paar Minuten nach Atem. Die Männer, die hier ein Leben lang arbeiten, werden die pestilenzialischen Ausdünstungen nie mehr los. Sie sind Schleusenmeister, die die Bassins mit frischem Wasser aus dem Wad Fes füllen, um es später, mit Säuren, Laugen und Ölen versetzt, als farbige – und giftige – Brühe durch verworrene Kanäle wieder zurückzuleiten. Unten: einer der unzähligen Lederläden in der Medina von Fes.*

# BRENNPUNKTE DES LEBENS

## DIE SCHÖNSTEN BASARE IM PORTRAIT

*Kairo*
*Damaskus*
*Aleppo*
*Istanbul*
*Sanaa*
*Dubai*
*Kairouan*
*Tunis*
*Marrakesch*
*Fes*
*Schiras*
*Isfahan*
*Samarkand, Buchara & Chiwa*

N
Donau
Edirne
Canakkale
Izmi
Cordoba
Granada
Algier
TUNIS
Nabeul
KAIRUAN
Tétuan
Chéchauèn
Rabat
Salé
FES
Meknes
Casablanca
MARRAKESCH
A T L A S
Sijilmassa
Agadir
Ghardaja
Dscherba
Tripolis
Ghadames
S A H A R A
HOGGAR
Ghat
Taghaza
Bilma/Kawar
Agadez
Timbuktu
Gao
Niger
Kano

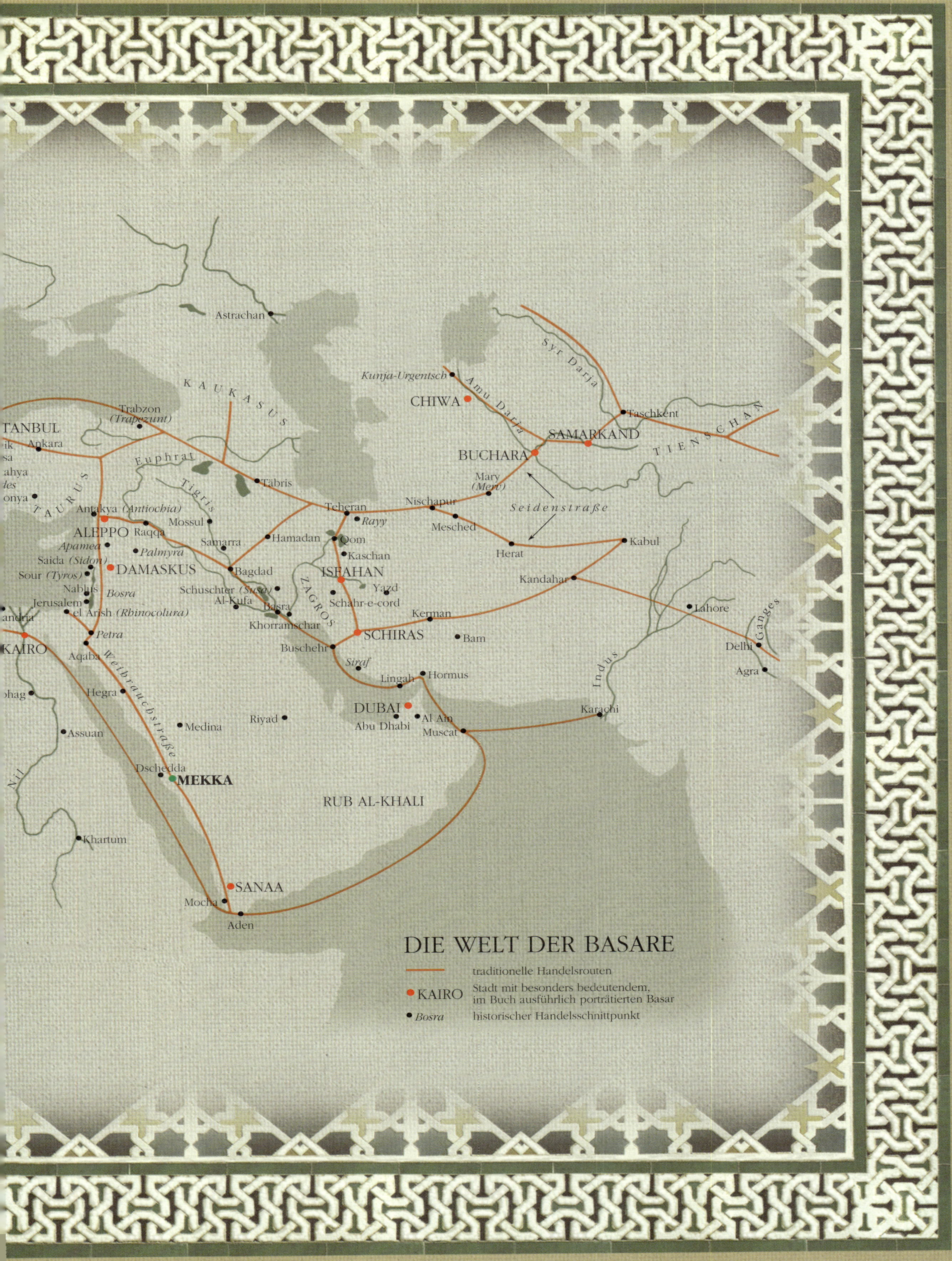

DIE WELT DER BASARE
traditionelle Handelsrouten
KAIRO Stadt mit besonders bedeutendem, im Buch ausführlich porträtierten Basar
Bosra historischer Handelsschnittpunkt
Astrachan
KAUKASUS
Trabzon (Trapezunt)
TANBUL
Ankara
TAURUS
Euphrat
Tigris
Täbris
Antakya (Antiochia)
ALEPPO
Raqqa
Mossul
Apamea
Palmyra
Samarra
Hamadan
Saida (Sidon)
DAMASKUS
Sour (Tyros)
Nablus
Bosra
Jerusalem
el Arish (Rhinocolura)
Bagdad
Schuschter (Susa)
Al-Kufa
Basra
Khorramschar
ZAGROS
Teheran
Rayy
Qom
Kaschan
ISFAHAN
Yazd
Schahr-e-cord
SCHIRAS
Buschehr
Siraf
Kerman
Bam
KAIRO
Petra
Aqaba
Weihrauchstraße
Hegra
Medina
Riyad
Assuan
Nil
Dschedda
MEKKA
Khartum
RUB AL-KHALI
SANAA
Mocha
Aden
Lingah
Hormus
DUBAI
Abu Dhabi
Al Ain
Muscat
Karachi
Indus
Kunja-Urgentsch
CHIWA
Amu Darja
Syr Darja
Taschkent
SAMARKAND
TIENSCHAN
BUCHARA
Mary (Merv)
Nischapur
Meschhed
Seidenstraße
Herat
Kabul
Kandahar
Lahore
Ganges
Delhi
Agra

القاهرة

# KAIRO

Wer Kairo nicht gesehen hat, hat die Welt nicht gesehen. Seine Erde, schwärmt der Protagonist einer der Erzählungen aus 1001 Nacht, ist Gold, sein Nil ein Wunder, jedes Haus ein Palast. Und seine Luft ist mild wie das süß duftende Holz der Aloe. Seit jenen glorreichen Zeiten vor rund 600 Jahren ist die „Ewige Stadt" gehörig gealtert: Der Glanz des Goldes ist einigermaßen verblaßt, der Nil entzaubert. Und der Duft der Aloe wird vielerorts vom Duft der Abgase überlagert.

Dennoch ist die größte Metropole Afrikas, in der bereits jeder vierte der mittlerweile 55 Millionen Ägypter lebt, bis heute der Inbegriff einer orientalischen Märchenstadt. Das mag zum einen an der beispiellosen Fülle von historischen Kunstdenkmälern liegen – die UNESCO hat allein unter den islamischen Monumenten 600 als besonders erhaltenswert eingestuft – zum anderen, und vor allem, liegt es aber auch an der unbändigen Lebenslust und Kontaktfreude ihrer Bewohner, insbesondere an deren Freude am Fabulieren und Feilschen.

*Die ehrwürdigste der unzähligen Kairiner Moscheen und zugleich die zweitälteste Universität der Welt ist die 970–72 erbaute al-Azhar, die „Blühende" (unten: ihr Gebetssaal). Ihre Gelehrten gelten in der islamischen Orthodoxie bis heute als höchste Instanz für alle rechtlich-religiösen Grundfragen. Links: das Portal der Moschee ar-Rifai.*

# القاهرة

**KAIRO – EINE ÜBERSICHT:**

*A Alt-Kairo (ehem. Babylon), B Ruinen von Fustat, C Geziret al-Roda, D Totenstadt, E al Qahirah, F Gamaliyah, G Ghuriyah, H Zitadelle, I Moqattam-Berge, J Azbakiyah, K Abdin-Palast, L Bulaq, M Garden City, N Zamalek, O Gezira, P Dokki, Q Imbaba, R Heliopolis/Flughafen, S Gise/Pyramiden, T Nil.*

**AL-QAHIRA – DIE ALTSTADT**

BASARE & MÄRKTE: *1 Khan al Kalili, 2 Suq al-Attarin (Gewürzmarkt), 3 Suq al-Nahassin (Kupferschmiede), 4 Suq el Lamoon (Zitronen-, Knoblauch- und Zwiebelmarkt), 5 Suq el Muski (Kleidung, Lebensmittel, Leder), 6 Suq Khiyamiyah (Zeltmacher-Markt), 7 Suq el-Hamam (Tauben-Markt am Sayyida Ayisha Square).* SPEZ. WERKSTÄTTEN & LÄDEN: *8 Al Daour (Glasbläserei), 9 Ghuriyah (Kleidermarkt), 10 Tarbusch (Filzhüte), 11 Fawani (Blechlaternen).* MOSCHEEN, KORANSCHULEN & MAUSOLEEN: *12 al-Hakim Moschee, 13 Madrasa Qarasunqur, 14 Suleiman Aga Moschee, 15 al-Aqmar Moschee, 16 Gamal al din Moschee, 17 Mausoleum Barquq, 18 Madrasa al Nasir Mohammad, 19 Qalaun-Komplex, 20 Mausoleum al-Salih Ayyub, 21 al-Azhar Moschee (Universität), 22 Madrasa al-Ghuri, 23 Mausoleum al-Ghuri, 24 Fakahani Moschee, 25 Muajjad Moschee, 26 Salih Talai Moschee.* KARAWANSEREIEN: *27 Wakalat al-Ghuri (Zentrum für Kunsthandwerk), 28 Qait-Bay, 29 Qusun.* BRUNNEN & BÄDER: *30 Sabil-kuttab Oda Pasha, 31 Sabil-kuttab Abdul Rahman Katkhuda, 32 Hammam el-Sultan, 33 Sabil Mohammad Ali, 34 Sabil Nafisa al Bayda.* SONSTIGES: *35 Fatimidische Stadtmauer, 36 Bait al-Suhaymi, 37 Kloster von Baibars al Gashankir, 38 Bait Gamal al din al-Dhahabi.* STADTTORE: *39 Bab al-Futuh, 40 Bab Zuwaila, 41 Bab al-Nasr.* STRASSEN: *42 Shari al Muizz, 43 Shari al-Azhar, 44 Muski, 45 Sharia Muhammad Ali, 46 Shari Ahmed Mahir.*

**KHAN AL-KALILI & UMGEBUNG**

BASARE & MÄRKTE: *A Suq al Sagha (Gold- und Silbermarkt), B Suq al-Kuttab (Bücher- und Schreibwaren).* SPEZ. WERKSTÄTTEN & LÄDEN: *C Narghile (Wasserpfeifen), D Assil (Surensticker), E Khedr el-Attar (Drogen & Gewürze), F Mahmoud Hamdy (Fußbügler), G al-Khady (Gebetsketten aus Amber), H Maschrabiyah-Drechsler.* MOSCHEEN & MAUSOLEEN: *I al-Mutahar-Komplex, J al-Hussein Moschee, K al-Azhar Moschee, L Bars Bay-Moschee.* KARAWANSEREIEN: *M Wakalat al-Gallaba (ehem. Sklavenmarkt), N al-Qutn.* RESTAURANTS, TEE- & KAFFEEHÄUSER: *O Café al-Fishawy, P Cafeteria Sinusi, al-harram al-Husseini, Orabi, etc., Q Restaurant Khan al-Kalili, R al-Hussein/Hotel & Dachcafé.* BRUNNEN & BÄDER: *S Sabil-kuttab Ahmad Pasha.* SONSTIGES: *T Öffentliches WC, U Touristenpolizei.* STRASSEN: *V el Seke el Gedida, W Shari al Muizz, X Shari al-Azhar, Y Midaq-Gasse.*

RAHMENDEKOR: *Metallverzierung von einem Tor der Muajjad-Moschee;* ILLUSTRATION: *Bab Zuwaila.*

ZUM BESSEREN VERSTÄNDNIS DER STADTPLÄNE AUF DEN FOLGENDEN SEITEN:

*Der grüne Pfeil in der Windrose mit dem Halbmond an seiner Spitze weist jeweils in die Gebetsrichtung, nach Mekka.*

*Sämtliche Symbole beziehen sich auf die aktuelle Nutzung der Märkte, Gebäude etc., nicht jedoch auf ihre ursprüngliche Funktion. Die immer häufigere Durchmischung verschiedener Branchen sowie die Unterscheidung zwischen Herstellung und Verkauf konnte aus Gründen der Übersichtlichkeit nur selten berücksichtigt werden.*

Die Wurzeln dieser Vitalität reichen über 5000 Jahre in die Zeit der ersten pharaonischen Dynastien zurück. Schon deren „Residenz der weißen Mauern“, das spätere Memphis, verdankt ihre Gründung vor allem wirtschaftlichem Kalkül. Denn die Lage, nur 25 km südlich des heutigen Kairo, prädestinierte sie für ihre künftige Rolle als Handelsknotenpunkt: Von hier aus waren das reiche Oberägypten und das fruchtbare Delta gleich gut erreichbar, und der Nil ließ sich hier leichter als anderswo überqueren.

Noch größere Bedeutung erlangte schließlich die arabische Siedlung *Fustat.* Im Jahr 641 von dem Eroberer Amr ibn al-As vor den nördlichen Stadtmauern Babylons angelegt, entwickelte sich diese Garnisonstadt rasch zum wirtschaftlichen Mittelpunkt einer eben erst geschaffenen, gewaltigen Freihandelszone – dem Islamischen Imperium. In der Folge errichteten zwar Statthalter der abbasidischen Kalifen

von Bagdad in nächster Nähe zwei weitere Residenzen, aber zentraler Umschlagplatz für all die Waren aus Indien, Arabien und dem Mittelmeerraum blieb für über fünf Jahrhunderte Fustat.
Die Verhältnisse änderten sich erst unter dem legendären Salah ad-Din: Dessen Vorgänger, die schiitischen Fatimiden, hatten 969 gleich nebenan *Al Qahirah* („die Siegreiche") gegründet – jene stark befestigte Stadt, deren Namen italienische Kaufleute später zu *Kairo* verballhornten. Al-Qahirah diente als Palastbezirk. Für das gemeine Volk war es verbotene Zone. Salah ad-Din jedoch, der Begründer des Ajjubiden-Geschlechts, öffnete die königliche Enklave den niederen Ständen. Abertausende Handwerker und Händler aus Fustat zogen nun in die neue Metropole. Entlang der *Qasabah*, der Hauptverkehrsachse, und in den angrenzenden Querstraßen entstanden die heutigen ausgedehnten Suqs, links und rechts davon die verwinkelten Wohnviertel, die *harat*. Zugleich bildete sich am Fuß der Zitadelle, die Salah ad-Din als Festung gegen die Kreuzfahrer bauen ließ, ein zweites Marktviertel. Dessen Sortiment: Waffen, Pferde und Zelte für das nebenan stationierte Militär.

Zur Zeit der Mamelucken (1250–1517) blühte Kairo in voller Pracht. Diese ehemaligen türkischen und tscherkessischen Sklavensöldner waren zwar überaus rauhe Gesellen (kaum ein Sultan starb nicht durch den Dolch oder das Gift seines Nachfolgers), aber dank ihrer Kriegskunst entging Kairo sowohl dem Mongolensturm als auch der Eroberung durch die europäischen Heere. Außerdem waren sie begnadete Bauherren. Die Fähigsten unter ihnen wie Baibars und Qalaun, an-Nasir, Qait-Bay und al-Ghuri hinterließen der Nachwelt nicht nur prachtvolle Paläste, Moscheen und Mausoleen, sondern auch zahlreiche Karawansereien (*wakalat*), die bis heute ihre Namen tragen. Der ägyptische Historiker Ahmad al Maqrizi registrierte im ausgehenden 14. Jahrhundert auf den eineinhalb Kilometern zwischen dem nördlichen Stadttor, dem *Bab al-Futuh*, und dem südlichen *Bab Zuwaila* nicht weniger als 58 Wakalat und 87 Märkte. In über 12.000 Verkaufsständen wurden, so berichtet er, alle nur erdenklichen Kostbarkeiten feilgeboten – von indischen Seiden bis zu italienischen Samten, von bemaltem Glas aus Damaskus und Musselin aus Mossul bis zu Papageien und Goldstaub aus Äthiopien. Besondere Bedeutung kam dem Gewürzhandel zu: Stadtstaaten wie Genua, Pisa oder Venedig unterhielten seinetwegen – trotz der Drohungen des Papstes sie zu exkommunizieren – Niederlassungen im muslimischen, also feindlichen Kairo. Sie importierten bis zu 1.500 Tonnen pro Jahr.

*Das Viertel rund um die Azhar-Moschee ist nach wie vor das pulsierende Herz des alten Qahirah. Die Shari al Muizz – sie führt von der Muski-Straße zum Bab Zuwaila – verwandelt sich Tag für Tag in einen riesigen, preisgünstigen Open Air-Markt (oben). Wakalat al-Ghuri, die monumentale Karawanserei aus der Mameluckenzeit (Mitte), dient bereits seit etlichen Jahren als Zentrum für zeitgenössisches Kunsthandwerk. Und der Marktbezirk Khan al-Khalili (unten) ist ein Eldorado für Souvenir- und Antiquitätenjäger.*

# القاهرة

Etwa um das Jahr 1400 entstand auf dem Gelände eines fatimidischen Schlosses auch die Urversion jenes Handelskomplexes, der heute das touristische Herzstück des Basars bildet – der *Khan al Khalili.* Nach seinem Bauherren, dem Oberstallmeister des Sultans Barquq, benannt, diente er vielen Generationen von ausländischen Händlern, vor allem Persern, als Hotel und Warenlager. Woraus sich die unmittelbare Nachbarschaft der *Hussein*-Moschee erklärt. Denn an der Stelle dieses kunsthistorisch uninteressanten Gebetshauses aus dem vorigen Jahrhundert soll angeblich der Kopf des Prophetenenkels Hussein begraben sein. Jenes Hussein, der von den schiitischen Persern als Märtyrer verehrt wird und lange Zeit als Schutzpatron der Handwerker und Gilden des Khan al Khalili fungierte.

Unter der Oberherrschaft der Osmanen wuchs, obwohl Vasco da Gama inzwischen den Seeweg in den Fernen Osten entdeckt hatte, die ökonomische Bedeutung Kairos weiter. Die Rolle der indischen Gewürze als Haupthandelsware übernahm der jemenitische Kaffee. Als starker Motor für die Wirtschaft erwies sich darüber hinaus die Pilgerfahrt nach Mekka, die *hadsch,* zu der aus Kairo jährlich eine bis zu 40.000köpfige Karawane aufzubrechen pflegte. Zur Hochblüte, Mitte des 17. Jahrhunderts, verzeichnete die Chronik 145 Suqs und 360 Wakalat. Minderheiten wie etwa die in der Hauptsache als Geldleiher, Gold- und Silberschmiede tätigen Juden, die finanzbegabten Kopten und die armenischen Schlosser und Juweliere hatten in der kosmopolitischen Metropole erstmals eigene Bezirke. Und reiche Händler leisteten sich entlang des *Khalig* genannten antiken Kanals, und an den Ufern der damals noch existierenden Seen von *Fil* und *Azbakiyah* luxuriöse Residenzen. Architektonisch hingegen fügten die Herren aus Konstantinopel dem Marktbereich vergleichsweise wenig Bedeutsames hinzu – ihre herausragenden Hinterlassenschaften sind die *sabil,* die fayencenverzierten öffentlichen Brunnen.

Die einschneidendste Zäsur erfuhr Kairos kommerzielles Zentrum in der Ära Muhammad Alis (1805–1849). Der „Vater des modernen Ägypten" europäisierte die Stadt. Er machte *Bulaq,* den alten Nilhafen im Westen, zum Träger der von ihm initiierten Industrialisierung. Unter anderem entstanden dort moderne Werften und die erste Staatsdruckerei des arabischen Raums. In den mittelalterlichen Stadtkern ließ er, um den

*Der Blick über die Dächer und Kuppeln des fatimidischen Kairo zu den Türmen des Bab Zuwaila ist – trotz gelegentlicher klima- und abgasbedingter Trübung – ein unvergeßliches Erlebnis. Hier ist die Dichte an erstrangigen Kunstdenkmälern so hoch wie nur in ganz wenigen Städten dieser Welt.*

*Die Nekropolen am Fuß der Moqattam-Berge: Daß hier über eine halbe Million Kairiner permanent wohnen, und zwar teilweise sogar mit Fließwasser und Elektrizität, wird gerne mit der akuten Quartiernot erklärt. Tatsache ist, daß die beiden Friedhöfe schon bald nach ihrer Entstehung (ab dem 7. Jahrhundert) von Mystikern und Pilgern bevölkert waren. Das Zusammenleben mit den Toten ist in Ägypten seit der Pharaonenzeit Tradition.*

*Mahmoud Hamdy ist einer der Letzten aus der exotischen Zunft der Fußbügler. Acht Stunden pro Tag glättet er in seinem winzigen Laden hinter der Hussein-Moschee Gewand. Die Führung gibt er dem 15 kg schweren Bügeleisen mit der rechten Hand, den nötigen Auflagedruck jedoch mit dem Fuß.*

neuartigen Kutschen die Zufahrt zu ermöglichen, Straßenschneisen schlagen. Zudem befahl er, nachdem zuvor schon Napoleons Truppen die Tore zwischen den einzelnen Suqs beseitigt und deren Wächter ihrer Ämter enthoben hatten, die traditionellen Steinbänke (*mastabas*) vor den Läden zu entfernen und beim Bau neuer Gebäude keine *maschrabiyahs* – gedrechselte Balkon- und Erkergitter aus Holz – zu verwenden. Kurz: Der Basar wurde einem schönheitschirurgischen Eingriff mit fragwürdigem Ausgang unterzogen.

Ein zweiter Modernisierungsschub erfolgte unter Alis Nachfolgern Said und Ismail. Kairo wurde zur florierenden Versorgungsbasis für den Bau der Eisenbahn und des Suezkanals. Fabriken, Dämme und Brücken entstanden, aber auch Parkanlagen und mondäne Hotels. Dazu kam, daß die Khediven-Herrscher, die Vizekönige von osmanischen Gnaden, nunmehr, statt auf der Zitadelle, im neuerbauten *Abdin*-Palast residierten. Rund um ihn entwickelten sich Wohn- und Geschäftsbezirke im europäischen Stil. Die alten Märkte im fatimidischen Stadtkern wurden, was sie im wesentlichen bis heute sind: die Wohn- und Einkaufsgegend der ärmeren Bevölkerungsschichten, der Handwerker, Beduinen und der „Saidis“, der Zuwanderer aus Oberägypten. Mit dem Fortschritt wuchsen freilich auch die Schulden und damit die Abhängigkeit von den westlichen Mächten. 1882 wurde Ägypten britisches Protektorat. Die Jahrzehnte davor und danach waren geprägt von ausländischen Interventionen und nationalen Revolten, die schließlich 1922 in die formelle Unabhängigkeit mündeten. Doch erst in den dreißiger und vierziger Jahren gelang es Männern wie Talaat Harb und Achmed Aboud an der Stadtperipherie eine eigenständige, ägyptische Industrie aufzubauen. Ihr vor allem kam der kurze aber heftige Boom während des Zweiten Weltkriegs zugute. Einen historischen Wandel vollzog schließlich Staatschef Gamal Abdel Nasser. Er nationalisierte nach der Revolution von 1952 Industrie und Agrarwirtschaft und ließ die großen Privatvermögen vom Staat konfiszieren. Die meisten Ausländer verließen nun das Land. Tausende Läden in der Innenstadt und im Basar bekamen ägyptische Besitzer.

Seither hat sich das Befinden Kairos objektiv dramatisch verschlechtert: 1952 noch zählte es über-

schaubare zwei Millionen Einwohner. Inzwischen ist deren Zahl auf fünfzehn geschnellt. Die Hälfte davon ist minderjährig. Für die Jahrtausendwende rechnet man mit zwanzig Millionen. Da die Regierung in den fünfziger Jahren sowohl die Pachtgebühren für den beschlagnahmten Stiftungsbesitz als auch die Mieten für Privatwohnungen eingefroren hat, und zudem die Eigentumsverhältnisse oft nicht geregelt sind, präsentiert sich Kairos Hausbestand heute im Zustand fortgeschrittenen Verfalls. Besonders schlimm nagen das steigende, salzige Grundwasser und der Smog in den zentralen Basarvierteln *Gamaliyah* und *Ghuriyah* am Mauerwerk. Und das Erdbeben vom Herbst 1992 hat den Zerbröselungsprozeß nur noch beschleunigt.

Doch dieses urbanistische Desaster (das demnächst ein neues Kanalsystem zumindest ein klein wenig lindern soll) beschreibt nur die äußere Wirklichkeit der Stadt. Dahinter verbirgt

*Nicht viele Lebensmittelmärkte verfügen über eine so geschichtsträchtige Kulisse wie der im Basarbezirk Ghuriyah. Er wird auf der einen Seite von der al-Azhar begrenzt, auf den anderen von den Karawansereien al-Ghuri und Qait-Bay. Im Bild: eine Gemüsehändlerin vor einer Maschrabiya, einer hölzernen, kunstvoll geschnitzten Gitterwand.*

sich eine zweite, weit liebenswertere Wirklichkeit. Sie wird von jener wundersamen Energie bestimmt, die diesen Riesenorganismus entgegen aller Logik am Funktionieren hält, seine Bewohner so herrlich heiter und optimistisch stimmt und die Richtigkeit der Chaostheorie beweist, die ja besagt, daß geheimnisvolle Kräfte gerade im ärgsten Durcheinander für eine tiefere Ordnung sorgen.

Man begebe sich bloß einmal in die Höhe, auf das Minarett der *Muajjad*-Moschee zum Beispiel: Unweigerlich wird einen, wie Dutzende Generationen von Reisenden davor, der Anblick des Minarettwaldes und der vielen Kuppeln verzaubern. Oder man bummle über die *Scharia al Muizz li din*, die frühere Qasabah, Richtung Norden: Eine ähnlich aufregende Zeitreise ins Mittelalter kann man nur noch an wenigen Orten der Welt erleben. Denn dort, in den Suqs des alten al-Qahirah, begegnet man noch Menschentypen, die ebensogut vor fünfzehn, zwanzig Generationen hätten leben können.

Südlich des Bab Zuwaila etwa, der alten Hauptrichtstätte, nähen wie eh und je die Zeltmacher im *Suq Khiyamiyah* ihre bunten Appliken. In der *Schari Ahmed Maher*, werden die *fawanis* gebastelt – die Blechlaternen für die langen Nächte des Ramadan. Hinter dem Mausoleum *al-Ghuri*, das übrigens seit dem letzten Erdbeben von einem Gerüst gestützt werden muß, sind noch zwei prächtige, mit dem königlichen Emblem verzierte Dampfmaschinen aus Messing in Gebrauch, mit denen man alte Tarbusche fassoniert. Und in manchen Nischen sitzen bis heute, Beine über Kreuz und halbblind, die Schneider und drehen an ihren gußeisernen Singer-Nähmaschinen aus dem Jahre Schnee.

*Kairos Geltung als Zentrum des sunnitischen Islam entspricht seine Vielzahl grandioser Moscheen. Im Hof der al-Azhar (oben) unterrichten die Professoren wie ehedem von hölzernen Lehrstühlen herab ihre Studenten. Eines der Prunkstücke aus der Mameluckenzeit ist die Sultan-Hassan-Moschee. Im Bild: ihr zentraler Hof mit dem Reinigungsbrunnen.*

Gewiß, manche Branchen und Produkte sind – vermutlich für immer – verschwunden. Die Juwelen- und Diamantenbörse an der *Muski*-Straße gibt es seit dem Sturz König Faruks nicht mehr und die professionellen Bücherschreiber seit Einführung des Billigdrucks. Der Sklavenmarkt wurde 1870 aufgelöst, und die Gilde der Gewehrpulververkäufer – nach mehreren Unfällen – schon im 18. Jahrhundert aus dem Basar verbannt. Aus Sohag kommt schon lange keine Seide, und aus Nubien und dem Sinai kein Rohgold mehr. Die qualitätvollen Antiquitäten wie koptische Stoffe, fatimidische Keramik und persische Miniaturen findet man leichter im Museum als im Basar. Auch Kamelwolle und Gummiarabicum aus dem Sudan sind, der dortigen Zustände wegen, kaum mehr erhältlich. *Schahi*, das berühmte, kairinische Baumwoll-

Seiden-Gemisch, ist nicht einmal mehr im besten aller Stoffläden, bei Ouf's, zu bekommen. Und nur noch ein einziger alter Mann hält – in seiner Werkstatt gleich neben dem *Beit el-Suhaymi* – tapfer das Gewerbe der Seidenhandweber am Leben.

Dafür findet man nach einigem Suchen noch zwei, drei Parfumläden der alten Art, in denen man die Essenzen nicht wie anderswo mit Alkohol oder Olivenöl gestreckt, sondern pur verkauft und deren Besitzer ihre Ware in eigenen Blumenfarmen im Fayum oder im Delta produzieren. Rund um die *Azhar*-Universität bieten Buchbinder, Buchstabengraveure und Kalligraphen ihre Künste feil. In einem Gäßchen hinter dem Bab el-Futuh, gleich neben jenem Friedhof, wo Ibn Chaldun liegen soll, blasen drei Männer am Rand eines Ungetüms von Ofen nach wie vor das berühmte, trübe und luftblasendurchsetzte *Muski*-Glas. Im *Suq el-Nahassin* hämmern die Schmiede an den riesigen Minarettspitzen und an ebenso riesigen Kupferkesseln, in denen die Nationalspeise *ful* zubereitet wird. Der Gewürzsuq hat sein betörendes Aroma nicht verloren, und das mühsame Handwerk der *mashrabiyah*-Drechsler verzeichnet neuerding seine Renaissance. Selbst im Khan al Kalili, wohin die meisten „antiken" Gußbronzen, Münzen und Skarabäen längst

*Die am Nordrand der Altstadt gelegene Hakim-Moschee wurde Anfang der neunziger Jahre mit privaten Geldern generalrenoviert. Ihr Bauherr, der Fatimide al-Hakim, ging als extrem grausamer Exzentriker in die Geschichte ein. Von den Drusen des Libanon wird er allerdings als höchste Inkarnation Gottes verehrt.*
*Unten: der Empfangssaal des Bait al-Kritiliya alias Gayer Anderson Museum.*

frisch aus der Fälschungsfabrik angeliefert werden, und sich alte Papyruszeichnungen bei näherem Hinsehen als bemalte Bananenblätter entpuppen, stößt man noch auf Originale: Auf Mahmoud beispielsweise, einen der letzten Fußbügler, der mit einem glühenden, 15 kg schweren Stein in der typischen gekrümmten Haltung acht Stunden am Tag Anzüge und Kleider glättet. Auf die Gebetskettenmacher auch, die unter Zuhilfenahme ihrer Füße die Perlen aus echtem Amber einzeln modellieren. Und auf die Gebrüder Assil, die, wie bereits ihre Urgroßväter, jenes Brokattuch, das die Kaaba in Mekka umhüllt, eigenhändig mit Koransuren bestickt haben.

Auch außerhalb des fatimidischen Stadtkerns setzt sich diese Emsigkeit und Traditionspflege fort: Wer einmal seine Nase in die Werkstätten der Lautenbauer in der *Muhammad Ali*-Straße oder in die Brennöfen der Töpfer in Fustat gesteckt hat, wer den Sonntags-Markt für Tauben am Fuß der Zitadelle, den höchst kuriosen Suq für Autoersatzteile in Bulaq oder den Kamelmarkt draußen in *Imbaba* besucht hat, wird endgültig bestätigen, was viele Menschen, die dem Charme des Stadtmolochs verfallen sind, behaupten: daß nämlich Kairo, diese Stadt aus 1001 Nacht, nicht nur einen riesigen Basar *hat*, sondern in seiner Gesamtheit einer *ist*.

دمشق

# DAMASKUS

Damaskus, die Hauptstadt der Arabischen Republik Syrien, hat auf den ersten Blick mit dem nördlich gelegenen Aleppo vieles gemein. Beide liegen etwa hundert Kilometer von der Mittelmeerküste, in der Grenzzone zwischen Acker- und Nomadenland. Beide haben von alters her ähnlich große Bedeutung als Handelsstationen im internationalen Karawanenverkehr. Beide wurden im Laufe ihrer vieltausendjährigen Geschichte häufig von Erdbeben erschüttert und Seuchen entvölkert, wurden besetzt, geplündert oder niedergebrannt, erhoben sich aber stets wie Phönix aus der Asche und sind bis zum heutigen Tag der Inbegriff hoher Stadtkultur. Und beide überdauerten zahlreiche mächtige Konkurrenten – Aleppo etwa die antiken Gründungen Antiochia, Seleucia, Apamea und Qinnesrin; Damaskus Petra, Bosra und Palmyra.

Doch trotz – oder wegen? – dieser Parallelen war das Verhältnis zwischen den Bewohnern der zwei Metropolen nie ganz spannungsfrei. „Die Aleppiner", lautet in Syrien ein geflügeltes Wort, „sprechen wie Männer, die Damaszener wie Frauen." Letztere meinen, die Redensart nehme auf die Schwerfälligkeit und Stillosigkeit ihrer Nachbarn im Norden Bezug. In Aleppo kontert man gerne mit dem Vorwurf der Faulheit. Das ständige eifersüchtige Scharmützeln hat Gründe: Aleppo war über die Jahrhunderte zwar immer die wirtschaftlich erfolgreichere Stadt, stand aber machtpolitisch, geistig und auch künstlerisch (spätestens nach der islamischen Eroberung) fast

*Szenen aus einer der ältesten Städte der Menschheit: In den malerischen Gassen des Qaimariyeh-Viertels (rechts unten) steht die Zeit beinahe still. Die jahrhundertealten Balkone aus Lehm und Pappelholz haben bis heute allen Erschütterungen mit Erfolg getrotzt. Auch das Bild aus dem Durchgang auf den Suq el-Bzouriyeh (Mitte) könnte – zumindest auf den ersten Blick – aus längst vergangenen Zeiten stammen. Radikal umgestaltet wurde hingegen die Hauptachse des Basarbezirks, die ehemalige Gerade Straße (linke Seite). Ihr von Steinen und Gewehrkugeln durchlöchertes Blechdach stammt aus der Zeit um 1870.*

# دمشق

*Die Omajjaden-Moschee wurde ab 705 auf dem Areal eines antiken Tempelbezirks an der Stelle einer christlichen Basilika errichtet. Freilich leugneten ihre Bauherren das Erbe nicht: Die alten Aussichtstürme wurden zu den ersten Minaretten der jungen Religion umfunktioniert. Und das Haupt Johannes des Täufers fand in einem Schrein mitten im Gebetssaal (im Bild) seine letzte Ruhe.*

immer im Schatten seiner vermutlich zehntausend Jahre alten Rivalin.

Damaskus, arabisch: *Dimaschq asch-Scham*, bildete schon im 7. Jahrhundert als Regierungssitz der omajjadischen Kalifen den Nabel eines Weltreichs. Es diente Nuredin und Saladin als Residenz und Ausgangspunkt für den Kampf gegen die Kreuzritter, und 800 Jahre später den arabischen Nationalisten als heimliche Hauptstadt: Von hier aus organisierten sie ihren Widerstand gegen die osmanischen, britischen und französischen Besatzer. Damaskus war – und ist es bis zu einem gewissen Grad noch jetzt – ein Zentrum des erlesenen Kunsthandwerks und der Luxusindustrie. Seine unter den Schutz der UNESCO gestellte Altstadt blieb von den sonst so unersättlichen Caterpillars des Fortschritts ziemlich verschont. In den engen Gassen des *Qaimariyeh*-Viertels haben sogar noch etliche der traditionellen Fachwerkhäuser aus Lehm und Pappelholz mit ihren von Ästen gestützten Erkern überlebt.

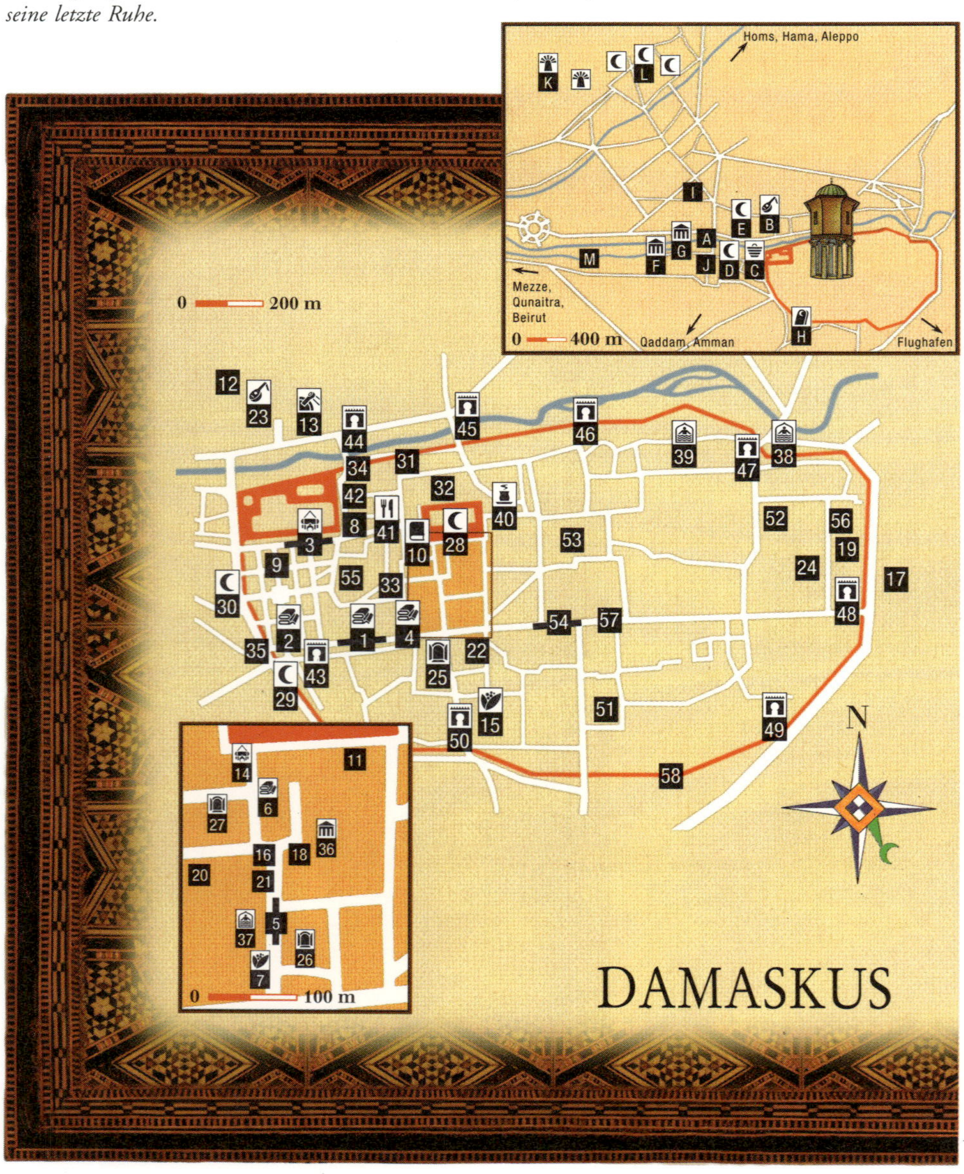


**DAMASKUS – EINE ÜBERSICHT**

MÄRKTE: ***A*** *Kunsthandwerk-Suq (u. a. Glasbläserei) in der ehemaligen Karawanserei el-Selimiyeh,* ***B*** *Suq Suruiyeh (Waren aller Art, Lauten-Bauer),* ***C*** *Lebensmittelmarkt.* MOSCHEEN: ***D*** *Tingiz* ***E*** *Yelbogha.* MUSEEN: ***F*** *Nationalmuseum,* ***G*** *Militärmuseum.* SONSTIGES: ***H*** *Friedhof Bab Saghir (mit Fatima-Grab),* ***I*** *Parlament,* ***J*** *Hedschas-Bahnhof,* ***K*** *Dschabal Qasyun,* ***L*** *Salihiyeh,* ***M*** *Fluß Barada*

**DIE ALTSTADT**

EINZELMÄRKTE: ***1*** *Suq Midhat Pascha (Textilien, Wolle),* ***2*** *el-Kumeileh (Second Hand-Textilien),* ***3*** *al-Hamidiyeh (Textilien, Schmuck),* ***4*** *al-Hayyatin (Textilien, Schneider),* ***5*** *el-Bzouriyeh (Süßwaren),* ***6*** *an-Niswan („Frauensuq“/Schmuck, Stoffe, Kleider),* ***7*** *al-Attarin (Parfums, Gewürze),* ***8*** *al-Asrounieh (Haushaltswaren),* ***9*** *al-Arrawan (Möbel, „Flohmarkt“),* ***10*** *al-Miskiyeh (Bücher),* ***11*** *al-Abbabiyeh (Holzwaren),* ***12*** *al-Chunja (ehemal. Pilgermarkt vor der Zitadelle; Waren aller Art, Lederaccessoires),* ***13*** *al-Nahassin (Kupferwaren, Leder),* ***14*** *as-Sagha (Goldschmuck),* ***15*** *Schagour-Viertel (Getreide & Gewürze en gros).* SPEZ. WERKSTÄTTEN & LÄDEN: ***16*** *Dr. Mounif O. Aidi (Volksapotheke),* ***17*** *Abu Ahmed (Glasbläserei),* ***18*** *Dahdoub (Antiquitäten),* ***19*** *Khalil Daye (Antiquitäten),* ***20*** *Azem School (Antiquitäten),* ***21*** *Ghraoui (Confiserie),* ***22*** *Daud Kahale (Schwerter),* ***23*** *Oud-(Lauten-)bauer,* ***24*** *div. Holzintarsien (Hananiyeh-Straße).* KARAWANSEREIEN: ***25*** *Khan Sulayman Pascha,* ***26*** *Khan Asaad Pascha,* ***27*** *Khan al-Harir.* MOSCHEEN: ***28*** *Omajjaden-Moschee,* ***29*** *Sinan-Pascha,* ***30*** *Derwisch-Pascha.* KORANSCHULEN & MAUSOLEEN: ***31*** *Zahiriya (Baibars-Grab),* ***32*** *Saladin-Grab,* ***33*** *an-Nuriya,* ***34*** *Adiliya,* ***35*** *Sibaiya.* MUSEEN: ***36*** *Kunsthandwerks-Museum (Azem-Palast).* BÄDER: ***37*** *Nuredin,* ***38*** *as-Saher,* ***39*** *Bakri.* TEE- & KAFFEEHÄUSER: ***40*** *Noufara.* RESTAURANTS: ***41*** *Abul Ez,* ***42*** *Old Damascus.* STADTTORE: ***43*** *al-Dschabiyeh,* ***44*** *al-Faradsch,* ***45*** *al-Faradis,* ***46*** *as-Salam,* ***47*** *Touma,* ***48*** *Scharqi,* ***49*** *Kaysan,* ***50*** *as-Saghir.* SONSTIGES: ***51*** *Haret al-Yahoud (jüdisches Viertel),* ***52*** *Bab Touma (christliches Viertel),* ***53*** *Qaimariyeh-Viertel,* ***54*** *Midhat Pascha/Bab Scharqi-Straße (ehem. Gerade Straße/Via Recta),* ***55*** *Bimaristan Nuredin (altes Spital),* ***56*** *Ananias-Kapelle,* ***57*** *römischer Torbogen,* ***58*** *Stadtmauer.*

RAHMENDEKOR: *Damaszener Holzmosaik auf einer Schmuckschatulle;* ILLUSTRATION: *Schatzhaus im Hof der Omajjadenmoschee*

Allgemeine Zeichenerklärung siehe Seite 146

Hinzu kommt die religiöse Bedeutung des Ortes: *Asch-Scham* gilt – nach Mekka, Medina, Jerusalem (und gemeinsam mit Kairouan) – in der sunnitischen Überlieferung als viertheiligste Stadt des Islam. Hier wurden – angeblich – Abraham geboren und Moses begraben. Hier hat sich Saulus zu Paulus gewandelt. In einer Höhle des Hausberges *Dschebel Qasyun* soll der Erzengel Gabriel erschienen sein, in einer anderen die heilige Maria Zuflucht gefunden haben. Im nahen Vorort *Salihiyeh* stehen die Mausoleen mehrerer enger Gefährten des Propheten Mohammed. In der Freitagsmoschee ruht das Haupt Johannes des Täufers, und an derem ältesten, dem sogenannten „Weißen" Minarett, wird, so ist es verkündet, am Ende der Zeiten Jesus herabsteigen um *ad-Daddschal*, den Antichrist, zu töten.

Zum Teil verdankt die Stadt ihre „Heiligkeit" wohl auch der außergewöhnlichen Gunst ihrer Lage: Sie ist von einem riesigen, schattig-kühlen Oasenhain, der *Ghuta*, umgeben und durch den Fluß *Barada* das ganze Jahr über mit frischem Wasser aus dem Antilibanon versorgt. Nicht ohne Grund wurde Damaskus von den Dichtern als *al-Fayha*, „die Duftende", als „Diamant der Wüste", „Braut der Erde" und „Mutter aller Städte" gerühmt und in alten Quellen immer wieder mit dem Garten Eden gleichgesetzt. Schließlich soll sich ja Mohammed selbst, als er auf einer seiner Handelsreisen den heutigen Vorort *Qaddam* erreichte, beim Anblick der Obstgärten und Kanäle geweigert haben, weiterzugehen, um nicht vor dem himmlischen Paradies ein anderes, ein irdisches zu betreten.

*Zu den prächtigsten Handelsbauten der islamischen Welt gehört der – kürzlich generalrenovierte – Khan Asaad Pascha (unten). Sein quadratischer Hof ist durch vier Pfeiler in neun überkuppelte Räume unterteilt. Oben: ein Prunksaal des Azem-Palast (siehe auch folgende Seite).*

Die ungemein vielschichtige Vergangenheit läßt sich an der gegenwärtigen Baustruktur der Stadt und ihren Suqs noch gut ablesen. Wo sich seit dem frühen 8. Jahrhundert die Omajjaden-Moschee mit ihren einzigartigen goldenen Mosaiken erhebt, hatten – das gut erhaltene Westtor und die monumentale Umfassungsmauer in der Südwestecke zeugen davon – bereits die Römer ihren Jupitertempel. Die Reste des frühislamischen Festungsgürtels und die heutigen acht Tore decken sich mit dem Stadtplan der Antike. Nicht geändert hat sich auch der Verlauf des zentralen Einkaufsboulevards aus der Römerzeit – der *Via Recta* oder „Geraden Straße". Sie ist zwar keine 26 Meter mehr breit und statt von Säulenarkaden, Amphitheater und Gouverneurs-Palast von Gewerbe- und Handelsbetrieben gesäumt. Auch heißt sie nunmehr *Midhat Pascha*, beziehungsweise *Bab Scharqi*-Straße und ist in ihrem westlichen Bereich in zwei parallele Gassen, einen Textil- und einen Wollmarkt, gespalten. Aber sie durchschneidet immer noch auf einer Länge von über einem Kilometer in west-östlicher Richtung die gesamte Altstadt, und verleiht deren Straßenraster eine antike Rechtwinkeligkeit.

Das eigentliche Marktzentrum verlagerte sich freilich schon im Mittelalter in die Umgebung der Zitadelle. Den Anfang hatten zunächst Pferdehändler gemacht. Unter den Mamelucken gesellten sich Waffenschmiede, Tuch- und Kleidermacher hinzu – Vertreter jener Gewerbe, deren Kundenstock sich aus dem nebenan stationierten Militär rekrutierte.

In der zweiten Hälfte des vorigen Jahrhunderts wurde der westliche Basarbezirk dann radikal modernisiert. Seine Hauptachse, der 500 Meter lange *Suq al-Hamidiyeh*, erhielt zu beiden Seiten Ladenzeilen mit Schaufenstern und Metallportalen, ein durchgehendes Obergeschoß für Werkstätten und Büros, und 1873 jenes Dach aus Stahltraversen und Wellblech, das die Syrer so gerne mit der im selben Jahr fertiggestellten Galleria Vittorio Emanuele in Mailand vergleichen. Der Architektur entspricht seither auch das Produktangebot: Zu Füßen der Zitadelle decken vornehmlich Touristen und die ländliche Bevölkerung ihren Bedarf an Souvenirkitsch und Konfektionskleidern, Billigschmuck und Kunststoffwaren. Eine Ausnahme bildet nur der *Suq al-Miskiyeh*, der Bücherbasar, am östlichen Ende der Straße, wo vor allem an Freitagnachmittagen Akademiker, Studenten und Imame in den politischen Schriften, Romanen und Koranen stöbern.

Die traditionelleren Branchen und auch die meisten alten, prachtvollen Karawansereien findet man in den Quergäßchen zwischen Hamidiyeh und Midhat Pascha. Im *Suq el-Bzouriyeh* zum Beispiel hat noch eine Volksapotheke geöffnet, wo heilkundige Alte die seltensten Substanzen für ihre mysteriösen Mixturen bekommen. In der altehrwürdigen *Confiserie Ghraoui*, gleich nebenan, werden in verstaubten, verspiegelten Vitrinen noch selbstproduzierte, sündhaft süße Schokoladen, Bonbons und kandierte Früchte angeboten, und davor, auf der Straße aus Säcken *Mlebbas* (Zuckermandeln) an die Passanten verteilt. Bei den benachbarten Parfumeuren lassen sich zwischen den Metallbehältern für die synthetischen Duftstoffe hie und da noch Fläschchen mit echtem Rosenwasser aus dem Vorort *Mezze* entdecken. Drei Familien sind dem wohl berühmtesten Damaszener Handwerk, der Schwertherstellung treu geblieben (wobei nur mehr eine die wirklich wertvollen, alten Schwerter zu reparieren weiß). Und ein letzter betagter Mann webt, in der ehemaligen *Azem*-Koranschule an einem hölzernen Handwebstuhl sitzend, gelegentlich noch den legendären Seidenbrokat.

Auch außerhalb des zentralen Marktareals stemmen sich noch manche Handwerker gegen die Lawine der industriellen Massenware: Unter den paar hundert Bewohnern des jüdischen Viertels (*Harat al-Yahud*), die bisher trotz der 1992 erlangten offiziellen Erlaubnis zur Emigration geblieben sind, erzeugen noch einige wenige die typischen, gerippten, mit Silber und Messing tauschierten Kupfergefäße. In *Bab Touma*, dem Christenviertel, werden nach wie vor Holzschatullen mit bunten Furniermosaiken, Truhen, Stühle, Kaffeetischchen und Koranständer mit hauchdünnen Perlmuttscheibchen belegt. Nicht weit vom *Bab Scharqi* und neben der *Teqqiyeh*, dem von Sinan erbauten Derwischkloster, blasen zwei Meister noch mit Hilfe langer Rohre Gläser. Und drei Kilometer außerhalb der Stadt, an der Straße nach Homs, meißeln Steinmetzen bis

*Moslems erachten die Omajjaden-Moschee, nach Mekka, Medina und dem Jerusalemer Felsendom, als viertheiligsten Ort der Welt. Die Hauptfassaden ihres Innenhofs – oben: ein Arkadengang – sind mit prachtvollen Mosaiken verkleidet, wie sie auch das achteckige Schatzhaus (unten) zieren. Der Azem-Palast aus der Mitte des 18. Jahrhunderts (linke Seite) bildet in Ausmaß und Ausstattung den Höhepunkt der damaszener Hausarchitektur.*

heute aus verschiedenfärbigen Marmorblöcken die Puzzlestücke für die traditionellen Steinintarsien. Wer allerdings eine Vorstellung von der Güte der Erzeugnisse aus der Hochblüte des damaszenischen Kunsthandwerks bekommen möchte, aus jener Epoche, als hiesige Künstler den Tadsch Mahal, die Paläste und Moscheen von Konstantinopel, Isfahan und Samarkand mitausstatteten, sollte den Palast des ehemaligen osmanischen Gouverneurs Asaad el-Azem besuchen. Hier ist seit 1952 das reich bestückte „Nationalmuseum für syrische Kunst und Volkstraditionen" untergebracht.

*Sonnenuntergang über dem Libanon-Gebirge beziehungsweise dem Hausberg der Stadt, dem Dschabal Qasyun. Zu dieser Stunde verspricht der Einkauf im Basar besonders günstig zu verlaufen, denn ein ungeschriebenes Händlergesetz besagt, daß der letzte Kunde des Tages besonderen Rabatt zu erhalten hat. Oben: der Kleidermarkt am westlichen Ende des Suq Midhat Pascha.*

حلب

# ALEPPO

Es gibt, vor allem im Vorderen Orient, viele Städte, die den Anspruch erheben, zu den „ältesten, kontinuierlich besiedelten der Welt" zu zählen. Aber es gibt nur ganz wenige, die dafür so gute Gründe haben wie Aleppo. Die Archäologen meinen, daß sich auf demselben steilen Felsen, auf dem heute die Zitadelle der Stadt steht, bereits spätestens im vierten vorchristlichen Jahrtausend eine befestigte Siedlung befand. Um 1800, also etwa tausend Jahre vor der Gründung von Rom und Byzanz, ist daraus, so belegen es Urkunden, schon die Residenzstadt eines eigenständigen Königreichs geworden. Sie erhielt jenen Namen, den sie im Arabischen bis heute hat: *Halab*. Ihre exponierte Lage auf dem strategisch wertvollen Burgberg, im Grenzbereich mehrerer Großreiche, bescherte der Stadt eine überaus turbulente Jugend. Abwechselnd von den Hurritern und Hethitern, später von den Assyrern, Persern und Seleukiden erobert, halbzerstört und wiederaufgebaut, kam sie erst unter den Römern ein wenig zur Ruhe. Diesen verdankt sie nicht nur den streng rechtwinkeligen Grundriß, der noch im ge-

*Ein Symbol der Uneinnehmbarkeit: die Zitadelle von Aleppo. Sie wurde Anfang des 13. Jahrhunderts von Sultan Ghazi, Saladins Sohn, erbaut und mit Ausnahme der Mongolen von niemandem erstürmt. Auf dem 55 m hohen Hügel findet sich ein Potpourri aus Ruinen aller Epochen – unter anderem jenes ajjubidische Portal mit den für die syrische Steinmetzkunst so typischen Farbkontrasten.*

Sowohl im Bautypus als auch in der Ausstattung hat die Omajjaden-Moschee von Aleppo (im Bild: der Innenhof) ihre Namensvetterin aus Damaskus zum großen Vorbild. Doch aufgrund massiver Zerstörungen im 12. und 13. Jahrhundert erfuhr ihre ursprüngliche Konzeption zur Zeit der Mamelucken maßgebliche Änderungen.

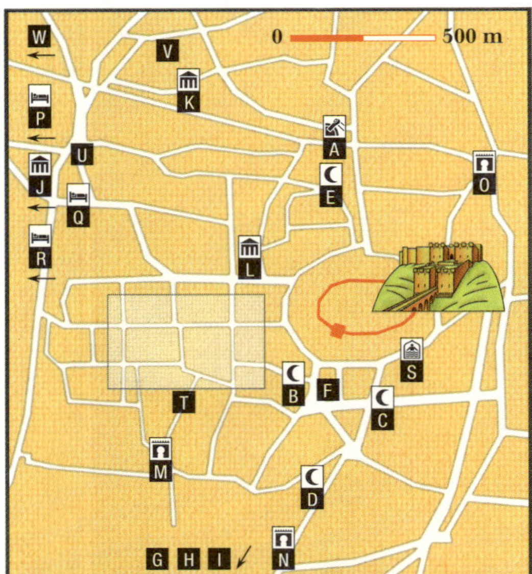


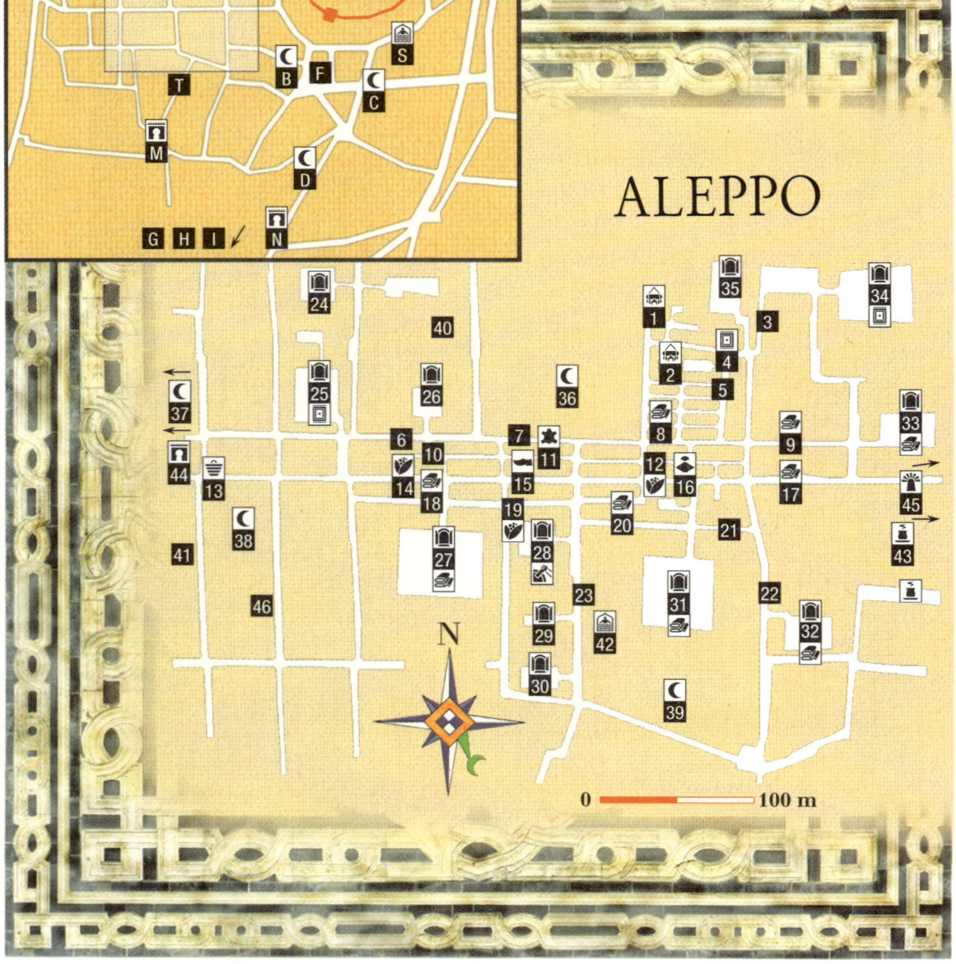


genwärtigen Stadtplan durchschimmert, sondern auch eine Phase des Wohlstands und den Bau der ersten, ausgedehnten Marktanlage, bestehend aus Kolonnadenstraßen und einer *agora.*

Nach der arabischen Eroberung errichteten die Omajjaden auf dieser Agora ihre Große Moschee, und gleich daneben jene Kaufhallen (*qaiseriyat*), die noch Ibn Battuta sechs Jahrhunderte später als „die schönsten und größten, die er je gesehen hat", beschreiben wird. Die frühen Jahrhunderte unter dem Islam verliefen für Halab zwar nicht gerade ereignislos – Zerstörungen (etwa 962 durch den Byzantiner Nikephoras Phokas) und kurze kulturelle Blüten (zum Beispiel von 945 bis 962 unter dem Hamdaniden Saif ad-Dawlah) wechselten einander ständig ab. Alles in allem versackte die Stadt aber in Provinzialität. Erst Nuredin und Saladin, die beiden legendären Gegenspieler der Kreuzritter, sowie Saladins Sohn, der Ajjubiden-Sultan Ghazi, verhalfen ihr zu neuer Größe. Sie bauten die Zitadelle zu einem beispiellosen Festungswerk samt Burggräben, Glacis und einer prächtigen Residenzstadt aus, gründeten Koranschulen und Sufi-Konvente, und kurbelten Handel und Gewerbe an, indem sie die Suqs erweiterten und den Venezianern vertraglich das Recht einräumten, in „Aleppo" – so die italienisierte Form von Halab – eine Niederlassung zu unterhalten.

ALEPPO – EINE ÜBERSICHT

MÄRKTE: *A Suq al-Nahassin (Kupfer- & Messing).* MOSCHEEN: *B Chosrowiye, C Utrush, D Tawaschi, E Osman Pascha.* KORANSCHULEN: *F Sultaniya, G Firdaus, H Zahiriya, I Kamiliya.* MUSEEN: *J Nationalmuseum, K Folkloremuseum (Haus Achikbache), L für Kunst und Volkstradition.* STADTTORE: *M Qinnesrine, N Maquam, O al-Hadid.* HOTELS: *P Baron, Q Amir Palace, R Chahba Cham Palace.* BÄDER: *S Hammam al Nasri (ehem. Lababidiya).* SONSTIGES: *T Maristan Arghub (altes Spital), U Uhrturm, V Dscheideh (christl. Viertel), W Stadtpark.*

ALEPPO – DIE ZENTRALEN SUQS

EINZELMÄRKTE: *1 Suq al-Dschedid („Der Neue"/Gold & Silber), 2 Stambul (Gold & Silber), 3 as-Sabun (Seifen), 4 al-Haradsch (Teppiche), 5 al-Wazir (Tischdecken), 6 ad-Dschunfas (Kamelhaar-Säcke), 7 al-Hibal (Seile), 8 at-Tabusch (Damenkleider), 9 al-Ibi (Stoffe, Winterkleidung), 10 al-Haur (Brennholz), 11 al-Itaqiya (Leder), 12 ad-Dra (Korn), 13 al-Bahramiya (Lebensmittel), 14 as-Saqatiya, 15 al-Batiya (Schuhe), 16 al-Attarin (Parfums), 17 az-Zarb (Stoffe, Hüte, Baumwolle), 18 al-Gumruk (Rohseide, Baumwolle), 19 al-Han (Henna), 20 ad-Dschuh (Tuch), 21 al-Hammam (Badeutensilien), 22 al-Qutn (Baumwolle), 23 al-Mahmas (Kerne, Pistazien).* KARAWANSEREIEN: *24 al-Harir (Seide), 25 al-Quasabia (Teppiche, Kelim), 26 al-Hibal (Seile), 27 al-Gumruk (Baumwolle & Seide), 28 al-Nahassin (Kupfer), 29 al-Burghul (Weizenschrot), 30 al-Abasi (Pistazien), 31 al-Alabiya (Winterkleidung), 32 al-Farrayin (Wolle), 33 Hair Bak (Kopftücher), 34 al-Wazir (Kunsthandwerk, Teppiche), 35 as-Sabun (Seife).* MOSCHEEN: *36 Omajjaden, 37 Maulbeerbaum, 38 al-Bahramiye, 39 Adiliye.* KORANSCHULEN: *40 Hallawiye, 41 Moqadamiye.* BÄDER: *42 Hammam Nahassin.* TEE- & KAFFEEHÄUSER: *43 al-Ahram & al-Attar.* SONSTIGES: *44 Bab Antakiye (Stadttor), 45 Zitadelle, 46 Bimaristan Nuredin (altes Spital).*

RAHMENDEKOR: *Steinornament am Portal der Omajjadenmoschee;* ILLUSTRATION: *Zitadelle.*

Allgemeine Zeichenerklärung siehe Seite 146

Zweimal, 1260 und 1400, fielen die Mongolen in Nordsyrien ein und verwüsteten die Stadt. Auch von verheerenden Erdbeben, Seuchen und inneren Unruhen wurde sie heimgesucht. Doch im 15. Jahrhundert zeichnete sich unter den neuen mameluckischen Herren ein endgültiger ökonomischer Aufschwung ab. Antiochia, in dessen Schatten Aleppo seit der Antike gestanden ist, wurde von den Truppen Baibars dem Erdboden gleich gemacht. Auch das „kleinarmenische" Reich von Kilikien und die Faktoreien der Genuesen am Schwarzen Meer – beide kurz zuvor noch wichtige Stationen für den Handel zwischen Europa und Persien – existierten zu dieser Zeit nicht mehr. Der zentrale Anlaufpunkt für die Karawanen aus Ost und West hieß nunmehr Aleppo. Binnen weniger Generationen wuchs seine Bevölkerung auf fast 300.000. Neue Vorstädte, neue Märkte und die ersten großen Khane entstanden. Und am Fuß der Zitadelle wurde für die zum Schutz der Handelsstraßen verstärkten Garnisonen ein weitläufiger Platz zum Exerzieren angelegt.

Nach der Schlacht von Dabiq (1516) fiel ganz Syrien an die Osmanen. Aleppo wurde zur Hauptstadt eines *wilayat*, einer Reichsprovinz, und bald, trotz massiver Besteuerung, zum wichtigsten Handelsplatz der Levante. Die politische Stabilität des neuen Imperiums und die Erleichterungen im Warenverkehr (schließlich sind viele Grenzen verschwunden und Währungen vereinheitlicht) riefen rasch die europäischen Handelsmächte auf den Plan. Die Pioniere, diesmal auf diplomatischem Gebiet, waren wiederum die Venezianer: Sie eröffneten 1548 eine Vertretung.

Die Hochkonjunktur ging auch an den altehrwürdigen Suqs nicht spurlos vorüber. Irgendwann während des 15. oder frühen 16. Jahrhunderts – so genau ist das nicht mehr feststellbar – wurden ihre Dachkonstruktionen aus Holz durch jene steinernen Kuppeln, Tonnen- und Kreuzgratgewölbe ersetzt, die noch heute Händler und Kunden vor Hitze, Kälte und Regen schützen. Stolzeste Zeugnisse dieser neuen Prosperität waren allerdings die monumentalen Baukomplexe, die damals südlich der Hauptachse des Markts entstanden. Meist von Staatsbeamten in Form religiöser Stiftungen finanziert (die anfallenden Kosten überstiegen offenbar die Budgets sowohl der Zünfte als auch der reichsten Einzelkaufleute), umfaßten solche Komplexe für gewöhnlich mehrere Brunnen, Khane, Märkte und Moscheen.

Natürlich war die Stadt gegen empfindliche Rückschläge nicht gefeit: Die Entdeckung des Seewegs nach Indien, der Aufstieg der Konkurrenzstadt Izmir, später dann der Bau des Suezkanals – all dies

*Die Altstadt von Esch-Scheba, der „Grauen", im Abendlicht: 700 Jahre lang, von der Kreuzfahrerzeit bis zum Ende des Osmanischen Reiches, lag sie am Kreuzungspunkt mehrerer transkontinentaler Fernhandelswege. Ihre insgesamt zwölf Kilometer langen, durchgehend überdachten Suqs bilden gemeinsam den größten Basar der Welt. Dessen wichtigster Wirtschaftssektor ist nach wie vor das Textilgewerbe.*

zog Umsatzeinbußen nach sich. Auch innenpolitische Krisen, etwa die Kämpfe zwischen den lokalen Fraktionen der Janitscharen und Ashraf, oder der türkisch-russische Krieg waren dem Geschäft alles andere als zuträglich. Außerdem war Aleppo so eng mit dem globalen Wirtschaftsgeschehen verknüpft, daß eine Sperre der Seewege über das Mittelmeer, wie sie zum Beispiel während des napoleonischen Kriegs erfolgte, ja, daß selbst eine schlechte Kaffeeernte im Jemen, ein Goldrausch in Kalifornien oder das Ausbleiben des Monsuns in Indien die Geschäfte negativ beeinflußten. Doch all solchen Widrigkeiten zum Trotz gelang es Aleppo, während der vier osmanischen Jahrhunderte seine Stellung als eine der großen Schaltzentralen des Welthandels zu halten.

Die Gründe für diesen Erfolg? Sie sind vielfältig. Ein Grund ist sicherlich die geographische Lage: Vor seinen Toren, wo das fruchtbare, hügelige Küstengebiet in die karge, ebene Steppe übergeht, verläuft seit jeher die Grenze zwischen dem Siedlungsraum der Bauern und dem Weideland der Nomaden. Wo, wenn nicht hier, sollten die Feldfrüchte der einen gegen die Handelsgüter der anderen getauscht werden? Und großräumiger gedacht: Wo, wenn nicht genau hier, auf halbem Weg zwischen der Mittelmeerküste und jener Stelle bei Meskene, wo der Euphrat dieser am nächsten kommt, sollten transkontinentale Karawanen Station machen? Aleppo bildet das perfekte Scharnier zwischen der abendländisch-mediterranen und der islamisch-vorderasiatischen Welt!

Ein zweiter Grund ist die Fruchtbarkeit seiner weiteren Umgebung. Vor allem der regenreiche Nordwesten ist übersät mit Weingärten, Getreide- und Melonenfeldern, mit Mandel-, Feigen- und Pistazienplantagen. Ausgedehnte Olivenhaine nähren seit dem Mittelalter eine florierende lokale Seifenindustrie. Und die Herstellung von Baumwolle, Wolle und Seidenstoffen im großen Stil macht die Stadt schon früh zu dem, was sie noch heute ist – zum Zentrum des syrischen Textilgewerbes. Dazu kommt die Mentalität ihrer Einwohner: Die Aleppiner waren während der ganzen Neuzeit stets viel zu sehr Weltbürger und Unternehmer, um sich allzusehr in der Politik zu engagieren. Auch religiösen und nationalen Fanatismus oder gar Feindlichkeit gegenüber Fremden entwickelten sie – mit ganz wenigen Ausnahmen – nicht. Im Gegenteil: Ob Grie-

*Aleppo ist, ähnlich wie Nablus, berühmt für die Herstellung von Olivenseife. Die größte Fabrik befindet sich heute in der ehemaligen Residenz des französischen Gouverneurs. In deren Keller werden in riesigen Kesseln Wasser, Soda und Olivenöl zum Sieden gebracht. Der so entstandene Seifenleim wird in große, flache Becken gepumpt und, nachdem er abgekühlt und erhärtet ist, mit einer Art Egge, der zwei Kinder zusätzliches Gewicht verleihen, in Stücke geschnitten. Die fertigen Seifen bekommen das Firmenemblem verpaßt. Schließlich werden sie zu Türmen geschichtet, um mehrere Monate lang endgültig zu trocknen. Tagesproduktion: sechs Tonnen, das sind 25.000 Stück.*

*Linke Seite: das über 700 Jahre alte Hammam Nahassin, eine der schönsten Badeanlagen der Stadt.*

chen, Araber oder Armenier, Iraker, Iraner oder Inder – jedes Händlervolk war in dieser Metropole mit einer Kolonie vertreten. Zu besonderem Ansehen und auch Wohlstand gelangten die Christen und, in geringerem Maße, die Juden: Beide Minderheiten machten sich als Mittler zwischen Europäern, Einheimischen und türkischen Behörden verdient.

*Attraktion für Einheimische und Touristen: Derwischtänze, aufgeführt im Hof des Bimaristan Nuredin, des alten Hospitals. Rechts: der Suq ad-Dschuh, der Markt für Tuche.*

Wohl wegen ihrer Tüchtigkeit wird den Aleppinern gerne nachgesagt, den feinen und geistigen Dingen eher abhold zu sein. Bei oberflächlicher Betrachtung ist man geneigt, dieses (Vor-)Urteil zu bestätigen. *Esch-Scheba*, die „Graue", wie Aleppo wegen des fahlen Kalksteins, aus dem es gebaut ist, genannt wird, sieht nicht gerade aus wie eine Stadt der Musen. Ihr eintöniges Häusermeer ist eingebettet in kahle, ockerfarbene Hügel, oft in Staub gehüllt und in den langen Sommern gnadenlos heiß. An ihren Rändern wuchern riesige Fabriken und Kasernen. Ihr historisches Zentrum hat seit dem Zweiten Weltkrieg stark unter Sanierungen und neuen Straßenbauten gelitten. Sieht man von der Zitadelle ab, verfügt sie kaum über im touristischen Sinne „große" Sehenswürdigkeiten.

Und in ihren Werkstätten wird, zumindest verglichen mit Damaskus, wenig wirklich erstklassiges Kunsthandwerk produziert.

Wenn diese Stadt aber tatsächlich so nüchtern ist wie ihr Ruf, wieso kann man dann bei ihrer genaueren Erkundung so viele überaus idyllische Plätze entdecken? Plätze wie das schattige *Café Attar* vor dem Eingang zur Burg oder die beiden jahrhundertealten Bäder *Al-Nasri* und *Al-Nahassin?* Wieso wurden dann so prunkvolle Paläste gebaut, wie jene in *Dschedeideh*, dem Viertel der Christen? Wieso vollführen nach wie vor im Innenhof des mittelalterlichen *Arghun*-Spitals spätabends Sufis zur Erbauung auserwählter Gäste Dreh- und Schwerttänze? Und wieso existiert noch ein auf so wunderbar noble Weise heruntergekommenes Kolonialhotel wie das „Baron"?

Vor allem aber: Wieso schlagen dann die meisten Engros-Händler ihre Waren nicht längst schon in modernen Terminals, sondern immer noch in den altehrwürdigen osmanischen Khanen um? Vielleicht, weil sie genau wissen, was sie verlieren würden, wenn sie den, dank seiner zwölf(!) Kilometer langen, überdachten Gassen größten Basar der Welt verließen?!

اسطنبول

# ISTANBUL

Ob unter persischen oder römischen Herren, unter Makedoniern, Griechen, Kreuzfahrern oder Osmanen, ob als Byzanz, Konstantinopel oder Istanbul – die 2500jährige Stadt am Goldenen Horn war seit den Anfängen ihrer wechselhaften Geschichte stets eines der wichtigsten Handelszentren der Welt: „Welch primitive Waren man in den Wäldern der Deutschen und Skythen auch zusammentrug, welch Kostbarkeiten auch immer durch die Geschicklichkeit der Europäer oder Asiaten hergestellt wurden – alles“, so konstatierte der britische Altertumsexperte Edward Gibbon, „landete bereits in der Spätantike am Bosporus.“ Der spanische Gesandte Ruy Gonzalez de Clavijo, 1403 auf dem Weg nach Samarkand in der byzantinischen Hauptstadt zu Gast, erwähnte in seinem Expeditionsbericht neben etlichen Kunstdenkmälern auch „die vielen Ladenstraßen und Warenhäuser“. Ein halbes Jahrhundert zuvor beschrieb Ibn Battuta, der größte aller arabischen Reisenden des Mittelalters, „Märkte, in denen jedes Handwerk über einen eigenen Bezirk verfügt, der über Nacht mit Toren verschlossen wird“. Und in den Chroniken mehrerer Lokalhistoriker finden sich Hinweise auf Hallen, die verschiedenen Zünften als Werkstätten und Lager dienten.

So erwiesen die Existenz großer Handelsanlagen in früheren Epochen ist, so ungeklärt blieb jedoch bis heute ihr Standort. Lagen sie, wie manche Stadttopographen behaupten, unten am Hafen gegenüber von *Galata*, dem Genuesen-Bezirk? Säumten sie die säulenbestandene alte Hauptstraße, die Vorläuferin des *Divan Yolu?* Oder befanden sie sich gar, wie das byzantinische Steinrelief eines Adlers über dem Osttor des Alten Marktes lange Zeit glauben machte, an derselben Stelle wie der heutige Große Basar?

Fest steht, daß nach der Eroberung der Stadt durch die Osmanen (1453) auch ökonomisch neue Zeiten anbrachen. Mit einemmal war die alte Metropole Mittelpunkt eines Weltreichs, das bald von den Ausläufern der Alpen bis in die Arabische Wüste, vom Atlas bis zum Asowschen Meer reichen sollte. Um dem plötzlichen Aufschwung der Wirtschaft gerecht zu werden, ordnete Sultan Mehmet II. der Eroberer 1461 den Bau eines *bedesten* an. Als Vorbilder dienten die großen Handelshallen in den früheren osmanischen Hauptstädten *Edirne* und *Bursa.* Dieser Innere *(Ic)* oder Schmuck *(Cevahir)*-Bedesten, bis heute eine der Herzkammern des Basars, bedeckt eine Fläche von gut 1300 m² und ist von 15 großen und acht kleineren Kuppeln bekrönt. Seine Mauern umfaßten ursprünglich 44 Läden *(mahzen)*, in denen man besonders wertvolle Waren wie Samte, Seiden, Waffen und Edelsteine feilbot, und Ersparnisse sowie Wertgegenstände der Bevölkerung aufbewahrte. Sie sind, wie es sich für solch einen steinernen Tresor geziemt, über eineinhalb Meter dick und auf allen vier Seiten mit mächtigen Eisentoren versehen. Gegen Ende seiner Herrschaft ließ Mehmet einen zweiten, den *Sandal-Bedesten* bauen. Er ist nach einem besonders feinen, in Bursa produzierten Seidensatin benannt. Sein Dach besteht aus zwanzig ziegelroten, von massiven Pfeilern gestützten Kuppeln. Er hat annähernd die Größe seines älteren Gegenstücks und beherbergte vorwiegend Textilienhändler. Rund um diese Urzellen wuchs in kurzer Zeit ein Geflecht von über sechzig mehr oder minder rechtwinkeligen Ladenstraßen, und drumherum ein Ring von etwa dreißig Karawansereien. Der insgesamt 32 ha große Gebäudekomplex galt bald in aller Welt als Musterbeispiel eines wohlorganisierten Basars: *Kapali Carsi*, „gedeckter Markt“.

Über 400 Jahre lang barg diese Schatztruhe einen märchenhaften Mikrokosmos, in dem sich der unermeßliche Reichtum des Vielvölkerstaates widerspiegelte, in dem die Zeit langsamer als draußen in der Welt verging und eine außergewöhnliche Friedsamkeit herrschte. Die Händler saßen in ihren Verkaufsnischen, den *dolaps* – ober sich eine Art Kastentür, die sie zur Sperrstunde einfach herunterklappten, hinter sich ein offenes Regal mit der ge-

*Im Misir Carsisi, dem Ägyptischen Basar am Goldenen Horn (links), bietet man noch heute hauptsächlich Kräuter, Gewürze und Trockenfrüchte feil. Er wurde 1660 von Hatice Sultan, der Mutter Mehmets IV., an der Stelle der alten Markthallen der Venezianer erbaut und lange Zeit – deshalb der Name – vorwiegend mit Importware aus Kairo versorgt. Istanbuls zentraler Basar, der Kapali Carsi, erlebte nach dem großen Feuer von 1954 eine gnadenlose „Modernisierung“. Damals wurden die letzten Bänke und Vitrinen aus Holz beseitigt, Wände und Bögen mit schnödem Mörtel getüncht, und Portale aus Glas und Aluminium eingesetzt. Zumindest die ärgsten Auswüchse wie Neon- und Plexiglas-Schilder wurden in den achtziger Jahren wieder entfernt. Und die Gewölbe erhielten wieder ihren alten, farbenfrohen Putz (unten).*

*Der Kapali Carsi, der „gedeckte Markt", aus der Perspektive des Muezzin der Nuru Osmaniye-Moschee gesehen: Als Stadt in der Stadt umfaßt er auf rund vierzig Hektar Banken und Bäder, Werkstätten und Gräber, Bet-, Kaffee- und Teehäuser sowie über 4.000 Läden. Etwa eine halbe Million Menschen strömen täglich durch seine 18 Tore. In der Bildmitte und am unteren Rand gut zu erkennen sind Sandal- sowie Ic-Bedesten.*
*Rechte Seite: einer der scheinbar unzähligen Tuch- und Lederwarenhändler.*

stapelten Ware, vor sich ein kleines Kistchen mit ausgewählten Kostbarkeiten, dazwischen einen Freiraum für Waschung und Gebet. Sie lasen im Koran oder sogen an der Wasserpfeife. Es gab keine Wächter. Auch rief niemand Preise aus oder feilschte. Die Kunden konnten unbehelligt gustieren und kaufen. Für Unruhe sorgten höchstens die Warnrufe eines *hammal* – des von seiner lebenslangen Last gebeugten Trägers – oder eines Karawanenführers, der seine schwerbepackten Pferde oder Kamele durch die Menge trieb. Diskretion und Idylle hatten ihre Entsprechung im Baulichen: Es gab weder Auslagen noch Vitrinen, auch keine Schriftzüge oder gar Werbeschilder. Dezente Wandmalereien waren der einzige Schmuck. Das dicke Gemäuer sorgte im Sommer für Kühle und im Winter für Wärme. In den angrenzenden Gäßchen spendeten Bäume Schatten, rankten sich Passionsblumen und wilder Wein.
Von den Wechselfällen der Politik blieb die Bausubstanz des Basars sonderbarerweise viele Generationen lang verschont. Die Chronik verzeichnet weder mutwillige Verwüstungen noch gröbere Diebereien. Lediglich Naturkatastrophen, vor allem Brände, unterbrachen die Ereignislosigkeit: Allerdings wüteten sie ebenso häufig wie heftig, was kaum verwundert, waren doch die meisten Gebäude aus Angst vor Erdbeben und wohl auch ein bißchen aus der alten tür-

**ISTANBUL – DIE ALTSTADT IM ÜBERBLICK**

BASARE UND MÄRKTE: *A Großer Basar (Kapali Carsi), B Ägyptischer od. Gewürzbasar (Misir Carsisi), C Künstler-Markt (Cedid Mehmet Efendi Medresesi), D Basar für Kunst & Kunsthandwerk (Soguk Cesme Medresesi), E Trödelmarkt (Külliye Beyazit).* MOSCHEEN: *F Süleymaniye Camii, G Hagia Sophia (Ayasofya Camii, seit 1934 Museum), H Blaue Moschee (Sultan Ahmet Camii), I Beyazit Camii.* BRUNNEN, BÄDER, ZISTERNEN: *J „Versunkener Palast" (Yerebatan Sarayi), K Zisterne der 1001 Säulen (Binbir Direk Sarnici), L Cagaloglu Hamami.* MUSEEN: *M Topkapi Sarayi (+ Harem), N Museum für Türkische und Islamische Kunst (Ibrahim Pasa Sarayi), O Teppich-Museum (Hali Müzesi & Kilim ve Düz Dokuma Yaygilar Müzesi), P Kalligraphie-Museum (Hat Sanatlar Müzesi).* RESTAURANTS, TEE- & KAFFEEHÄUSER: *Q Pandeli.* STRASSEN: *R Divan Yolu.* SONSTIGES: *S Universität, T Galata, U Eminönu, V Laleli, W Goldenes Horn, X Bosporus.*

**KAPALI CARSI – GROSSER BASAR**

BASARE UND MÄRKTE: *1 Sahaflar Carsisi (Bücherbasar), 2 Flohmarkt (Bit Pazari).* MOSCHEEN: *3 Nuruosmaniye Camii, 4 Mercan Aga Mescidi, 5 Ic Bedesten Mescidi.* KARAWANSEREIEN: *6 Valide Hani, 7 Büyük Yeni Han, 8 Imameli Han, 9 Astarci Hani, 10 Kalci Hani, 11 Zincirli Hani, 12 Cuhacilar Hani.* BRUNNEN, BÄDER, ZISTERNEN: *13 Örücüler Hamami 14 Kürkcüler Hamami.* RESTAURANTS, TEE- & KAFFEEHÄUSER: *15 Havuzlu Lokanta, 16 Cay Bahcesi, 17 Savk Kahvehanesi.* STRASSEN: *18 Kalpakcilar, 19 Cadircilar Caddesi, 20 Mahmut Pasa Yokusu, 21 Yaglik Cilar Sokagi.* SONSTIGES: *22 Sandal Bedesten, 23 Ic Bedesten.*

RAHMENDEKOR: *Detail aus dem Portikus der Rüstem Pascha Moschee;* ILLUSTRATION: *Süleymaniye Camii.*

Allgemeine Zeichenerklärung siehe Seite 146

ان الصلوة كانت على المؤمنين كتابا موقوتا

kischen Nomadentradition, die der Dauerhaftigkeit von Behausungen wenig Bedeutung beimißt, bis zum Anfang des 18. Jahrhunderts aus Holz. Am ärgsten erwischte es den Basar im Jahre 1589. Damals verschlang eine Feuersbrunst nahezu die ganze Stadt. „Die Flammen machten", wie ein Augenzeuge schilderte, „die Nacht zum Tag, der Rauch den Tag zur Nacht" – insgesamt brannten 28 Moscheen, 22.000 Häuser und 15.000 Geschäfte komplett aus. Zum einzigen Raub im großen Stil kam es 1750 durch die Janitscharen. Es nimmt sich im nachhinein wie ein Menetekel aus, denn bald danach begann der Glanz des Osmanischen Reiches und parallel auch der des Basars zu verblassen. Die militärische Macht schwand, wichtige Provinzen gingen verloren. Der Zustrom an Rohstoffen, jungen Handwerkern und auch Steuern wurde dünner. Zugleich schwappte die erste Welle europäischer Industriegüter ins Land, und mit ihr der Geist des Merkantilismus. In seinem Gefolge tauchten erstmals Profitjäger und Touristenschlepper auf.

Was die meisten Imperien kurz vor ihrem endgültigen Zerfall zu erleben pflegen, erlebte nun auch das Osmanische: eine letzte Hochblüte des feinen Geschmacks. Noch einmal bewiesen die Handwerker und Händler all ihre Kunstfertigkeit und ihren Schönheitssinn, und verwandelten den Kapali Carsi in „ein Museum, dessen Exponate zum Verkauf anstanden". Insbesondere die fünfhundert Waffen- und über eintausend Tuchläden erschienen Westeuropäern wie eine Wunderwelt. „Eine einzige Einkaufstour", bemerkte der Franzose Albert Millaud im Jahr 1873 lapidar, „genügt, um mehrere Rothschild-Familien in den Bankrott zu treiben." Und ein von der Vielfalt der Waren überwältigter Landsmann bewertete das örtliche Angebot sogar höher als jenes der damals heiligsten Konsum-Kathedralen des Westens, der Londoner Burlington Arcade und des Palais Royal in Paris.

Am Ende jedoch machte das Fin de siècle seinem Namen alle Ehre: Der berühmte Basar verfiel der Dekadenz, verkam. Die wohlhabenden Händler, tief in alten Traditionen verwurzelte Persönlichkeiten, übersiedelten immer zahlreicher hinüber nach *Eminönü* oder *Beyoglu*, um in der Nachbarschaft der neuen Handelsgesellschaften und Banken elegante Boutiquen zu eröffnen. An ihre Stelle traten fahle, geldgierige Gestalten. Betrügereien und Erpressungen griffen um sich. Dazu kam 1894 ein verheerendes Erdbeben, das große Breschen in die Bausubstanz riß. Die beiden Balkankriege (1912/13) ruinierten dann die Wirtschaft endgültig. Das Zunftsystem und mit ihm die ganze Sozialordnung brachen zusammen. Der Sandal-Bedesten, schon seit längerem zu einem gewöhnlichen Kaufhaus herabgesunken, wurde an die Gemeinde verkauft, die darin seither Teppichauktionen veranstaltet.

Während des Ersten Weltkriegs bot der Kapali Carsi ein Bild des Jammers. Seine Gassen: menschenleer, modrig, von nackten Petroleumlampen notdürftig erhellt. Seine Händler: verarmt. Der letzte Rest von Raffinement: verschwunden. Von den 1001 Zünften, die der Chronist Evliya Celebi Mitte des 17. Jahrhunderts anläßlich einer Siegesparade für Sultan Murat IV. aufgezählt hatte, gab es nur noch einen Bruchteil. Ausgestorben waren all die Turbanmacher und Reiherbuschbinder, die Pfeil- und Bogen-Schnitzer und Wunderheiler, die Händler von Haschisch und Opium. Ganz zu schweigen von den Sklavenhändlern, die ihr lebendes Gut, bevor ihnen Sultan Abdülmecid dies 1847 verbot, im Ic-Bedesten versteigert hatten.

Eine Renaissance setzte erst wieder in den fünfziger Jahren ein. Die nunmehrige Republik Türkei erlebte einen rasanten Wirtschaftsboom, und Istanbul auf Grund der einsetzenden Landflucht eine maßlose Bevölkerungsexplosion. Seine Einwohnerzahl schnellte binnen zwei Generationen von 500.000 (1920) auf mindestens zwölf Millionen (1992). Unter den Folgen litt auch der Kapali Carsi. Die letzten Holzbänke und -truhen mußten Portalen aus Resopal oder Aluminium weichen. Die ohnehin winzigen Läden wurden in schuhkartongroße „Shops" unterteilt und mit Glasscheiben versehen, die ehedem fein verzierten Gassengewölbe mit Zementmörtel übertüncht und mit Aberhunderten knallbunten Werbeschildern aus Plexiglas – die freilich in den achtziger Jahren wieder entfernt wurden – verhängt. Massenprodukte und Menschenmassen überschwemmten den altehrwürdigen Basar. Mittlerweile strömt rund eine halbe Million Besucher täglich durch seine achtzehn Tore. Vor

*Die Sultan Ahmet oder Blaue Moschee, zwischen 1609 und 1616 vis-à-vis der über tausend Jahre älteren Hagia Sophia erbaut, bildet einen Höhepunkt der osmanischen Moschee-Architektur. Ihr von sechs Minaretten umkränztes Äußeres (links) ist eine vollendete Komposition aus Halbkuppeln, Kuppeln und Strebepfeilern. Ihr Gebetsraum – oben: Luster und Minbar – besticht allein durch seine kolossalen Ausmaße. Die Kuppel etwa hat einen Durchmesser von 23,5 m und ist 43 m hoch. Der Grabbau für Sultan Selim II. (unten: das Eingangsportal) ist ein Alterswerk von Sinan, dem begnadetsten aller osmanischen Architekten.*

Festtagen sind es oft doppelt so viele. Und ihre Zahl wächst weiter. Denn seit dem Zusammenbruch der Sowjetunion haben die Schwarzhändler aus Kasachstan, Usbekistan und anderen Nachfolgerepubliken mit turkstämmiger Bevölkerung Istanbul zu ihrer bevorzugten Einkaufsquelle erkoren. Rund um den Basar und bis in die Bezirke *Laleli* und Eminönü wuchern längst riesige Billigmärkte.

Doch aus diesem Meer von Küchengeräten, Kunstledertaschen und Bluejeans ragen immer noch so manche Inseln der Idylle und des gehobenen Geschmacks heraus. Im *Zincirli Han* zum Beispiel, in der Nordostecke des Basars, stößt man nach wie vor auf erlesene Teppich- und Antiquitätenläden und in manchen Auslagen im Sandal-Bedesten auf kunstvoll geschnitzte Meerschaumpfeifen. Die Hallen des *Misir Carsisi*, des Ägyptischen Basars unten am Goldenen Horn, sind wie ehedem erfüllt von den betörenden Düften der zu Mammutpyramiden gehäuften Kräuter und exotischen Gewürze. In einigen Werkstätten werden neuerdings wieder händisch marmorierte Papiere und die unter Schlagzeugern berühmten Zildjian-Becken hergestellt. Bestimmte Läden im *Sahaflar Carsi*, dem malerischen, baumbestandenen Buchbasar, dienen bis in die Gegenwart sufischen Mystikern als inoffizielle Treffpunkte. Und im Schatten der angrenzenden Beyazit-Moschee trinken alte Männer und Studenten der nahen Universität mit Muße aus tulpenförmigen Gläsern ihren Apfeltee.

Doch daß der Kapali Carsi gegen Ende des 20. Jahrhunderts wieder das wirkliche Handelszentrum der Stadt darstellt, verdankt er fast ausschließlich dem Gold. Eine Untersuchung in den späten achtziger Jahren hat enthüllt, daß pro Jahr fast 100 Tonnen des Edelmetalls innerhalb der Basarmauern umgesetzt werden, und daß ein großer Teil davon – im Tausch gegen Öl, Schafe oder Opium – über die türkische Grenze geschmuggelt wird. Mehr als die Hälfte der insgesamt 4000 Ladenbesitzer lebt direkt oder indirekt vom Gold-Geschäft, sei es als Juwelier an der *Kalpakcilar*, der glitzernden Hauptstraße des Schmuckbasars, als Goldschmied in einem der vielen Ateliers, oder als einer jener modernen Alchimisten, die in ihren Kämmerchen in verwinkelten Hinterhöfen mit Hilfe von Silber, Blei und Salpetersäure den Feingoldgehalt kontrollieren. Daß die Erfolgreichsten der Branche dabei hinter den unscheinbarsten Fassaden zu arbeiten pflegen, um bei den Steuerbehörden keinen Verdacht zu erwecken, dürfte freilich nicht mit dem Verfall der Geschäftsmoral seit den beiden Weltkriegen zusammenhängen, sondern einer Tradition entspringen, deren Wurzeln weit in byzantinische Zeiten zurückreichen.

*Eine Spezialität des Istanbuler Basars sind Meerschaumpfeifen (unten). Das Rohmineral kommt aus der Umgebung der westanatolischen Stadt Eskisehir, wo man es unter Tag in Form schneeweißer, poröser, seifig weicher Knollen abbaut. Es läßt sich ideal schnitzen und wird deshalb gerne zu Schmuck, Zigarettenspitzen und Pfeifenköpfen verarbeitet. Hauptumschlagplatz für den europäischen Markt war, bis zum 1. Weltkrieg, jahrhundertelang Wien.*
*Linke Seite: Abendstimmung am Goldenen Horn. Im Hintergrund die Atatürk-Brücke.*
*Oben: ein Geschäft im Ägyptischen Basar – halb Süßwarenladen, halb Apotheke und Drogerie.*

صنعاء

# SANAA

Die Einmaligkeit offenbart sich schon beim Landeanflug: Wie aus Lebkuchen gebacken und mit feiner Zuckerglasur dekoriert liegt sie einem zu Füßen, die „Perle Arabiens" – ein filigranes, fantastisches Gebilde aus über sechstausend Wohntürmen und über hundert Minaretten und Kuppeln, eingebettet in ein felsiges, aber fruchtbares Hochtal, und umrahmt von den zerklüfteten Bergen *Nuqqum* (2900 m) und *Ayban* (3200 m). Blickt man aufmerksam hinab, erkennt man *Al-Kasr*, die alte Zitadelle, den zentralen Platz *Midan at-Tahrir* und angrenzend den ehemaligen Palastbezirk *Al-Mutawakil*. Man sieht die grünen Inseln der *maqshamah*, der Gemüsegärten, das Geviert der Großen Freitagsmoschee, und nicht weit davon das trockene Bett des *Saila*, das nur während der beiden Regenzeiten im Frühjahr und Sommer zum Fluß wird. Vielleicht erahnt man sogar den zweiteiligen Grundriß des ursprünglichen urbanen Kerns – im Westen die Vorstadt mit den ehemaligen Vierteln der Türken und Juden, im Osten die Altstadt mit den Resten jenes Mauergürtels, der vor dreißig

*Die Hauptstadt des Jemen, die „schön Gebaute", macht ihrem Namen alle Ehre: Die bis zu neun Stockwerk, rund fünfzig Meter hohen Häuser sind aus Naturstein und Ziegeln errichtet und überreich mit Gips- und Stuckornamenten verziert.*
*Bei genauerer Betrachtung der Dekoration lassen sich viele präislamische Motive entdecken.*

# صنعاء

*Gegenüberliegende Seite: Was für den Europäer die Krawatte, ist für den Jemeniten der silberne – oder blecherne – Krummdolch. Außerhalb der großen Städte macht ihm allerdings seit geraumer Zeit das Maschinengewehr als Männlichkeitssymbol Konkurrenz.*
*Nahe dem Bab al-Jemen stößt man noch auf ein paar düstere Gewölbe, in denen blinde, arthritische Kamele uralte Sesammühlen drehen.*
*Rechts unten: nächtlicher Markt hinter dem Bab al-Jemen.*
*Wer ein gestandener Jemenite ist, kaut – wie der Adelige auf der nächsten Doppelseite – ab der späten Mittagsstunde Qat.*
*Den restlichen Tag schwebt er dann in einem milden Rausch.*

Jahren noch die ganze Stadt umgab, mit dem *Bab al-Jemen*, dem letzten der ehemals vier Stadttore, und, gleich dahinter, den flachbebauten Bereich des Markts.

Sanaa, diese der Legende nach von Noahs Sohn Sem gegründete Festungsanlage, hatte für die Jemeniten von alters her zentrale Bedeutung: Einerseits prädestinierten seine günstige geographische Lage und seine starken Schutzwälle es schon früh zum *mahram*, zum „geheiligten" und neutralen Ort, an dem sich die einander oft blutig befehdenden Bauern und Krieger der Bergstämme unbewaffnet begegnen konnten (noch heute ist es im Stadtgebiet verboten, Schußwaffen zu tragen, weshalb die Regierung an den Einfallstraßen Soldaten postiert hat, die Pistolen und Gewehre in Gewahrsam nehmen). Andrerseits war Sanaa stets ein besonders begehrtes strategisches Ziel. Denn es lag an der Nahtstelle zwischen dem Herrschaftsbereich der Zaiditen, einer schiitischen Sekte, deren Imame in den Gebirgsdörfern des Nordens regierten, und dem weiter südlich gelegenen Territorium der osmanischen und später ägyptischen Besatzer.

Obwohl wegen der häufigen Kämpfe und Brandschatzungen nur mehr wenige Gebäude stehen, die älter als zwei-, dreihundert Jahre sind, herrscht in dem Gassenlabyrinth noch eine mittelalterliche Atmosphäre: Unmittelbar hinter dem Bab el-Jemen, an das die Polizei zur Abschreckung nach wie vor gelegentlich abgehackte Diebeshände nagelt, findet man noch spinnennetzverhangene Gewölbe, in denen taubblinde Kamele die schweren Mahlsteine von Sesammühlen drehen. In den Garküchen des *Suq al-Chobs* bekommt man in irdenen Schüsseln brodelnde Fettbrühen mit zerteilten Schafsschädeln und *dscherras*, geröstete Heuschrecken, serviert. Gleich nebenan, im *Suq al-Qat*,

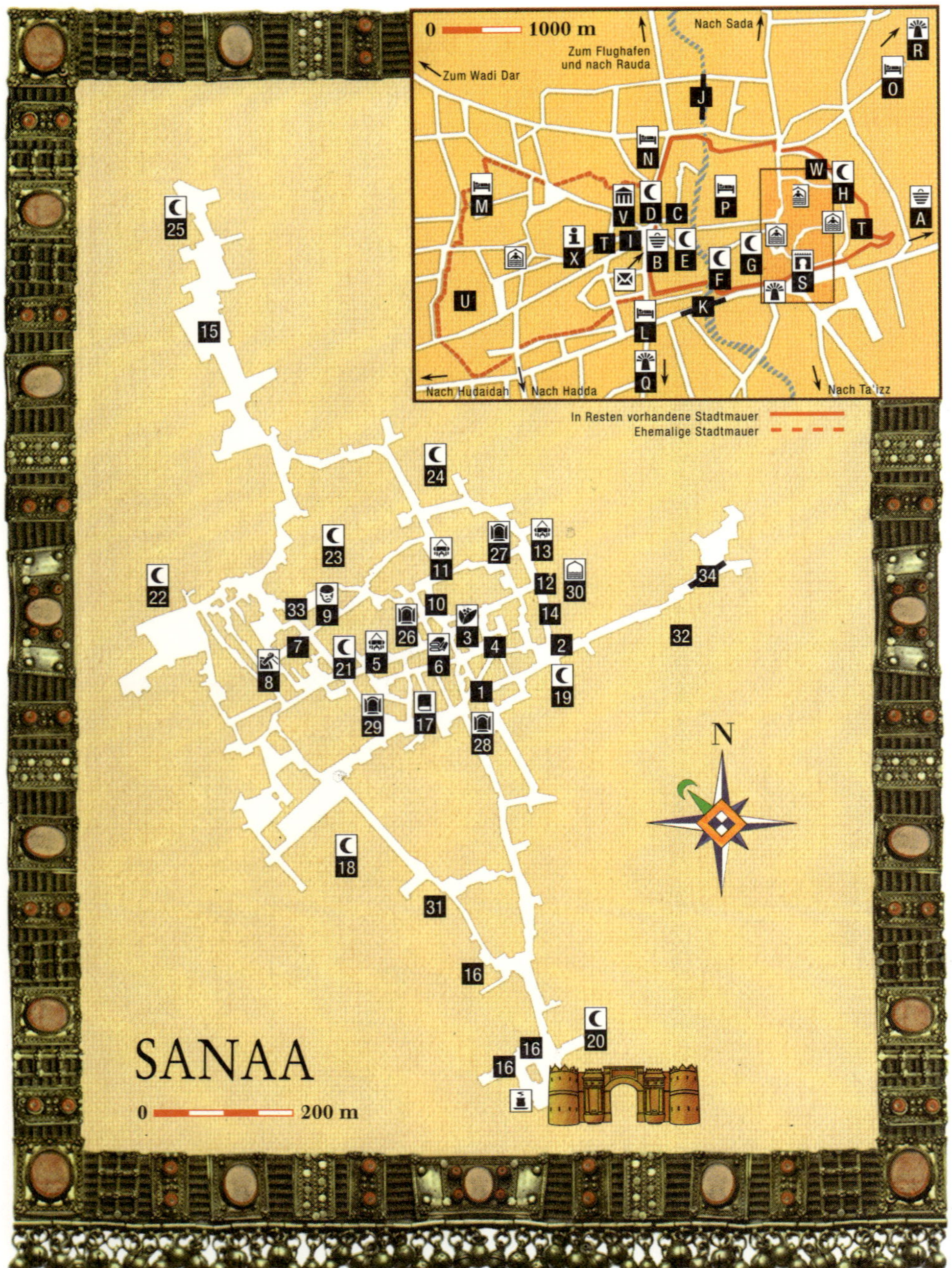


**SANAA – EINE ÜBERSICHT**

BASARE & MÄRKTE: *A Suq Nuqum (Kat, Lebensmittel), B Gemüsemarkt, C Fischmarkt.* MOSCHEEN & MAUSOLEEN: *D Mutawakkil , E Qubbat al-Mahdi Abbas, F Barum, G Abhar, H Bakiliye.* STRASSEN: *I Midan at-Tahrir, J Saila, K Az-Zubayri-Straße.* HOTELS: *L Sheba, M Dar al Hamd, N Sam City, O Sheraton, P Al Gasmy.* AUSSICHTSPUNKTE: *Q Chinesischer Pavillon, R Ring Road.* SONSTIGES: *S Bab al-Jemen (Stadttor), T Wasr as-Silah (Zitadelle), U Qa'al-Yahud (ehem. Judenviertel), V Nationalmuseum (Dar as-Sa'ada), W Ziehbrunnen (Rückseite der Bakiliye Moschee), X Tourist Corporation (Fremdenverkehrsamt) Logo-Info.*

**DER MARKTBEREICH**

EINZELMÄRKTE: *1 Suq al-Milh (Gemischtwaren, ehem. Salzmarkt), 2 al-Chobs (Speisen), 3 al-Helbeh w al-Milh (Gewürzmarkt), 4 al-Habb (Getreidemarkt), 5 al-Dschanabi (Krummdolche), 6 al-Bezz (Stoffe), 7 al-Naggarin (Tischler), 8 al-Haddadin (Eisenschmiede), 9 al-Qawafi (Käppchenschneider), 10 al-Qasib (Wasserpfeifen), 11 al-Mubsata (Uhren, Radios, Krummdolche), 12 al-Misbaga (Plangi/=Schleierfärber), 13 al Fidda (Silberschmiede), 14 al-Qat (Kat), 15 al-Zumr (Geschäfte aller Art).* SPEZIELLE WERKSTÄTTEN & LÄDEN: *16 Sesammühlen, 17 Buchbinder.* MOSCHEEN: *18 Dschame al-Kabir (Große Moschee), 19 Madhab, 20 Radwan, 21 Ali, 22 Mahmud, 23 Sahidayn, 24 Aqil, 25 Zumr.* KARAWANSEREIEN: *26 Samsarah Mohammed bin Hassan (ehem. Gelddepot), 27 al-Mizzan, 28 el-Nahas (Handwerkszentrum), 29 al-Mansurija (Künstlerateliers).* BRUNNEN & BÄDER: *30 Bayt al-Serbeh (Trinkwasser-Haus).* SONSTIGES: *31 Haus der Handschriften, 32 (Fundamente der) Kathedrale al-Qalis, 33 Platz der hinkenden Esel.* STRASSEN & STADTTORE: *34 Midan al-Laqiya*

RAHMENDEKOR: *Silberner Frauengürtel aus der Umgebung von Sanaa;* ILLUSTRATION: *Bab Jemen.*

Allgemeine Zeichenerklärung siehe Seite 146

wird lautstark um die leckersten Büschel des frisch gelieferten *qat* gestritten, jenem alkaloidhältigen Strauch, an dessen Blättern sich im Jemen jeder Mann an jedem Nachmittag zu berauschen pflegt. Und im Apothekermarkt (gleich neben jenem für Gewürze) türmt sich zwischen tausenderlei anderen exotischen Substanzen der Weihrauch, dem das Land seit Urzeiten seinen mystifizierenden Beinamen verdankt. Die Händler des Silbermarkts hocken noch immer, Hamstern gleich, mit vom Qatbrei geblähten Backen in ihren dunklen Buden, verbarrikadiert hinter Bergen von Krummdolchen, Gürteln, Ringen, Ketten und jenen Maria-Theresien-Talern, mit denen die Schmuggler in der Grenzgegend im Norden die Kühlschränke, Video-Kassetten und -Recorder aus Saudi-Arabien bezahlen. Im Schatten der vielstöckigen Häuser tummeln sich neben den allgegenwärtigen kleinen Toyotas auch Schaf- und Ziegenherden. Und weil viele Geschäfte nach Arbeitsschluß unversperrt bleiben, sitzen hoch oben auf den Dächern der Läden nachts wie eh und je die *harasah*, die Wächter, und achten darauf, daß niemand jenes Gesetz verletzt, das das Betreten des drei Hektar großen Marktareals in der Zeit zwischen Abendgebet und Morgendämmerung verbietet.

Dennoch: Nostalgiker, die Sanaa vor 1962, als der Bürgerkrieg ausbrach, kannten, haben guten Grund, Veränderungen zu beklagen. Bis dahin hatten die erzkonservativen Imame den Rest der Welt gefürchtet und geschmäht, und das Land unter Verschluß gehalten. Nach dem Sieg der Republikaner (1970) begann die alte Wertordnung, und mit ihr die Bausubstanz rasant zu zerfallen. Die Hauptstadt wuchs sich zu einem modernen Verwaltungszentrum aus, das mehr und mehr Menschen aus den Provinzen anlockte. Bald zählte sie 500.000 Einwohner – zehnmal soviel wie vor dem Krieg. Eine Welle billiger Importwaren und eine ungeheure Verkehrsflut ergossen sich über die Stadt. Deren Rückstände, Plastikmüll und Autowracks, verstopften die Gassen. Viele Familien bauten sich mit dem Geld, das ihre Angehörigen als Gastarbeiter in den Golfstaaten verdienten, an der Peripherie neue Villen aus Beton. Immer mehr der prächtigen, aber unkomfortablen Altstadthäuser standen leer. Einige wurden zwar modernisiert, stürzten jedoch, vom Wasser aus undichten PVC-Rohren unterwaschen, ein.

„Die modernen Dinge, die der Kapitalismus im Jemen eingeführt hat, haben die Jemeniten nicht nur physisch lächerlich, sondern auch unglücklich gemacht.“ Pier Paolo Pasolini mag mit dieser dichterisch verknappten Feststellung (zu finden in „Gennariello“, seinem letzten großen Buch) etwas über-

trieben haben. Ganz falsch lag er mit ihr in den frühen siebziger Jahren nicht. Ob sein Urteil heute, zwanzig Jahre später, milder ausfiele? Immerhin scheint der Niedergang von Sanaa gebremst. Die Gilden verfügen zwar, seit die staatliche Handelskammer 1963 die altehrwürdige Versammlung der Kaufleute ablöste, nur noch über wenig Einfluß. Auch das System der Bürgerselbstverwaltung in den Wohnquartieren hat an Bedeutung verloren. Doch einkaufen gehen die Einheimischen immer noch viel lieber in den verwinkelten Basar, als in die chromblitzenden Läden der Neustadt. Der Stolz, mit dem jeder Mann sein Statussymbol, den reich verzierten Krummdolch (*dschambiya*) trägt, ist ungebrochen. Und die alte Sozialhierarchie ist unangetastet geblieben. An ihrer Spitze steht bis heute die Klasse der *sadah*, der stets in edles Weiß gehüllten hohen Richter, Rechtsgelehrten und Verwaltungsbeamten, die sich als Abkömmlinge des Propheten verstehen. An ihrem Ende die kleine Gruppe der ziemlich rechtlosen, meist als Straßenkehrer beschäftigten *ahdam*. Und dazwischen die beiden Handwerker-Klassen – die indirekt freien Stämmen angehörigen *manasib* und die etwas weniger privilegierten *bani humis*.

Das Allerwichtigste aber: Sanaas Einwohnerzahl von rund 500.000 – nicht einmal fünf Prozent der insgesamt elf Millionen Jemeniten – scheint konstant; und die Gefahr der Bildung großer Slums nicht akut.

Auch der bauliche Zustand der Altstadt gibt Anlaß zur Hoffnung: Vor einigen Jahren sind dort die Grundstückspreise plötzlich gestiegen. Ein traditionelles Turmhaus gilt wieder als Prestigeobjekt, eine Party in einem *mafradsch*, dem Ruheraum des Hausherren im obersten Stock, als schicker Zeitvertreib. Zudem zeigen die gemeinsamen Bemühungen von UNESCO und Regierung, das Wohnen im Zentrum attraktiver und das Arbeiten lukrativer zu machen, erste Erfolge. Etliche Gassen und Plätze sind gepflastert, ein modernes Kanalisationsnetz ist installiert. Die Relikte der Stadtmauer aus Lehm haben einen Steinsockel erhalten. Und von den insgesamt 28 verbliebenen *samsarah*, den historischen Zoll-, Lager- und Wirtschaftshäusern, wurden mit ausländischer Hilfe bereits etliche restauriert – besonders schön der *Samsarah el-Mansurija*, der seither Ateliers für einheimische Künstler beherbergt, und der *Samsarah el-Nahas*, ein Ausbildungszentrum für traditionelle Handwerksberufe. Kurz: Die Chancen stehen nicht so schlecht, daß die alte arabische Verszeile auch in Zukunft noch Gültigkeit hat, derzufolge man die „Perle Arabiens“ sehen muß, „wie lang die Reise auch sein mag“.

دبي

# DUBAI

Wäre da nicht in der Bildmitte der *Creek* mit seinem charakteristischen Mäander, man möchte meinen, zwei verschiedene Städte vor sich zu haben: Die Luftaufnahme aus den sechziger Jahren zeigt an den beiden Ufern einstöckige Häuser in loser Verbauung, dazwischen ein paar Windtürme, an der Peripherie kahle, mit Palmwedeln abgesteckte Parzellen, fensterlose Hütten. Man sieht weder Asphaltstraßen noch Autos. Der Meeresarm ist fast über seine ganze Breite durch eine Sandbank verlegt.

Heute eröffnet dieselbe Perspektive den Blick auf eine Metropole wie aus einem amerikanischen Traum. Auf beiden Seiten des mittlerweile überbrückten und untertunnelten Wassers türmen sich Gebirge aus Glas und Beton. Zu ihren Füßen ziehen Flotten von Luxuslimousinen über vielspurige Highways. Am Küstenhorizont ragt ein Wald von Kränen in den Himmel … Dubai ist in den letzten zwanzig Jahren mit Höchstgeschwindigkeit Richtung Zukunft gerast, und hat dabei, so suggeriert das Panorama, seine Vergangenheit aus den Augen verloren.

*Gastarbeiter vom Subkontinent und auch aus Europa stellen die Mehrheit der Bevölkerung von Dubai. In den Dhau-Werften im Hafen al-Hamriya sind hauptsächlich Inder und Pakistani beschäftigt. Viele Paschtunen hingegen, die während des afghanischen Krieges aus ihrer Heimat hierher geflüchtet sind, haben sich auf das Flechten von Fischreusen spezialisiert.*

*Die altmodischen, dickbäuchigen Dhaus sind auf den Routen nach Karachi, Sansibar, Bombay oder Bander-e Abbas noch heute eine ernsthafte Konkurrenz für moderne Frachter.*
*Rechts unten: traditioneller Stocktanz der Beduinen bei einer Hochzeit.*

Doch man muß nur mit einem *abra*, einem der Taxiboote, vom Stadtteil *Bur Dubai* nach *Deira* übersetzen, um eines Besseren belehrt zu werden. Denn dort, am Ostufer, schaukeln zwischen Schleppern und schnittigen Kabinenjachten noch dutzende Dhaus in den Wellen – jene meist aus Teakholz gezimmerten, dickbauchigen Segelschiffe mit dem typischen überhohen Heck, auf denen die Araber seit alters ihre Frachten befördern.

Wo sie am Ufer vertäut sind, verkünden kleine, mit Kreide beschriebene Tafeln die Ziele der jeweils nächsten Fahrt – legendäre Häfen wie Aden, Bombay, Bander-e Abbas, Bahrain, Karachi oder Sansibar. Hier werden Ladungen gelöscht, andere herbeigeschleppt, Ballen und Kisten zu Bergen gestapelt. Es ist laut, geschäftig, riecht nach Schweiß, Salz, Abfall und Dieselöl. Manchmal jedoch weht der Duft von Muskat, Koriander oder Zimt über den Kai. Wer ihm mit erhobener Nase folgt, findet sich nach wenigen Schritten in einem Ambiente wieder, das man in der hypermodernen Umgebung wohl nicht erwartet hätte – in einem traditionellen, komplett überdachten Basar, dessen malerische kleine Läden neugierige Flaneure mit allerlei exotischen Heilkräutern und Gewürzen, mit Wasserpfeifen, Stoffen und Antiquitäten ködern.

Freilich: Verlaufen kann man sich in den Souks von Deira schwer. Ihre vier Parallelstraßen und die paar Quergäßchen bilden nicht gerade ein Labyrinth. Der alte Souk von Dubai am gegenüberliegenden Ufer des Creek, wo bis zum Zweiten Weltkrieg ein Großteil der Überseegüter umgeschlagen wurde, heute jedoch vorwiegend Inder und Pakistani Nähwerkstätten und Engroslager für Stoffe und Kleider betreiben, besteht überhaupt nur aus einer einzigen, 300 m langen Ladenstraße und ein paar angegrauten Kontoren.

Nicht nur was ihre Größe, auch was ihr Alter betrifft, können die beiden Basare den meisten ihrer Konkurrenten nicht das Wasser reichen. Zwar vermuten Archäologen nach Grabungen im nahen *Al Qusais*, daß die Gegend um den Creek schon vor dreitausend Jahren Wüstenkarawanen und Seefah-

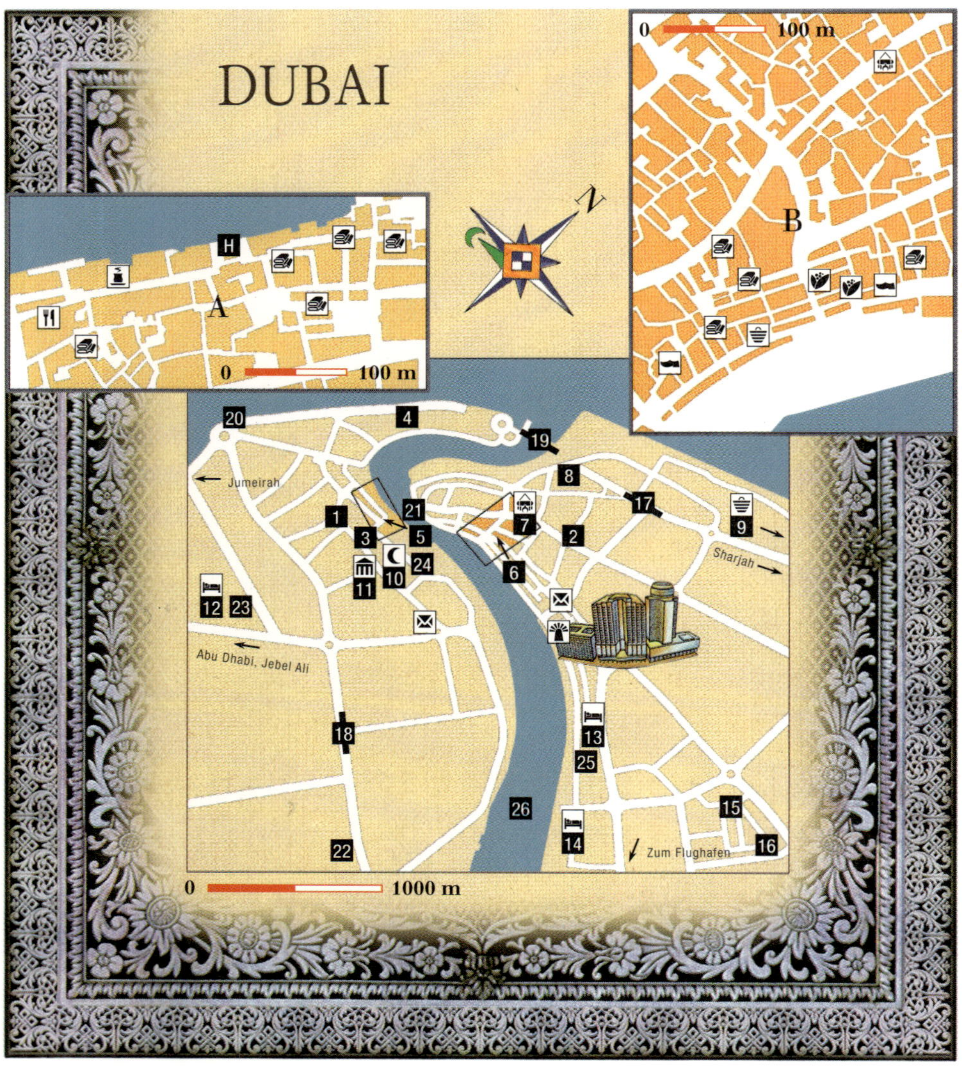


**DUBAI**

STADTTEILE: *1 Bur Dubai, 2 Deira, 3 Bastakiya, 4 Shindagah.* MÄRKTE: *5 Dubai – Alter Suq, 6 Deira – Suq, 7 Gold-Suq, 8 Deira – Fisch-, Fleisch- & Gemüsemarkt, 9 Gemüse-Großmarkt.* MOSCHEEN: *10 Große Freitagsmoschee.* MUSEEN: *11 Dubai Fort & Museum.* HOTELS: *12 Hilton, 13 Intercontinental, 14 Sheraton.* EINKAUFSZENTREN: *15 Al Ghurair, 16 Hamarain.* STRASSEN & BRÜCKEN: *17 Al Khaleej Road, 18 Khalid ibn al Waleed Road, 19 Al Shindagha-Tunnel.* SONSTIGES: *20 Port Raschid, 21 Bootsfähre (abra), 22 Tourism Promotion Board, 23 Trade Center, 24 Britische Botschaft, 25 Rathaus, 26 Creek.*

*A Dubai – Alter Suq*
*B Deira – Suq*

RAHMENDEKOR: *Steinernes Fassadenornament in der Altstadt;* ILLUSTRATION: *Deira- und Dubai-Tower am Nasr Square.*

Allgemeine Zeichenerklärung siehe Seite 146

*Zu den größten Steckenpferden der Scheichs von Dubai zählt die Falkenjagd. Die edlen Tiere werden sowohl importiert als auch selbst gezüchtet und auf einem Anwesen außerhalb der Stadt von Spezialisten trainiert. Da die natürliche Beute, die gansgroße Kragentrappe, schon sehr selten ist, nimmt man immer öfter mit Tauben aus mitgeführten Käfigen vorlieb. Oder man packt den ganzen Troß – Falken, Geländewägen und Gehilfen – in einen Jumbo-Jet und fliegt hinüber in die reichen Jagdgründe Pakistans.*

rern als Handelsplatz diente. In *Jumeirah*, dem heutigen Villenviertel, fanden sie Fundamente eines Souks und einiger Häuser aus der frühislamischen Zeit. Aber selbst aus dem 16. und 17. Jahrhundert, als sich die Portugiesen vorübergehend in der Golfregion festgesetzt hatten, sind bloß ein paar Festungsruinen und rostige Kanonen erhalten geblieben. Der heutige Baubestand ist nur in Ausnahmefällen älter als hundert Jahre.

Nennenswerte politische Bedeutung erlangte Dubai erst in den dreißiger Jahren des 19. Jahrhunderts. Damals siedeln sich 800 Männer aus dem benachbarten Abu Dhabi in dem winzigen Fischerdorf an und gründen unter Führung eines Mitglieds der noch heute regierenden Maktoum-Familie ein unabhängiges Scheichtum. Bald darauf schließen die Engländer, die seit längerem den Schiffsverkehr zwischen Basra und der Straße von Hormus kontrollieren und ständigen Attacken der Beduinen ausgeliefert sind, mit den Stammesfürsten Waffenstillstand und wenig später einen regelrechten Schutzvertrag. Die berüchtigte „Piratenküste" wird zur *Trucial Coast*, zur „Befriedeten Küste".

Unter den nunmehr halbwegs gesicherten Verhältnissen ziehen Händler aus Indien, dem Iran und Belutschistan zu. Sie bauen die ersten Häuser und Windtürme aus Korallenstein. Die Bezirke *Basta-*

*Ebenso großer Beliebtheit erfreut sich in den Golfstaaten der Kamelrennsport. Woche für Woche trifft sich während der Saison die Creme des männlichen Teils der Gesellschaft auf der Tribüne unter einem Beduinenzelt aus Beton, um das landesweit im Fernsehen übertragene Spektakel live zu verfolgen. Manche der hochsensiblen Tiere sind mehrere Millionen Dollar wert und werden eigens auf Sattelschleppern aus den Nachbarstaaten hierhertransportiert. Dementsprechend hochdotiert sind auch die Wetten: Als Preise winken den Gewinnern in der Regel einige Dutzend Luxuslimousinen.*

*Am Rande des kleinen Suqs von Dubai steht das al-Fahaidi-Fort. Es wurde Anfang des 19. Jahrhunderts erbaut und gilt als das älteste Gebäude der Stadt. Seit 1971 beherbergt es das Dubai Museum. Im Bild eine rekonstruierte Beduinenküche aus Schilf.*
*Unten: einer der wenigen urtümlichen Läden im Suq von Deira am östlichen Ufer des Creeks.*
*Rechte Seite: die neue Moschee im Villenviertel Jumeirah.*

*kiya* und *Shindagah* entstehen. Haupteinnahmequelle ist in diesen Jahrzehnten der Export von Perlen. Entlang der Golfküste tauchen in den Sommern über 20.000 Männer danach, ausgerüstet mit knöchernen Nasenklemmen und wächsernen Ohrenstöpseln, mit Bleigewichten zum rascheren Abtauchen, Körben zum Einsammeln, und Fingerkappen aus Leder zum Schutz vor den scharfen Schalen. Allein an den Gestaden von Dubai riskieren zu Spitzenzeiten über 7000 Einheimische in bis zu zwanzig Metern Tiefe ihre Gesundheit.

Trotzdem hat der britische Chronist J. C. Lorimer, der damals prophezeit, „die Küste würde entvölkert, sobald der Nachschub an Perlen einmal versiegt", nicht ganz recht. Denn als Ende der zwanziger Jahre japanische Zuchtperlen den Markt ruinieren, erlebt die Trucial Coast zwar tatsächlich eine Welle der Emigration. Dubai jedoch hat vorgebaut: Bereits 1902 hat es vom persischen Hafen *Lingah*, der aufgrund plötzlich restriktiver Zollgesetze der Regierung in Teheran seine Attraktivität verlor, zahlreiche iranische und indische Händler angezogen. Im Jahr darauf erreicht Scheich Maktoum von den Briten die Zusage, daß deren Frachtdampfer künftig ausnahmslos in Dubai haltmachen. Die Stadt wurde zum zentralen Warenlager im östlichen Golf. Sie hat zu dieser Zeit immerhin 10.000 Einwohner und der Basar von Deira ist mit über 350 Läden der größte der Region.

Bald nach dem Niedergang des Perlenhandels entdecken die Kaufleute am Creek eine neue, noch einträglichere Geldquelle: den Goldschmuggel. Sie nennen ihn euphemistisch „Re-Export". Aus Europa eingeführt, wird das Edelmetall in Barren zu zehn *tola*, einer indischen Gewichtseinheit, gegossen und in Neumondnächten tonnenweise auf Dhaus an die Küste des Subkontinents verfrachtet. Ein ganz anderes Metier hingegen stirbt in diesen Jahren endgültig aus: jenes der Sklavenhändler. Wilfred Thesiger, der große Erforscher der Arabischen Halbinsel, berichtet als einer der letzten – immerhin noch 1949! – aus eigener Erfahrung von einem skrupellosen Profitjäger, der mit 48 Leibeigenen im Schlepptau bei *Al Ain* durch die Wüste zog.

Ende der sechziger Jahre beginnt dann das Öl zu sprudeln. Der Modernisierungsschub setzt mit voller Kraft ein. 1971 ziehen die Briten ab, und die vormals verfeindeten Herrscher von Abu Dhabi, Sharjah, Ras al-Khaimah, Fujairah, Ajman, Umm al-Qaiwain und Dubai schließen eine Vernunftehe. Sie gründen die Föderation der Vereinigten Arabischen Emirate. Doch auch in dem neuen Staatenverbund bleibt die Handelsmetropole am Creek ihrer Tradition treu. Statt sich auf den, verglichen mit Abu Dhabi, ohnehin bescheidenen Ölreserven auszuruhen, baut die Regierung die Infrastruktur für den Güterverkehr weiter aus. Die Fahrrinne des Creek wird vertieft. In *Jebel Ali* entsteht eine Freihandelszone mit dem größten künstlichen Hafen der Welt. Der Airport wird zur wichtigsten Transit-Drehscheibe des Mittleren Osten. Und die ganze Stadt wird – dank ihrer Einfuhrzölle von maximal vier Prozent und des Baus zahlreicher ultramoderner Shopping-Centers – in ein Konsumparadies verwandelt, das immer mehr Touristen anlockt.

Eine Schlüsselrolle im Wirtschaftsgefüge dieser „Boomtown" spielt freilich immer noch ein kleiner, überdachter Souk – jener der Goldhändler in der Altstadt von Deira. Dubai importiert jährlich nicht weniger als zehn Prozent der Goldschmuck-Weltproduktion. 25 bis 30 Tonnen werden in diesem Zeitraum allein in den 700 engen, glitzernden Läden dieser kleinen Gasse verkauft.

قيروان

# KAIROUAN

Nein, zu den großen Fernhandels- und Gewerbestädten zählt Kairouan schon seit langem nicht mehr. Ein Blick in die *Rue Ali Belhouane*, die Hauptstraße der Medina, genügt, um das festzustellen. Was die Händler auf diesen fünfhundert Metern zwischen den Stadttoren *Bab esch-Chouhada* und *Bab et-Tounes* anbieten, richtet sich vorwiegend an die Tagestouristen aus den nahen Badezentren am Golf von Hammamet: Kupfer- und Lederarbeiten, Silberschmuck, bestickte Tücher, Flechtwerk aus dem in der Umgebung reichlich wachsenden Halfagras, und natürlich die berühmten Teppiche – alles durchaus hübsche und traditionsreiche Souvenirs, aber doch nicht mit ganz so viel Raffinement angefertigt, wie Ruhm und historischer Rang der Stadt vermuten ließen. Auch die Beschaulichkeit der Souks in den Seitengassen, wo vor allem Einheimische ihren Bedarf an Stoffen, Kleidern und Schuhen, an Haushaltswaren, Lebensmitteln und fertigen Speisen decken, mag zwar einer Provinzstadt, wie sie Kairouan mit seinen rund 100.000 Einwohnern heute ist, entsprechen, nicht

*Im Teppichmuseum hängen die prachtvollsten Zeugnisse jener Knüpftradition, für die Kairouan in aller Welt Berühmtheit genießt – die älteren bunten im Berbermuster und die jüngeren im barock anmutenden türkischen Stil. Gleich daneben, an der Teppichbörse, liefern Frauen in Erwartung des staatlichen Gütesiegels ihre neuen Stücke ab.*

aber der Vorstellung von einer ehemals mächtigen Wirtschaftsmetropole. Lediglich das örtliche Teppichgewerbe läßt noch die einstige Betriebsamkeit erahnen: Es beschäftigt – sowohl in Heimarbeit als auch in den Werkstätten des Weberviertels – nach wie vor über 8.000 Frauen und Mädchen. Rund zwei Dutzend Geschäfte exportieren die Stücke, nachdem ihnen das „Tunesische Amt für Kunsthandwerk" (ONAT) sein Gütesiegel verliehen hat, massenhaft in alle Welt. Und der *Souk des Tapis*, der Teppichmarkt, wo all die farbenfrohen, großteils streng geometrisch gemusterten *klim*, *alloucha* und *mergoum* regelmäßig öffentlich versteigert werden, ist immer noch ein Ort großer Geschäftigkeit.

Kairouans ökonomische Bedeutung ist heute gering, seine spirituelle allerdings groß wie eh und je. Es genießt – mangels eindeutig geregelter Hierarchie ex aequo mit Damaskus – den Rang der viertheiligsten Stätte des Islam. Maghrebiner, die siebenmal hierher pilgern, ersparen sich damit, so heißt es, die große Wallfahrt nach Mekka. Innerhalb seiner Mauern sollen einer Legende nach stets 500 Heilige leben. (Tatsache ist, daß mehr als hundert hier in *zaouias*, Grabmälern, bestattet sind.) Und von seinen einstmals 280 Moscheen haben sich immerhin über sechzig erhalten, darunter so schöne wie die Barbiermoschee, bei deren überreichen Fliesenmustern sich die Teppichweberinnen gerne Inspirationen holen, oder die Säbelmoschee, in der ein sehr schrulliger, aber höchst verehrter, weil besonders frommer Waffenschmied seine letzte Ruhe fand.

Zu verdanken hat die Stadt ihre Rolle als religiöses Zentrum einem Mann namens Oqba ibn Nafi. Ihn hatte 670 der Omajjadenkalif Muawiya, nachdem der erste arabische Vorstoß nach Westen gescheitert war, zum Heerführer und Gouverneur von *Ifriqiyya*, der Provinz Nordwestafrika, ernannt. Ein Jahr darauf legte Oqba ein dauerhaftes Garnisonslager an. Und zwar inmitten einer Steppenlandschaft, die sich zwar als trocken und extrem heiß erwies, strategisch jedoch äußerst günstig zwischen der noch byzantinischen Küste und den von Berbern besetzten Bergen lag. Um seine Entscheidung zu legitimieren, rief er eine Legende ins Leben. Er habe, tat er kund, just an diesem Ort beim Graben eines Brunnens eine kostbare Schale wiedergefunden, die er einst in Mekka verlor. Besagter Brunnen, *Bir Barouta*, ist noch heute das Ziel vieler Pilger. Sein Wasser, das

*Der kamelbetriebene Brunnen Bir Barouta gilt unter Touristen als Sehenswürdigkeit und unter Traditionsgläubigen als verehrungswürdiger Ort. Denn es geht die Sage, sein Wasser stamme direkt aus der heiligen Quelle Zemzem in Mekka. Auch die Barbiermoschee (oben: ihr Portal) ist Moslems heilig. In ihr ruht ein Gefährte des Propheten, der angeblich Barthaare seines Meisters bei sich trug.*

# قيروان

ein weißes Dromedar im Obergeschoß eines alten Hauses mittels hölzernem Schöpfwerk aus der Tiefe holt, gilt als wundertätig. Was kaum verwundert, steht der Brunnen doch angeblich mit der heiligen Quelle Zemzem in Mekka in direkter, unterirdischer Verbindung.

Kairouan wird bald nach seiner Gründung mehrmals von Berbern, in diesem Fall Anhängern der Sekte der Charidschiten, geplündert. Doch ab dem frühen 9. Jahrhundert steigt es unter den lokalen Dynastien der Aghlabiden und später der Fatimiden zur unumstrittenen Metropole des Maghreb auf, zu einer Hochburg des geistigen und religiösen Lebens und zur Drehscheibe des Handels zwischen Ägypten, den Mittelmeerhäfen und dem „Sudan“. Zu den Insignien seines Reichtums und seiner Macht zählen unter anderem eine dreieinhalb Kilometer lange Stadtmauer, zahlreiche Koranschulen, eine staatliche Forschungsbibliothek (arab.: *Bait al-Hikma*, „Haus der Weisheit“), ein kompliziertes, über lange Aquädukte gespeistes Zisternensystem (von dem die zwei gewaltigen Bassins am nördlichen Stadtrand noch Zeugnis geben) und ein *tiraz*, eine jener vom Hof finanzierten Webereien für schwere Luxusstoffe, wie es sie sonst nur in Bagdad, Palermo, Cordoba und in Tinnis im östlichen Nildelta gab. Die Herrscher bauen sich außerhalb der Stadt luxuriöse Residenzen: die Aghlabiden *El Abbasiya* und *Raqqada*, die Fatimiden die Hafenfestung Mahdia und – als Gegenstück zu Bagdad und symbolischen „Nabel der Welt“ – die Rundstadt *Sabra Mansuriya*.

Die Blütezeit hält allerdings nicht lange an. Bereits 969 gründen die Fatimiden, mittlerweile Kalifen von eigenen Gnaden, in Ägypten ihre neue Hauptstadt *Al Qahirah*, das spätere Kairo. Ifriqiyya übergeben sie örtlichen Statthaltern. Ein knappes Jahrhundert später erklären sich diese für unabhängig und lösen damit eine Katastrophe aus. Denn die

*Titus Burckhardt hat den Begriff der „Alchemie des Lichtes“ geprägt, die die Substanz der Architektur auf ähnliche Weise veredelt, wie Blei zu Gold verwandelt wird. In Kairouan schafft die Symbiose zwischen pastellenen Farben und afrikanischem Licht eine besonders zauberhafte Atmosphäre.*

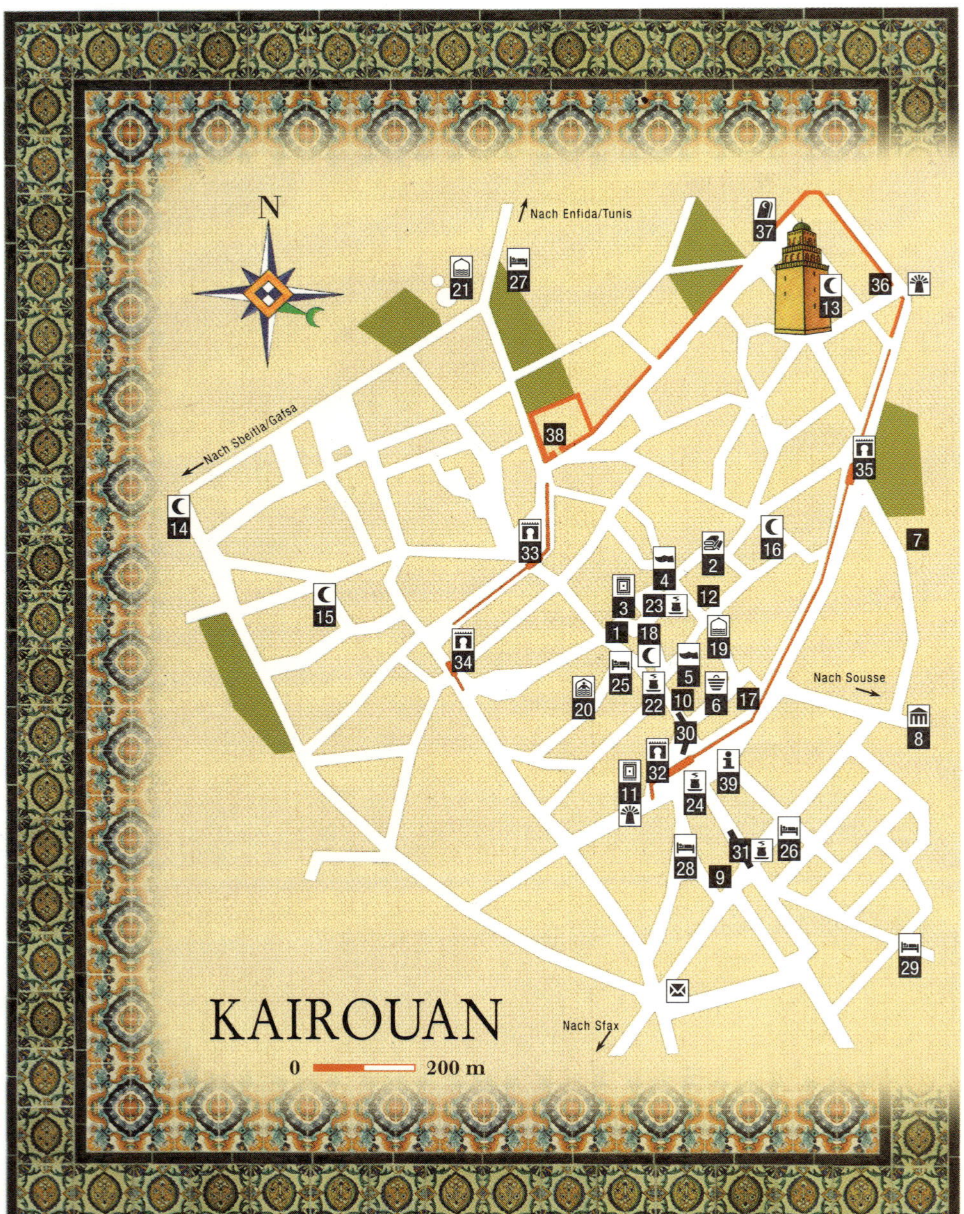


KAIROUAN – DIE ALTSTADT

EINZELMÄRKTE (SOUK): *1 Souk ar-Rab, 2 Souk Bab el-Kada (Kleidung), 3 des Tapis (Teppiche), 4 des Sandales (Schuhe), 5 Blajia (Schuhe), 6 Marché Haddadine (Gemüse), 7 Grand Marché.* SPEZ. WERKSTÄTTEN & LÄDEN: *8 Tunes. Amt für Kunsthandwerk (ONAT) & Teppichmuseum, 9 Magasin General, 10 Patisserie Seguni (Makroudh-Bäckerei), 11 Palais du Tepis (Teppiche), 12 Weberviertel.* MOSCHEEN & MAUSOLEEN (ZAOUIA): *13 Freitagsmoschee (Sidi Oqba), 14 Barbiermoschee (Zaouia de Sidi Sahab), 15 Säbelmoschee (Zaouia de Sidi Amor Abbada), 16 Dreitormoschee, 17 Zaouia de Sidi Abid el Ghariani, 18 Moschee el Bey.* BÄDER, BRUNNEN & WASSERRESERVOIRS: *19 Bir Baruta, 20 Hammam el-Bey, 21 Aghlabiden-Bassins.* KAFFEEHÄUSER: *22 Café el-Rashid, 23 Café Hassnat, 24 Café Taktak.* HOTELS: *25 Marhala, 26 Splendid, 27 Continental, 28 Sabra, 29 des Aghlabides.* STRASSEN: *30 Rue Ali Belhouane, 31 Boulevard Habib Bourgiba.* STADTTORE (BAB): *32 ech Chouhada, 33 et Tounes, 34 el Dschedid, 35 el Khouhka.* SONSTIGES: *36 Treppe auf die Stadtmauer, 37 Friedhöfe, 38 Kasbah, 39 L'Office National du Tourisme Tunisien (ONTT).*

RAHMENDEKOR: *Fliesenmosaik aus der Barbiermoschee;*
ILLUSTRATION: *Minarett der Sidi Oqba-Moschee.*

Allgemeine Zeichenerklärung siehe Seite 146

düpierten ehemaligen Herren hetzen beutehungrige arabische Beduinen, die Beni Hillal, auf die Stadt. Von den Zerstörungen und Plünderungen soll sich Kairouan nie wieder wirklich erholen. Obwohl Ende des 13. Jahrhunderts durch die Hafsiden und viel später durch die Husseiniten wiederaufgebaut, wird es politisch und wirtschaftlich stets im Schatten des ab nun favorisierten Tunis stehen.

Architektonische Zeugnisse sind aus der goldenen Ära nicht allzu viele erhalten geblieben. Der Großteil des heutigen Baubestands stammt aus der Zeit um 1700. Auch der zentrale Basar. Sein Vorgänger war – nach der Gründung durch den Statthalter Yazid, 772 – an der weiter östlich gelegenen zentralen Nord-Süd-Achse, dem zwei Kilometer langen *Simat*, gelegen. Doch nach und nach hatte sich der Stadtkern, und mit ihm der Mittelpunkt der Geschäftstätigkeit, Richtung Südwesten verlagert. Vor rund 300 Jahren baute man

*Der Basar der Stadt – im Bild: der Souk des Sandales – verströmt eher provinziellen Charme. Ihre hohe geistige Stellung wird beim Blick vom Minarett der Großen Moschee auf die Kuppeln der vielen Heiligengräber deutlich.*

قيروان

schließlich den *Suq ar-Rab*, jenen kleinen, vollständig überdachten Handelskomplex, dessen Konzeption mit den rechtwinkeligen Gäßchen und dem steinernen Tonnengewölbe ein wenig an den Großen Basar von Istanbul erinnert.
Sehr wohl erhalten hat sich Kairouan aus seiner Frühzeit seine weihevolle Ausstrahlung. Speziell die Medina, die Nicht-Moslems übrigens noch vor einer Generation nur mit Sondergenehmigung betreten durften, bezaubert bis heute jeden Gast. Woran das liegt? Zum einen sicherlich am besonderen pastellenen Kolorit, an den sanften Grün-, Rot- und Blautönen ihrer Fenster und kunstvoll benagelten Türen, dem Ocker vieler Mauern und Türme. „Die Farbe hat mich!" bekannte hier schon der Maler Paul Klee anno 1914 während seiner berühmten Tunesienreise. Sicherlich prägen auch die weitläufigen Friedhöfe mit ihren schlichten weißgekalkten Grabsteinen den Geist des Ortes. Und die zehn Meter hohen, begehbaren Stadtmauern, die man im 18. Jahrhundert auf Fundamenten aus dem elften erbaut, im Zweiten Weltkrieg aber zum – glücklicherweise nur kleineren – Teil abgebrochen hat, um sie als Füllmaterial für Landepisten zu verwenden, verleihen ihm eine Aura der Unverletzbarkeit.
Der größte Zauber geht jedoch von der großen Freitagsmoschee aus. Sie ist nach Sidi Oqba, dem Eroberer und „Apostel Nordafrikas", benannt und das älteste Gotteshaus des Maghreb (Baubeginn: 672). Ein Dekret aus dem Jahre 1972 verbietet Ungläubigen in ganz Tunesien das Betreten der Gebetssäle. Doch selbst wer deshalb nur vom Hof aus einen Blick in das Innerste dieses Kunstschreins werfen kann, und nur durch den Wald von über vierhundert großteils antiken Säulen den Mihrab, die Maqsura und den Minbar sieht, wird verstehen, warum man die „Sidi Oqba" zu den faszinierendsten Moscheen der ganzen islamischen Welt zählt.

*Die Sidi Oqba Moschee – links ihre Außenmauer und das Minarett – zählt zu den berühmtesten Gotteshäusern des Islam. Ihr Bau wurde 672 begonnen und in seiner heutigen Form bereits 836 fertiggestellt. In der Hoffnung, von ihrer Strahlkraft zu profitieren, ließen sich abertausende Gläubige in nächster Nähe begraben. Unten: die Fassade der Dreitor-Moschee.*

تونس

# TUNIS

Gibt es einen passenderen Ort, um sich mit der Vergangenheit von Tunis ein wenig vertraut zu machen als das altehrwürdige *Café Mrabet* – diese Insel in der Zeit, wo die Kellner noch Pluderhosen und die *farmela*, die langärmlige Weste, tragen, die Luft nach frischen Jasminsträußchen duftet, und nur Kanarienvögel in kleinen Holzkäfigen die Stille stören? Gehen wir also ins Herz der Medina, in den *Souk et-Trouk!* Treten wir durch das rot-grün gestreifte Portal, lassen wir uns auf den mit Bastmatten belegten Steinpodesten nieder, und blättern, während wir den Tee mit Pignole genießen, in der Chronik dieser Stadt.

An ihrem Anfang steht eine vermutlich von Berbern gegründete Siedlung namens *Tunas*. Sie existiert im Schatten des phönizischen Karthago mindestens seit dem 9. Jahrhundert v. Chr. 146 v. Chr. wird sie von den Römern zerstört und in frühchristlicher Zeit wieder aufgebaut. Geschichtliche Bedeutung gewinnt sie erst nach der arabischen Invasion. Da entwickelt sie sich, vor allem dank der Eroberung Siziliens (827), zu einem betriebsamen Hafen, und löst später, zur Zeit der Chorassaniden und Almohaden (im 11. und 12. Jahrhundert), das von Beduinen heimgesuchte Kairouan als Hauptstadt der Provinz Ifriqiyya ab.

Seine Blüte erlebt Tunis unter der lokalen Dynastie der Hafsiden (1229–1574), die aus den Statthaltern der almohadischen Zentralregierung in Marrakesch hervorgegangen ist. Sie erweisen sich als überaus weltoffen und weitsichtig, knüpfen wirtschaftliche Bande zu den italienischen Stadtstaaten, aber auch zu den Mittelmeerhäfen Frankreichs und Spaniens, errichten neue Befestigungsanlagen und viele der noch heute bestehenden überdachten Basargassen. Der *Dschemaa ez Zituna*, der bereits 732 gegründeten „Ölbaummoschee", gliedern sie eine Universität an. Diese gilt, nicht zuletzt dank des legendären Ibn Chaldun, der an ihr wirkt, bald als eine der wichtigsten Lehrstätten des Islam – in ihrer geistigen Ausstrahlung mit der al-Azhar in Kairo oder der Qaraouine in Fes durchaus vergleichbar. Während des Machtkampfes zwischen Osmanen und abendländischen Kaisern macht Tunis eine Phase des Niedergangs durch. 40 Jahre lang (1535–74) ist es sogar von spanisch-habsburgischen Truppen besetzt. Doch unter der darauf folgenden Herrschaft der Osmanen erholt es sich wieder. Muslimische Einwanderer aus Andalusien, großteils geschickte Handwerker und Bauern, bringen neue Impulse. Handel und Piraterie, eine Haupteinnahmequelle, blühen. Zahlreiche Paläste, Grabmäler, Koranschulen und Moscheen entstehen. Bereits Ende des 18. Jahrhunderts hat die Altstadt im großen und ganzen jenen baulichen Zustand erreicht, in dem sie sich noch heute präsentiert. Denn die Franzosen, Kolonialherren von 1883 bis 1954, demolieren zwar fast den ganzen Mauergürtel, die Souks und die meisten Wohngebiete bleiben aber unangetastet.

*Die Dschamaa ez-Zitouna oder Ölbaummoschee ist neben der al-Azhar von Kairo und der el-Qaraouine von Fes die älteste und bedeutendste Universität des Islam. Ihr Minarett – links: eine Nahaufnahme, oben: gesehen von der Dachterrasse des Palais d'Orient – ist freilich eine Neuschöpfung aus dem 19. Jahrhundert. Unten: Das Café Mrabet im Souk et-Trouk – der ideale Ort für einen gepflegten thé à la menthe.*

Welchen städtebaulichen Schatz die Medina – zusammen mit den beiden alten Vorstädten Bab Souika und Bab el Djazira – darstellt, wird einem erst wirklich bewußt, wenn man sie aus der Höhe betrachtet, etwa von der Dachterrasse eines Stadtpalais. Ein Gewebe aus Hofhäusern, Sackgassen und engen Straßen liegt rund um einen ausgebreitet, so dicht und unverletzt, wie es in der islamischen Welt nur noch ganz wenige gibt. 270 ha ist es groß, vom Autoverkehr praktisch unbehelligt, und durch keinerlei stillose Neubauten entstellt. 1981 wurde es deshalb von der UNESCO zu einem „Kulturgut der Menschheit" erklärt.

Ein zusätzlicher Grund für die Verleihung dieses Prädikats mag wohl die Tatsache gewesen sein, daß sich im hiesigen Basar die traditionelle Gliederung nach Berufsgruppen zu einem Gutteil noch erhalten hat: In dem vorwiegend überdachten und durch Tore verschließbaren Gebiet rund um die Freitagsmoschee sind bis heute die renommierten, reichen Branchen zu Hause: die Läden für Bücher und Brautkleider, für Schmuck, Parfums, Gewürze und

*Tourbet el Bey, das Mausoleum der Husseiniten-Beys, wurde 1758–82 erbaut und vor wenigen Jahren generalrenoviert. Im Bild: der Saal der Männergräber, erkennbar an den turbangekrönten Säulen. Jede Grabplatte verfügt über eine kleine Vertiefung. In diese Schale legen die Angehörigen des Toten Körner. Die Vögel, die kommen, um sie herauszupicken, symbolisieren die Himmelfahrt. Rechte Seite: eine Szene im Souk el-Blaghija, dem Markt für Schuhe.*

Antiquitäten. Nicht zu vergessen die Werkstätten der in Tunis stets besonders einflußreichen Mützenmacher. Weiter vom Zentrum entfernt findet man die Händler für Hausrat, Lebensmittel, Leder- und Messingwaren. Und in der Nähe der Stadttore betreiben, allerdings nur noch vereinzelt, Färber, Schmiede und Ledersticker ihr Gewerbe.

Freilich: Das idyllische Erscheinungsbild darf nicht darüber hinwegtäuschen, daß auch die Medina von Tunis in der jüngeren Vergangenheit gehörig unter gesellschaftlichen Umwälzungen litt. Schon während der ersten Hälfte dieses Jahrhunderts hatte sich die Einwohnerzahl der gesamten Stadt auf über eine halbe Million fast verdreifacht. Doch nach der Unabhängigkeit des Landes (1956) schwoll der Zustrom verarmter Bauern erst richtig an. Ein Großteil wurde notdürftig in Bidonvilles, „Kanisterstädten", an der Peripherie untergebracht. Der Rest bezog in der Medina Quartier. Viele wohlhabende Altstadtbewohner übersiedelten in die ehemaligen Europäerviertel. Ihre Häuser wurden in Massenherbergen, sogenannte *oukalas*, verwandelt. Die sanitären Zustände verschlechterten sich, der Lebensstandard sank, die Bausubstanz verkam. Zudem tauchten Pläne auf, nach dem Vorbild Baron Haussmanns in Paris quer durch den Stadtkern moderne Boulevards zu legen.

Um zu retten, was zu retten war, rief die Stadtverwaltung 1967 die „Association de Sauvegarde de la Médina" ins Leben, die „Vereinigung zum Schutz der Altstadt". Ihre Agenden: Die Bauten der Medina zu konservieren, und zugleich ihre Rolle als lebendiges Zentrum der Stadt zu stärken. In Zusammenarbeit mit anderen Organisationen und dem Staat – und mit finanzieller Hilfe der Weltbank und der Golfstaaten – gelang Mustergültiges: Im völlig heruntergekommenen ehemaligen Judenviertel *Hafsia* zum Beispiel, fügte man 400 neue Wohneinheiten harmonisch in die alte Umgebung ein. Das Gebiet um *Bab Souika*, die alte Richtstatt, wurde verkehrs-

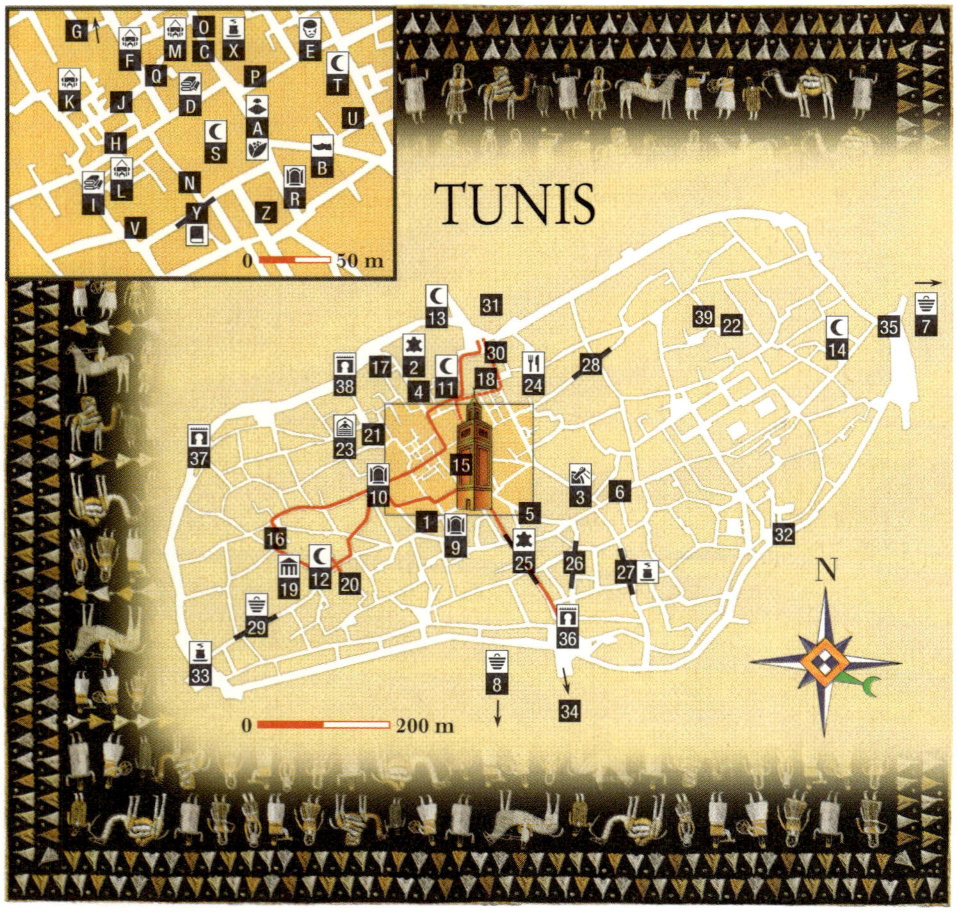


### TUNIS – DIE ALTSTADT

EINZELMÄRKTE: *1 el-Belat (div. Waren), 2 Sekkajine (Leder), 3 du Cuivre (Messing), 4 el-Dziria (Kleider), 5 el-Ouzar, 6 el-Grana (beide: div. Billigwaren), 7 Halfaouine (Lebensmittel), 8 Fondouk el Ghalla (Lebensmittelgroßmarkt).* KARAWANSEREIEN: *9 Fondouk el-Nayar, 10 el-Yasmina.* MOSCHEEN: *11 Youssef Dey, 12 des Teinturiers (Färbermoschee), 13 Kasbah-Moschee, 14 Sidi Mahrez, 15 Dschama ez Zitouna (Ölbaummoschee).* MAUSOLEEN: *16 Tourbet El Bey, 17 Sidi Boukhrissan.* PALÄSTE: *18 Dar El Bey, 19 Dar Ben Abdallah (Folklore-Museum), 20 Dar Othman, 21 Dar Hussein (Nat. Archäologie- und Kunstinstitut), 22 Dar Lasram (Altstadtbehörde).* BÄDER & BRUNNEN: *23 Hammam Daouletli.* KAFFEEHÄUSER & RESTAURANTS: *24 Dar el Jeld.* STRASSEN: *25 Rue Dschama ez-Zitouna, 26 Rue de la Kasbah, 27 Rue Zarkoun, 28 Rue Sidi Ben Arous, 29 Rue des Teinturiers (Lebensmittel), 30 Place du Gouvernement, 31 Place de la Kasbah, 32 Place Bab Carthajna, 33 Place Bab el Dschazira, 34 Ave. Habib Bourguiba, 35 Place Bab Souika.* STADTTORE: *36 Bab Bahar (Porte de France), 37 Bab Dschedid, 38 Bab Menara.* SONSTIGES: *39 Club Culturel Tahar Haddad.*

### DIE ZENTRALEN SUQS

EINZELMÄRKTE: *A el-Attarine (Parfum & Gewürze), B el-Blaghija (Schuhe), C el-Trouk (Souvenirs), D des Etoffes (Kleider), E des Chechias (Mützenmacher), F el-Berka (ehem. Sklavenmarkt, Schmuck), G el-Leffa, H des Femmes, I el Cachachine (alle Kleider), J el-Kouafi (Brautkleider), K des Orfèvres, L de Coton, M Kababjia (Schmuck), N de la Laine (Wolle).* SPEZ. WERKSTÄTTEN & LÄDEN: *O Musee des Turc, P El Dar, Q Palais d'Orient (alle Antiquitäten & Souvenirs).* KARAWANSEREIEN: *R Fondouk el-Attarine.* MOSCHEEN: *S Dschama ez Zitouna, T Hammouda Pascha.* MAUSOLEEN: *U Tourbet Aziza Othmana.* KORANSCHULEN: *V Medersa es-Slimaniya.* BÄDER: *W Hammam Cachachine.* TEE- & KAFFEEHÄUSER, RESTAURANTS: *X Café Mrabet.* STRASSEN: *Y Rue des Libraires.* SONSTIGES: *Z Nationalbibliothek.*

RAHMENDEKOR: *Traditionelle Stickerei aus dem Vorort Sidi Bou Said;* ILLUSTRATION: *Minarett der Zitouna-Moschee.*

Allgemeine Zeichenerklärung siehe Seite 146

*Das Dar Lasram in der Rue du Tribunal – kleines Bild links: sein Innenhof – wurde in den späten sechziger Jahren mustergültig restauriert und beherbergt seither die Büros der „Vereinigung zum Schutz der Altstadt". Mit ihrer Hilfe wurde die drohende Gefahr gebannt, daß die Medina durch moderne Straßen zerschnitten wird. Außerdem rettete sie – gemeinsam mit anderen Organisationen und dem Staat sowie mit Geldern der Golfstaaten und der Weltbank – große Teile der alten Bausubstanz und half, die Medina durch Verbesserung der Infrastruktur wieder ins Zentrum des städtischen Lebens zu rücken. Großes Bild: Szene in der Rue des Teinturiers; unten: Schmuckläden im Souk el-Bey.*

beruhigt und revitalisiert (beide Projekte erhielten den Architekturpreis des Aga Khan).

Darüber hinaus restaurierte man zahlreiche Moscheen, Koranschulen und Palais, was vielen Handwerkern, insbesondere Steinmetzen, Fliesenmachern und den Herstellern von *naqsch hadid*, dem fein ziselierten Stuckdekor, das Überleben sicherte. Ein Programm wurde erarbeitet, das den Abriß Dutzender desolater Oukalas und den Neubau stilechter Ersatzhäuser vorsieht, eine Kulturwoche, das „Festival de la Medina", wurde ins Leben gerufen, eine Handwerksschule gegründet, der Kleinhandel gefördert

*Der Souk des Etoffes mit seinen für den Basar von Tunis typischen weißgetünchten Gewölben und Arkaden. Hier an der Nordseite der Zitouna-Moschee werden Kleider und Stoffe verkauft. In unmittelbarer Nähe befindet sich das kleine, von grün-rot bemalten Säulen bestandene Geviert des Souk el-Berka – dem ehemaligen Sklavenmarkt.*

und das alte Zunftsystem, in Ansätzen, wieder eingeführt. Und um Touristen, die ja in Tunis bekanntlich meist nur eine Transitstation auf dem Weg in Badeorte sehen, von ihrem Irrglauben abzubringen, richtete man einen Kulturpfad ein.

Dieser „Circuit culturel" startet, wo das europäische Tunis endet und das arabische beginnt – an der *Porte de France*, dem „Tor des Meeres" *Bab el-Bahr* – und führt in Mäandern bis zum Regierungspalast *Dar el Bey*. Wer ihn absolviert, bekommt die wichtigsten Sehenswürdigkeiten zu Gesicht: das Folkloremuseum im *Dar Ben Abdallah*, die *Zituna*, die Moscheen der Färber und des Youssef Dey, und *Tourbet el Bey*, das frisch renovierte Grabmal der Husseiniten-Beys, das erst seit kurzem für jedermann wieder zugänglich ist, nachdem Habib Bourguiba, der Vater und erste Präsident der Republik, es dreißig Jahre lang geschlossen gehalten hat. Auch durch die Hauptachsen des Basars führt

der Weg – durch die *Rue Djama ez Zitouna* mit ihrem Spalier aus „echten“ Dolchen und Gewehren, Ledertaschen, Sitzkissen und Plüschkamelen, durch den *Souk el-Attarine* mit seinen eleganten, in Grün und Gold gehaltenen Parfumläden, durch die Schmuck- und Kleidersouks, über das Geviert des ehemaligen Sklavenmarkts *Souk el-Berka*, und durch den ungewöhnlich breiten (bis zu 4,5 m) und hohen (8 m) einstigen Markt der Türken, den Souk et-Trouk.

Dennoch vermittelt der Rundgang nur einen ersten, unvollkommenen Eindruck. Um das Wesen der Medina wirklich zu erfassen, sollte man den Stadtplan beiseite legen und sich in entlegenere Winkel treiben lassen. Sollte seine Nase in die Werkstätten der Babouches-(= Pantoffel-) und Chechia-(= Mützen-)Macher stecken, und in die Souterrains mancher Karawansereien, aus denen immer noch das Surren der Seidenwebstühle dringt, sollte auf einem der Vorstadtplätze im Schatten eines vielhundertjährigen Olivenbaums einen Café au lait nehmen und durch den volkstümlichsten aller Märkte, den *Souk Halfaouine*, bummeln. Mit etwas Glück stößt man auch auf eine Pilgerprozession, die unterwegs zur Moschee des Sidi Mahrez, dem Schutzpatron der Stadt, ist. Oder man entdeckt den Eingang in die Gewölbe des Kulturclubs „Tahar Haddad“, wo am Abend vielleicht eine der häufigen Podiumsdiskussionen zum Thema Feminismus oder Studentenpolitik stattfindet.

*Stolz präsentiert ein Verkäufer in der Rue de la Kasbah eine frische Fuhre seiner Ware. Der Besitzer des Ladens, Mohammed el-Abassi, ist der Amin, der Chef, aller Mützenmacher. Deren Werkstätten befinden sich gleich um die Ecke, in den stimmungsvollen Gewölben des Souk des Chechias.*

Außerdem empfiehlt es sich, um das historische Umfeld zu verstehen, in das diese Metropole eingebettet ist, auch in ihre Vororte zu fahren – in das Nationalmuseum im *Bardo*, dem Palast der Husseiniten-Beys, mit seiner einzigartigen Sammlung römischer Mosaike; nach *La Goulette* zum Fort Karls V.; in den durch Flaubert literarisch verewigten phönizischen Hafenort *Salammbo*, zu den Ruinenfeldern von *Karthago*, und in das Künstlerdorf *Sidi Bou Said*, dessen Café des Nattes August Macke 1914 so publicityträchtig aquarelliert hat.

*Der Souk des Femmes nach Ladenschluß. Er wird zwar nicht mehr, wie früher, durch eigene Tore abgesperrt, aber ein Wächter sieht nachts immer noch nach dem Rechten. Ganz nahe, in der Rue Tourbet el Bey, steht übrigens das ehemalige Wohnhaus Ibn Chalduns.*

Wenn man dann noch in ein Bad wie das altehrwürdige *Hammam Cachachine* oder in ein Restaurant wie das feudale *Dar el Jeld* einkehrt, erahnt man zumindest, wieviel sich die Medina trotz aller Widrigkeiten noch von der verfeinerten Lebensart vergangener Tage bewahren konnte.

مراكش

# MARRAKESCH

Er gehört zu den zauberhaftesten Orten in der islamischen Welt und ist die größte der vielen Attraktionen, mit denen Marrakesch seinen Gästen aufwartet: Ein Platz, am Eingang zum Basar gelegen, fünf Hektar groß, in Form eines Trapez, und vom frühen Morgen bis zum späten Abend bedeckt von einem Menschenmeer – vor allem von Touristen, und von Bauern, die aus den Dörfern am Rand der Sahara, aus dem Hohen Atlas, und dem *Sous*, dem Hinterland von Agadir, in die Stadt gekommen sind, um ihre Produkte auf den Markt zu bringen, einzukaufen und sich zu amüsieren. Die Bedeutung seines Namens ist, wie es zu einem solch magischen Ort paßt, selbst Sprachforschern ein Rätsel. Heißt er „Moschee der Ruine"? Oder „Versammlungsort der Niemande"? Oder, wie am ehesten vermutet wird, „Platz der Gehenkten"? Tatsache ist, daß man auf ihm noch Anfang dieses Jahrhunderts Verbrecher hinrichtete und deren Schädel, blasphemisch „Sultan-Orangen" genannt, zwecks Abschreckung solange zur Schau stellte, bis die Geier sie kahl gefressen hatten.

*Wo Arabien und Afrika einander begegnen: Der legendäre Dschemaa el-Fna hat bisher nichts von seiner Magie eingebüßt. Im Gegenteil: Seit kurzem dürfen auf dem Platz sogar die Garköche wieder ihre Feuer entfachen und das Publikum, wenn es dunkel wird, in aromatische Rauchschwaden hüllen. Im Hintergrund: das Minarett der Kutubiya und die Palmen des Club Méditerranée. Gegenüber: ein alter Färber im Souk des Teinturiers.*

# مراكش

Die Rede ist vom berühmten *Dschemaa el-Fna*. Die schönste Stunde für einen Lokalaugenschein ist die vor Sonnenuntergang an einem Sommertag. Da hat sich die ärgste Hitze – die manchmal an die fünfzig Grad beträgt – gelegt. Da strömen von überall Schaulustige und Müßiggänger herbei. Fliegende Händler schlagen ihre Stände auf. Garköche entfachen ihre Feuer. Und während sich mit den dünnen, bläulichen Rauchschwaden der Duft von gebratenem Fisch und *couscous* und *harira*-Suppe ausbreitet, zeichnen mehr und mehr Männer auf den Boden ihren *halga*, jenen imaginären Kreis, den ihnen ein Heiliger für die allabendliche Vorstellung gesegnet hat.

Nach Einbruch der Dämmerung entfaltet dann der Platz seinen ganzen Zauber. Im flackernden Schein von Karbid-Lampen schart sich das Publikum um seine Helden – um Possenreißer, Affendresseure und Feuerschlucker, Schlangenbeschwörer, Wahrsager und Wunderheiler. Am dichtesten drängen sich die Einheimischen – immer noch – um die Geschichtenerzähler. (In Marokko können drei von vier Frauen und die Hälfte der Männer weder lesen noch schreiben.) Auf die meisten Touristen hingegen üben die *gnawa* die größte Faszination aus. Es sind dunkelhäutige, weißgewandete Musiker und Tanzakrobaten, deren Vorfahren, so nimmt man an, als Sklaven aus Guinea kamen. Die Rhythmen ihrer *darbukas*, der schweren Trommeln, ihrer Tamburine und *gembris*, einer Art dreisaitiger Banjos, rufen eindrucksvoll in Erinnerung, wie nahe hier Schwarzafrika schon ist.

*Vom frühen Morgen bis zum späten Abend ist der Dschemaa el-Fna stets von einem menschlichen Panoptikum bevölkert. Ob Magier oder Scharlatane, Quacksalber oder Wunderheiler, Schlangenbeschwörer oder stolze Besitzer eines Falken – hunderte Komödianten garantieren den Müßiggängern Amusement. Und hoffen dabei auf ein kleines Bakschisch.*

Winston Churchill, der sich im legendären Hotel Mamounia so gerne aquarellierend von den Strapazen der Weltpolitik erholte, bezeichnete Marrakesch als „schönste Stadt der Welt". Die Begeisterung des Briten läßt sich auch ein halbes Jahrhundert später noch nachempfinden: Man wandere nur einmal im samtenen Licht eines Spätnachmittags durch die *Menara*, den Olivenhain der Sultansgärten, und genieße den Blick über das große Bassin und den sich darin spiegelnden Lustpavillon hinauf zu den schneebedeckten, 3.800 m hohen Gipfeln des Atlas. Man unternehme eine Fahrt mit der Pferdekutsche durch die 12.000 ha große *Palmeraie*, in der dank einem 800 Jahre alten System von unterirdischen Kanälen und Brunnen über 150.000 Dattelpalmen gedeihen. Oder man spaziere durch die Suqs und auf der *Route des Remparts* die zwölf Kilometer lange und zehn Meter hohe Festungsmauer aus gestampftem roten Lehm

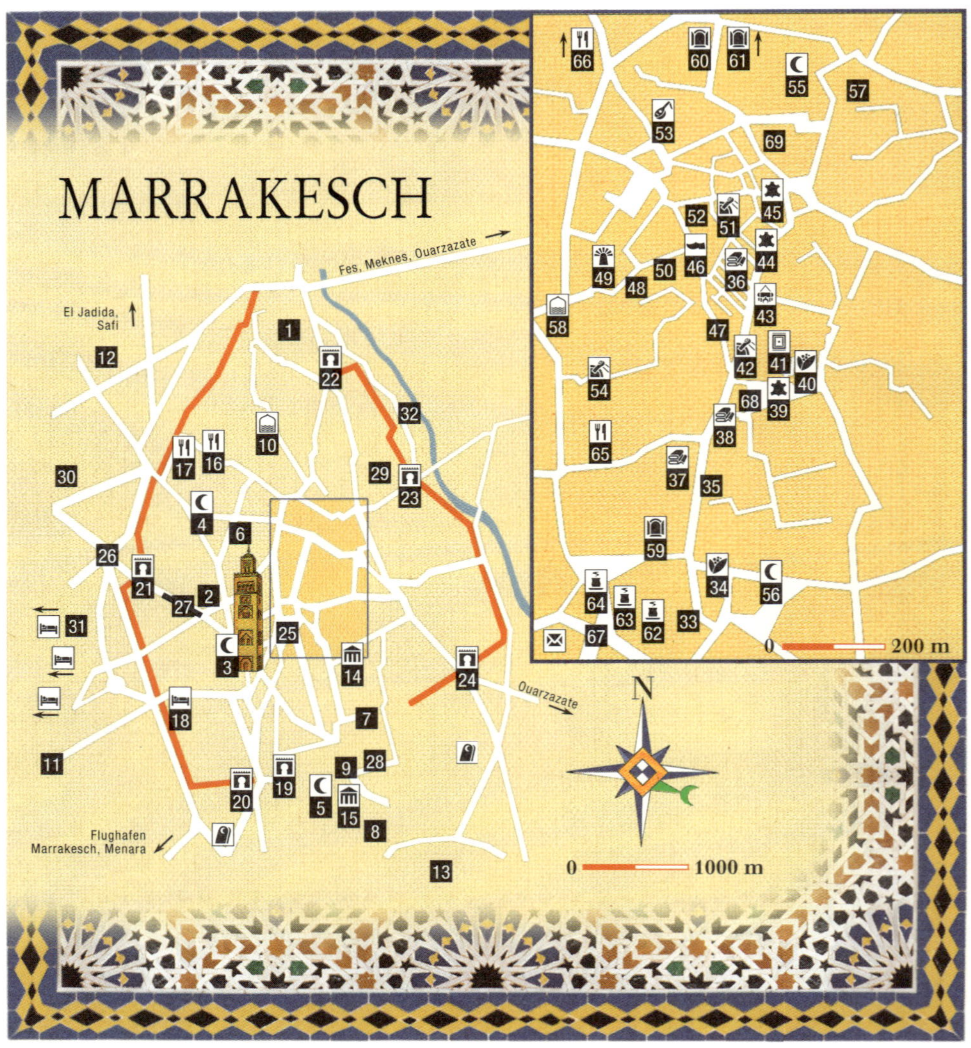


MARRAKESCH – DIE SUQS

EINZELMÄRKTE (SUQS): *1 Potiers (Töpfer), 2 Quessabine (Trockenfrüchte, Gewürze), 3 Smarine, 4 Alte Kissariya, 5 Neue Kissariya (Textilien), 6 Larzal (Wolle, Gebrauchtkleider), 7 el-Maazi & el-Btana (Ziegen- und Schafsleder), 8 Ex-Sklavenmarkt (Gewürze), 9 La Crie Berbere (Teppiche), 10 Fagharine (Schmiede), 11 Bijoutiers (Schmuck), 12 el-Kebir, 13 Cherratine (Leder), 14 Babouchiers (Schuhe), 15 Attarine (Second-Hand-Auktionen), 16 Lebadines (Filzmacher), 17 Teinturiers (Färber) 18 Chouari (Holzschnitzer), 19 des cuivre (Messing), 20 Haddadine (Schmiede), 21 Kenakhine (Musikinstrumente), 22 Forgerons (Kupferschmiede).* MOSCHEEN: *23 Ben Yusuf, 24 Quessabine.* KORANSCHULEN: *25 Ben Yusuf .* BRUNNEN: *26 el-Mouassine.* KARAWANSEREIEN (FUNDUQS): *27 Chidimi, 28 Lamry, 29 el-Misan.* KAFFEEHÄUSER & RESTAURANTS: *30 Café de France, 31 Café Glacis, 32 Café Argana, 33 Stylia, 34 Dar Merschant.* STRASSEN & PLÄTZE: *35 Dschemaa el-Fna, 36 Rahba Kedima.* SONSTIGES: *37 Qoubba.*

DIE ALTSTADT

EINZELMÄRKTE: *38 Suq el-Chemis (Vieh), 39 Kunsthandwerkszentrum.* MOSCHEEN: *40 Kutubia, 41 Bab Doukkala, 42 Kasbah.* PALÄSTE: *43 Dar el-Glaoui, 44 Bahia, 45 Königspalast, 46 El Badi.* BRUNNEN: *47 Echroub ou Chouf.* GÄRTEN: *48 Menara, 49 Majorelle, 50 Agdal.* MUSEEN: *51 Dar Si Said (Volkskunst-Museum), 52 Saadier-Gräber .* RESTAURANTS: *53 Dar Fes, 54 Dar Yacout.* HOTELS: *55 Mamounia.* STADTTORE: *56 Bab Agenau, 57 er Robb, 58 Larissa, 59 el-Chemis, 60 Debbarh, 61 Rhemat.* STRASSEN & PLÄTZE: *62 Dschemaa el-Fna, 63 Place de la Liberté, 64 Ave. Mohammed V.* SONSTIGES: *65 Mellah (Jüd. Viertel), 66 Gerberviertel, 67 Gueliz, 68 Hivernage, 69 Oued/Fluß Issil.*

RAHMENDEKOR: *Charakteristische Rosetten aus Zelige, polychrome Keramikfliesen;* ILLUSTRATION: *Minarett der Kutubiya-Moschee.*

Allgemeine Zeichenerklärung siehe Seite 146

entlang. Dabei wird einem bewußt, wie unversehrt und mittelalterlich noch heute die Bausubstanz der Medina ist. Und wie konkurrenzlos ihr Wahrzeichen, das 77 m hohe Minarett der *Kutubiya*-Moschee, nach wie vor alle anderen Gebäude überragt. Auch das Wesen der Bevölkerung hat Anteil am Reiz dieser Stadt – ihre charmante, durch die Tatsache bedingte Provinzialität, daß viele der eineinhalb Millionen Einwohner berberischer, also ländlicher Abstammung sind und noch *schleuh*, den breiten Dialekt der Atlas-Berber, sprechen. (Im Gegensatz zu Fes, Meknes und Rabat, den drei anderen Königsstädten des Landes, verfügte Marrakesch nie über eine alteingesessene Bourgeoisie.) Aber auch ihre besonders ausgeprägte Volksfrömmigkeit trägt dazu bei. (Die strenge Orthodoxie, die man etwa in Fes, der alten Universitätsstadt und Rivalin, pflegt, ist den Menschen hier im Süden fremd.) Ein prägender Zug ist auch, daß die *marrakschis* mehr noch als alle anderen Marokkaner auf Humor und absolute Wahrung der Contenance Wert legen und sich außerordentlich viel Zeit beim Leben lassen.

Es ist wohl kein Zufall, daß sich gerade hier – genauer: in den kalifornisch anmutenden, mit Orangen- und Jacarandabäumen bestandenen Villenvierteln *Gueliz* und *Hivernage* – viele Mitglieder des internationalen Jetset, von Mick Jagger und Pierre Cardin bis Raquel Welch und Yves Saint Laurent, ihre luxuriösen Winterrefugien eingerichtet haben. Die Schönheit dieser Oase – sowie ihre strategisch günstige Lage – hatte bereits der Wüstenfürst Abu Bekr erkannt, nachdem er um 1060 mit seinem mächtigen Heer bis hierher, in die *Hauz*-Ebene, vorgedrungen war. Also baute er eine erste steinerne Wehrburg. Seine almoravidischen Nachfolger, Yussuf Ibn Taschfin und dessen Sohn Ali, erweiterten sie mit Hilfe andalusischer Handwerker zu einer regelrechten Stadt, mit Moschee, neuem Palast und zahlreichen anderen Bauten, die freilich bis auf den imposanten Befestigungswall längst nicht mehr existieren.

Unter den Almohaden (ab 1147) war *Mraksch*, wie zeitgenössische Chronisten die junge Metropole bezeichneten, bald Zentrum eines Reiches, das sich vom Atlantik bis nach Tunesien und über einen Großteil der Iberischen Halbinsel erstreckte. Seine Bewohner trieben sowohl mit Spanien als auch mit dem *Bilad as-Sudan*, der Region jenseits der Sahara, regen Handel. Hauptausfuhrgüter Richtung Norden waren Leder, Zucker und Keramiken. Importiert wurde vor allem Gold aus dem Süden. Zu dieser Zeit entstanden die kolossalen hufeisenförmigen

*Eine Karawanserei im Viertel Bab el-Chemis. Nach Einbruch der Dunkelheit legt sich hier die Betriebsamkeit des Tages allmählich. Nun verlustieren sich die Händler aus der Provinz auf dem Dschemaa el-Fna oder schmauchen in ihren Zimmern im Obergeschoß gemeinsam eine Pfeife voll Kif.*

*Palaver im Hof eines Funduqs. Noch gibt es in Marrakesch Karawansereien wie jene, über die Titus Burckhardt schrieb: „Tritt man in ihre Höfe ein, so findet man mitten in der Stadt die Leute und Klänge der Dörfer und Beduinenlager, und je nach der Ware, die in dem einen oder anderen abgeladen wird, ist er vom Duft der Früchte und der Körner oder vom Geruch der Häute und der Erden erfüllt. Wer dort in einer der kleinen, mit Kalk geweißten Kammern auf einer Matte übernachtet, hört nachts das Gescharre der Tiere unter sich, und des Morgens, noch bevor der Hahn kräht, weckt ihn der Gesang des Muezzin."*

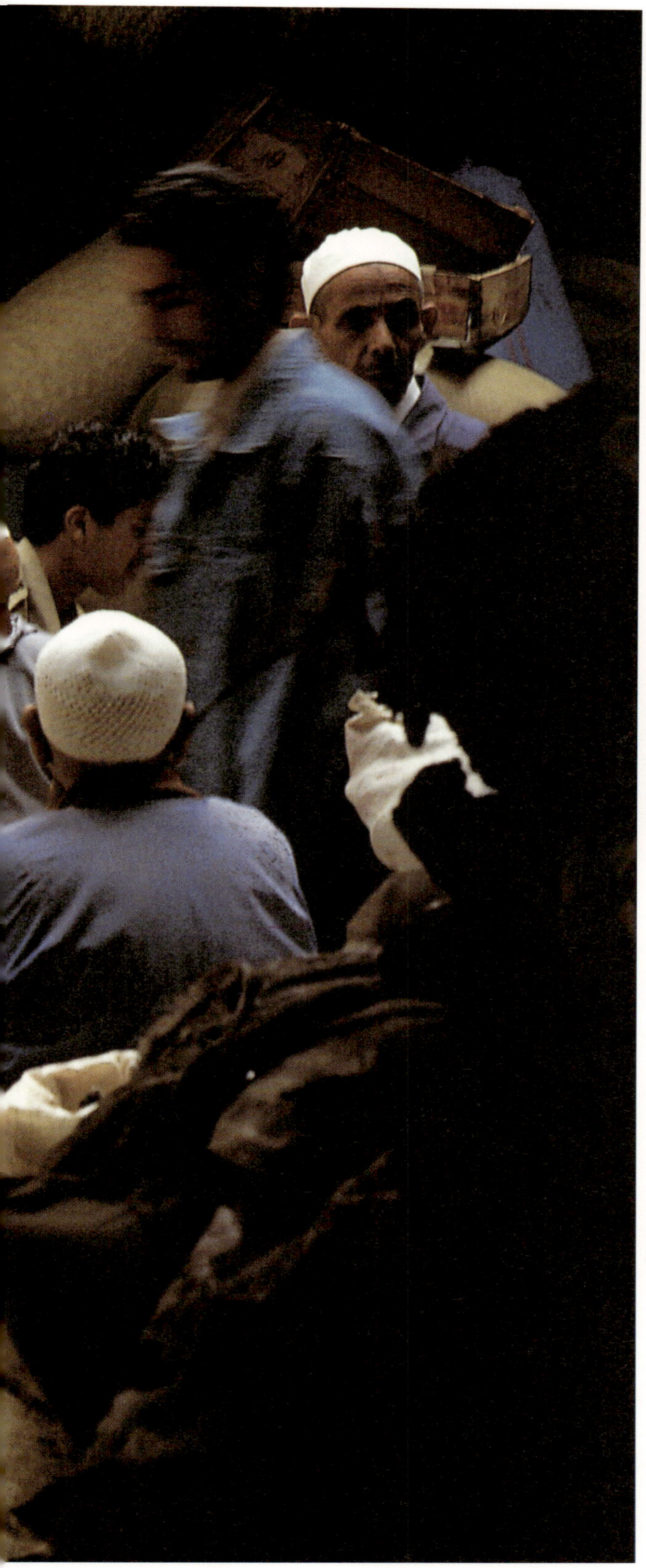

*Auf Koranschulen wie diese stößt man in der Medina auf Schritt und Tritt. Hier lernen Kinder aller Altersstufen die Suren des heiligen Buches auswendig. Dabei trainieren sie ihr Gedächtnis und werden mit dem klassischen Arabisch vertraut. Über den Inhalt erfahren sie vorerst nichts. Der erschließt sich ihnen, je nach Schicksal, erst in der Medrese, der höheren theologischen Schule, oder im Verlauf des Erwachsenseins. Übrigens: Die Analphabetenrate im Lande Hassans II., dessen Konterfei über der Tafel eingerahmt hängt, beträgt über fünfzig Prozent.*

Stadttore, etwa das *Bab er Robb* und das *Bab Agenau*, die weitläufigen Anlagen der *Menara*- und *Agdal*-Gärten, das Krankenhaus, an dem berühmte Ärzte wie Averroes und Avenzoar lehrten, und die *Kutubiya*, jene Moschee, deren Name an den einst angrenzenden Suq der Buchhändler (*Suq el Kotbiye*) erinnert. Insgesamt gab es drei Basare – den noch heute bestehenden südlich der *Ben Yussuf*-Moschee, jenen zu Füßen der Kutubiya, und eine angeblich prächtige *Qaisariye*, die aber schon hundert Jahre später abbrannte. Die Gesamtfläche der Stadt betrug 630 ha. Zum Vergleich: Kairo maß damals gerade 140.

1269 übernahmen die Meriniden die Macht. Sie verlegten den Regierungssitz nach Fes, und zugleich die Route für die großen Transsahara-Karawanen weiter nach Osten. Statt wie bis dahin von Marrakesch südwärts nach Timbuktu verlief sie nunmehr von Fes über Sijilmassa nach Gao. Der Glanz der „über den Atlas geworfenen Perle des Südens“, wie

N°25
PORTEUR D'EAU
VILLE MARRAKECH

ein arabischer Dichter Marrakesch zuvor genannt hatte, verblaßte rasch. Hungersnöte dezimierten die Bevölkerung. Der Goldfluß versiegte. Und die fabelhafte Bibliothek der Almohaden, so konstatierte Leo Africanus in seiner berühmten „Beschreibung Afrikas", verkam zum Hühnerstall.

Die Wende erfolgte erst 1524 durch die Saadier. Sie brachten, kurz bevor sie das Reich erneut einigten, den königlichen Hof zurück und verliehen der Stadt wieder das Flair einer Metropole. So baute etwa Mulay Abdallah die *Medersa Ben Yusuf* zur größten Koranschule des ganzen Maghreb aus. Er war es auch, der den Juden einen eigenen Bezirk, die *Mellah*, zuwies, in dem sie ungestört ihrem Glauben und Erwerb, speziell dem Handel mit Salz, nachgehen konnten („mellah" ist angeblich das arabische Wort für „Salz"). Für die Christen ließ er ein Gemeindezentrum, und am Rande des Dschemaa el-Fna, wo heute der Club Méditerranée logiert, ein eigenes Handelshaus errichten. Sein Nachfolger, Ahmed el-Mansur, der „Siegreiche" (1578–1603), erweiterte, nachdem er die Portugiesen geschlagen und Timbuktu geplündert hatte, die Medina maßgeblich. Eindrucksvollste Zeugnisse seiner Prachtentfaltung (die er mit der Beute seiner Kriege, aber auch mit den Erlösen aus Zucker- und Lederexporten nach Europa finanzierte): der heute nur noch als Ruine erhaltene *El Badi*-Palast und die Nekropole der Saadier.

Im 17. und 18. Jahrhundert kamen wiederum Kriege, Armut und Hunger über die Stadt. Erst die Alaouiten (deren Geschlecht auch der gegenwärtige Monarch, Hassan II., angehört) leiteten eine länger währende Prosperitätsphase ein. Ihnen verdanken wir unter anderem den heute öffentlich zugänglichen *El Bahia*-Palast und das *Dar Si Said* (seit 1912 Kunstgewerbemuseum). Als die Franzosen gegen Ende des 19. Jahrhunderts in den Süden des Landes vordrangen, diente Marrakesch dem Sultan als Zentrum des Widerstands. Als sie 1912 schließlich das Protektorat ausriefen, wurde es endgültig zur Provinzstadt degradiert. Starker Mann blieb bis in die fünfziger Jahre der Pascha des Glawi-Clans, der skrupellos mit den neuen Herren kollaborierte.

Den Rest seiner einst großen Bedeutung als Brennpunkt des Fernhandels hat Marrakesch bereits im vorigen Jahrhundert verloren. Gründe dafür waren der Ausbau der Atlantikhäfen und die Eroberung Westafrikas durch Frankreich. Seine Bedeutung als Zentrum des Kunsthandwerks dagegen hat es bis heute bewahrt. Zwar haben die Korporationen unter dem Druck des *machzen*, des königlichen Machtapparats, manche Befugnisse eingebüßt. Doch offiziell zählen sie immer noch 10.000 Meister. (Die Gesamtzahl der im Gewerbe Beschäftigten ist um ein vielfaches höher.) Und über die religiösen Bruderschaften, die den meisten Korporationen angegliedert sind, üben die Handwerker auch noch beträchtlichen gesellschaftlichen Einfluß aus.

*Zum lebenden Inventar der Suqs gehört der Gerrab, der Wasserverkäufer (linke Seite). Seine Ausrüstung besteht, abgesehen von der malerischen Tracht, aus Kupferbechern für die Moslems, einer Tasse aus Weißmetall für die Andersgläubigen, einer Ziegenhaut, in der er das Wasser aufbewahrt, und einer Kupferglocke, mit der er sein Kommen ankündigt. Oben: Szene im Suq Larzal, dem Markt für gebrauchte Kleider.*

Zu den maßgebendsten Bünden zählen jene der Gerber mit 430 Mitgliedern, der Tuchhändler (237), der Seidenhändler (100) und vor allem der *Babouches*-Macher (1500). Im Labyrinth der Medina fristet aber auch eine Vielzahl bescheidenerer und exotischerer Branchen ihr Dasein. Gleich neben dem berühmten Suq der Färber etwa stößt man auf ein paar Filzmacher, die noch mit Schwarzseife gefärbte *lebda*, Gebetsteppiche, walken. Im *Funduq Tetlaui* wird noch die alte Technik des *brichla* praktiziert, des Belegens von Keramik mit Silberdraht. *Schme*, die bunten Kerzen für die Prozessionen zu den sieben „heiligsten" Gräbern der Stadt, werden noch gezogen und im Messingmarkt verkauft. In einem Durchgang namens *La Crie* versuchen tagtäglich Männer im Rahmen einer sonderbaren Auktion alte Teppiche, aber auch ihre *dschellabiyas* und *burnusse* gewinnbringend loszuwerden. Ganz in der Nähe existiert auch noch der *Suq Larzal*, wo Frauen in Bergen von gebrauchten Kleidern nach Passendem wühlen. Und zwischen La Crie und Suq Larzal erstreckt sich der *Place Rahba Kedima*, das kleinere Gegenstück zum Dschemaa el-Fna. Hier, wo man bis 1912 Sklaven aus Schwarzafrika verschacherte, werden morgens Wolle und nachmittags Leder verkauft. An ambulanten Imbißständen wird Schneckensuppe ausgeschenkt. Und in den umliegenden Läden bieten Experten für *silhacen*, das ist Schwarze Magie, ein sehenswertes, weil abenteuerliches Sammelsurium von Zaubersubstanzen und Schutzobjekten feil.

فيس

# FES

Eine Druse, gefüllt mit Tausenden von Kristallen ... Die Metapher, mit der Titus Burckhard vor dreißig Jahren die Wirkung von Fes im Abendlicht umschrieb, könnte noch heute treffender nicht sein: Blickt man von einem der umliegenden Hügel auf die Talmulde hinab, in die sich die Altstadt schmiegt, glaubt man tatsächlich ein gewaltiges Mineraliendepot vor sich zu haben – eine dichte Masse von onyxbraunen und amethystfarbenen Hauswürfeln, aus der, hell wie Quarz, Dutzende Prismen, die Minarette, herausragen. Eingefaßt ist dieses Stadtjuwel von weißen Steinen, den Stelen der Friedhöfe, und dem terrakottaroten Band der über zwölf Kilometer langen Stadtmauer. In seiner Mitte schimmert ein riesengroßer geschliffener Smaragd. Ein Dach aus grün glasierten Ziegeln bezeichnet im Maghreb stets einen geweihten Ort. Der grün gedeckte Gebäudekomplex im Herzen von Fes beherbergt die berühmte Universitätsmoschee *El-Qaraouine.* Sie wurde bereits 862 von Fatma bent Mohammed el Feheri, der Tochter eines Einwanderers aus Kairouan, gegründet und bildete bis in die jüngste Vergangenheit das intellektuelle Zentrum des Landes. Älter noch als *Al-Azhar* in Kairo und die *Zeituna*-Schule von Tunis, lockte sie seit jeher die besten Geister an. Ibn Battuta, Leo Africanus, El Bitruji alias Alpetragius und Ibn Chaldun, der wohl berühmteste islamische Historiker, haben angeblich an ihr gelernt und gelehrt. Und ein gewisser Gerbert von Aurillac soll knapp vor der Jahrtausendwende hier jenes Dezimalsystem mit den arabischen Ziffern, inklusive der Null, kennengelernt haben,

*Ein altes Sprichwort sagt, es gebe in Fes keine Elle Boden, die nicht von einem Heiligen bewohnt wäre. Das Zentrum dieses Reiches der Toten bildet ohne Zweifel die Grabmoschee Idris II. (linke Seite: ihr Eingang). Das Innere ist Moslems vorbehalten, ihre Umgebung mit hölzernen Querbalken als sakrosankter Bezirk markiert.*
*Die Medersa Attarin (unten links), um das Jahr 1324 erbaut, gilt dank ihrer weißen Wände aus filigranem Stuck und den dunklen, reich beschnitzten Zedernbalken als Meisterwerk der merinidischen Architektur.*
*Kunstvoll mit Fayencen ausgekleidete Brunnen findet der durstige Passant zu Dutzenden über die gesamte Medina verstreut. Sie stehen fast alle im Besitz frommer Stiftungen und werden regelmäßig renoviert.*

*Im Mittelalter war Fes den europäischen Städten kulturell weit voraus. Jetzt führt es dank seiner Zeitlosigkeit und dem unverändert gebliebenen Charakter den Besucher wieder in diese Epoche zurück: Seine insgesamt 40 km lange Stadtmauer (rechts oben) ist samt ihrer kolossalen Tore komplett intakt. Seine Bürger halten ihre Traditionen – Mitte: ein Hochzeitszug – lebendig. Und auch die alten Gewerbe, etwa die Wollfärbereien, konnten bisher größtenteils überleben.*

das er später als Papst Silvester II. in Europa einführte.
16.000 m² ist diese „Stadt in der Stadt“ groß. Sie umfaßt vierzehn monumentale Tore, eine äußerst kostbare Bibliothek und eine sechzehnschiffige Gebetshalle mit 270 Säulen, die gemeinsam mit dem pavillonbestandenen Innenhof über 22.000 Gläubigen Platz bietet. Bezeichnend für den Reichtum der Qaraouine an filigranem Dekor ist, daß selbst die angrenzenden monumentalen Waschgebäude und Latrinen mit schön geschnitzten und bemalten Zedernholzdecken überspannt sind.

Wann die Geschichte von Fes begann, läßt sich nicht mehr genau feststellen. Man vermutet, daß bereits ab 789 am rechten Ufer des Flußes *Wad Fes* eine von Idris I. angelegte, hauptsächlich von Berbern bewohnte Siedlung namens *Madinat el-Fas* bestand. Doch die eigentliche Gründung erfolgte nach Meinung der meisten Historiker im Jahre 808. Am 22. Dezember dieses Jahres legte nämlich, wie ihm Astrologen empfohlen hatten, der erst 16jährige Moulay Idris II. am Gegenufer, dort, wo heute seine Grabmoschee steht, den Grundstein für die künftige Metropole seines Reiches. „Gott“, so soll er an diesem Tag gebetet haben, „mache diese Stadt zu einem Hause des Wissens und der Gesetzeskunde, auf daß in ihr stets Dein Buch gelesen und Deine Gesetze befolgt werden.“
Die Fürbitten wurden prompt erhört: Noch im 9. Jahrhundert zogen Tausende Flüchtlingsfamilien aus Kairouan und Cordoba, den beiden Geisteszentren des islamischen Westens, zu. Ihr handwerkliches Können und ihre Gelehrsamkeit bildeten das Fundament für den späteren Reichtum, die Pracht und die Kultur der Stadt. Allerdings lebten die Zuwanderer zunächst in zwei strikt voneinander getrennten Stadtteilen – in *El-Andalus* östlich des Flusses, und in *El-Qairaouine* im Westen. Ihre Rivalität, 200 Jahre lang ein erhebliches Hemmnis für die Stadtentwicklung, spiegelte im Kleinen die große Gegnerschaft zwischen den spanischen Omajjaden und den Fatimiden aus Ifriqiyya (Tunesien) wider. Erst die almoravidischen Eroberer (ab 1069) rissen die Trennmauern nieder, verbanden die beiden Hälften durch Brücken und umgaben das dadurch entstandene, *Fes el-Bali* genannte Stadtgefüge mit einem neuen Festungsgürtel.
Nun erst kam die Gunst der Lage voll zum Tragen: Man faßte die unzähligen innerstädtischen Quellen,

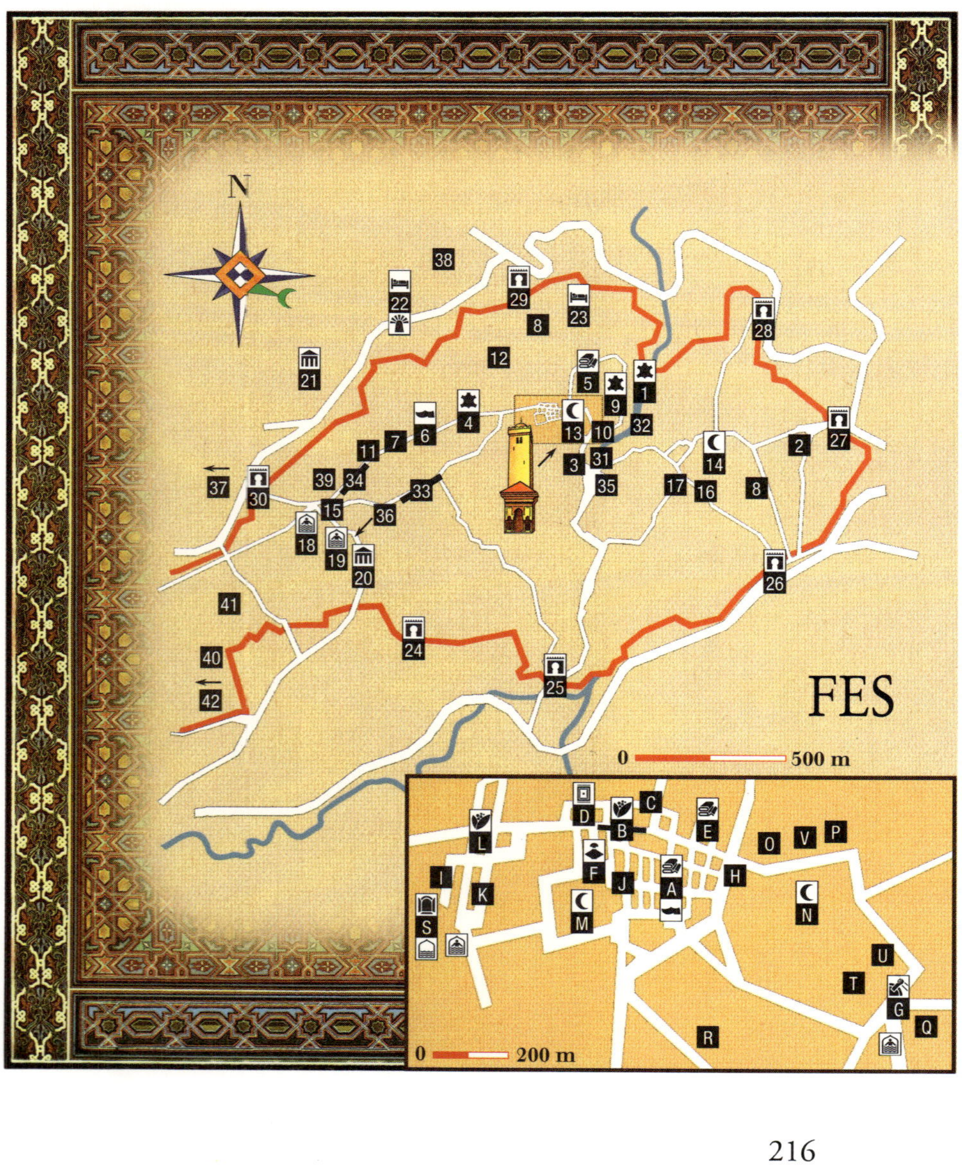


FES EL-BALI – DIE ALTSTADT

EINZELMÄRKTE & GEWERBEVIERTEL: *1 Madabigh Chouara/Tanneries (Gerbereien), 2 al-Fakharin (Töpfer-Viertel), 3 Souk Sebbaghine/Teinturiers (Färber), 4 Labatin (Schafleder), 5 Sidi Ahmed Tijani (Stoffmarkt), 6 Cherrabliyne (Schuhreparatur), 7 Assal & Melh (Honig & Salz), 8 Zitoun & Ghlal (Oliven & Schnecken), 9 Eljald sinaat starem (Ledersitzkissen), 10 Mechatine (Hornkämme), 11 Maharite (Pflüge), 12 Elhamam (Vögel; nur freitags).* MOSCHEEN: *13 el-Qarawin (& Universität), 14 des Andalous.* KORANSCHULEN: *15 Medersa Bou Inania, 16 es-Sehrij, 17 el-Oued.* BÄDER: *18 Bildi (neu), 19 Bildi (alt).* MUSEEN: *20 des Arts Marocains/Dar Batha (Kunstgewerbe), 21 Musée des Armes/Borj Nord (Waffenmuseum).* HOTELS: *22 Les Mérinides, 23 Palais Jamai.* STADTTORE: *24 el-Hadid, 25 el-Dschedid, 26 Ftouh, 27 Khoukha, 28 Sidi Bujida, 29 Guissa, 30 el-Mahrouk.* BRÜCKEN: *31 Gzam ben Skoum, 32 de Beine Mdoun.* STRASSEN & PLÄTZE: *33 Talaa Seghira, 34 Talaa Kebira, 35 Place Rsif, 36 Place de l'Istiqlal.* SONSTIGES: *37 Cherarda-Kasbah, 38 Nekropole der Meriniden, 39 Haus der Wasseruhr, 40 Fès el-Dschedid, 41 Boujeloud-Garten, 42 Palais Royal (Königspalast).* RICHTUNGSWEISER: *Meknes, Rabat.*

DIE ZENTRALEN SUQS

EINZELMÄRKTE: *A Qaissariya (Stoffe, Schuhe), B Souk el-Attarin (Gewürze), C al-Haik (Schneider/Dschellabahs), D Tillis (Teppiche), E al-Bali (Wolle, Webereien), F Elaotour (Parfums), G Enhaissi (Messingschmiede), H Smat Laadoul (Standplatz der Notare), I en-Nejjarine (Tischler), J Elmaaden Labyad (Weißmetall/Alpaka), K Essarraj (Sattler), L al-Hinna (Henna).* MOSCHEEN: *M Grabmoschee des Mulay Idris, N el-Qarawin.* KORANSCHULEN: *O Medersa Attarin, P Mesbahia, Q Seffarin, R Scherratin.* KARAWANSEREIEN: *S en-Nejjarine (& Brunnen).* SONSTIGES: *T Bibliothek der Universität, U Ehem. Haus des Kadi, V Waschungsgebäude & Latrinen.*

RAHMENDEKOR: *Lackierte Holztüre im Königspalast von Fes;* ILLUSTRATION: *Minarett der Qarawin-Moschee.*

Allgemeine Zeichenerklärung siehe Seite 146

regulierte den Fluß und baute ein kompliziertes, doppeltes Kanalnetz, durch das Moscheen, Häuser und Werkstätten mit Frischwasser versorgt und deren Abwässer abgeleitet wurden. Zugleich begann man, die fruchtbaren Hügel der Region im großen Stil zum Anbau von Oliven, Obst und Getreide, aber auch als Weideland zu nutzen. In den Zedern- und Eichenwäldern des Mittleren Atlas entdeckte man ein schier unerschöpfliches Reservoir für Baumaterial. Ebenso in den vielen Steinbrüchen der näheren Umgebung. Vor allem aber wurde der handelsstrategische Vorteil der Stadt offenkundig, lag sie doch am Kreuzungspunkt der Hauptverkehrswege zwischen dem Atlantik und dem östlichen Maghreb sowie dem Mittelmeer und den Bergpässen Richtung Sahara. Bald trieben fassische Kaufleute Handel mit der ganzen Welt, fuhren bis nach Persien und Indien, China, Ost- und Westafrika. Zur Zeit der Almohaden (1146–1248) verzeichneten die Register der Steuerbehörde 89.000 Haushalte, 20.000 Lagerhäuser, 9.000 Läden, 785 Moscheen, knapp 500 Funduqs und ebensoviele Mühlen, und dazu Tausende von Werkstätten – Webereien, Färbereien, Gerbereien, Papier- und Seifenfabriken, Schmieden und Keramikbrennereien.

Die nächsten Herrscher, die Meriniden, erhoben Fes für zwei Jahrhunderte zur Reichsresidenz. Sie schufen auf dem westlich der Stadtmauern gelegenen Plateau einen Verwaltungs- und Garnisonsbezirk. Er hieß *Fes el-Dschedid*, das „neue Fes“, und umfaßte unter anderem weitläufige Gärten, einen Sultanspalast (*Dar el-Machzen*), und ein Judenviertel, die *Mellah*. In der Altstadt entstanden – hauptsächlich durch maurische Künstler aus Spanien – eine Fülle architektonischer Juwele; allen voran die berühmten Koranschulen wie *Bou Inania*, *Attarine*, *Misbahiya* oder *Seffarine*, deren prächtiger Stuck-, Schnitz- und Fliesendekor jenem der Alhambra kaum nachsteht. Die Stadt war die blühendste des ganzen Maghreb und in ihrem Glanz mit Kairo und Granada vergleichbar.
Der Niedergang setzte gegen Ende des 15. Jahrhunderts in Form von politischen Unruhen, Pestepidemien und Hungersnöten ein. Marrakesch und später Meknes lösten Fes als Hauptstadt ab. Doch selbst in diesen Phasen konnte die Stadt ihre landesweite Geltung in religiösen und kommerziellen Belangen erhalten. Während der Herrschaft der Alaouiten – sie residierten in Fes ab 1727 – wuchs allmählich der Einfluß der Europäer. Er gipfelte in der sogenannten „Konvention von Fes“, durch die Marokko am 30. März 1912 auch formell zum französischen Protektorat wurde. In den Folgejahren entstand die *Ville Nouvelle*, ein modernes Viertel eu-

ropäischen Zuschnitts. Fes el-Bali und el-Dschedid erklärte Marschall Lyautey, Frankreichs erster Generalresident, zu historischen Monumenten. Sie sollten von der westlichen Zivilisation so gut es ging verschont bleiben.

Sanaa mit seinen weißen Zuckerbäckerfassaden mag auf den Gast aus Europa im ersten Moment exotischer wirken, Damaskus mehr von Geschichte durchtränkt, und Kairo uferloser in seinen Ausmaßen. Doch keine Metropole der islamischen Welt vermittelt heute in ihrer Gesamtheit auch nur annähernd ein so authentisches Bild vom orientalischen Mittelalter wie diese an der westlichen Peripherie gelegene – und zwar sowohl dank ihrer Bausubstanz, als auch dank ihrer Atmosphäre. In kaum einer anderen fühlt der Besucher so intensiv, daß er sich in einer vielschichtigen, fremden Welt bewegt, deren Mysterien er selbst nach wochenlangem Aufenthalt höchstens erahnen kann. Dazu kommt, daß sich nirgendwo sonst das Erbe der spanisch-maurischen Architektur und des Ornaments so rein erhalten hat wie hier.

Das tausendjährige Fes hat seine Traditionen in vielerlei Hinsicht bewahrt: In spiritueller – in den Gassen rund um das Grabmal von Moulay Idris sind wie eh und je in Kopfhöhe hölzerne Querbalken montiert, die unreine Reittiere abhalten, Passanten zur Verneigung zwingen, und jedermann signalisieren, daß er einen geweihten Bezirk betritt. In intellektueller – die modernste Universität des Landes liegt zwar in Rabat, doch vor allem auf theologischem Gebiet genießt die Qaraouine nach wie vor einen hervorragenden Ruf; in machtpolitischer – auch der Monarch ist längst in die Hauptstadt übersiedelt, aber für ein paar Wochen im Jahr nimmt er noch heute im Dar el-Machzen von Fes, der rangältesten Königsstadt, Quartier. Und in ökonomischer – die *Fassi*, die alteingesessenen Bürger, gelten trotz der Verlagerung des Wirtschaftszentrums nach Casablanca immer noch in ganz Marokko als Elite. Eine Handvoll örtlicher Aristokraten-Clans, wie die Tazi und Charuit, die Mokri, Hadschaui und Hababu, beherrschen weiterhin landesweit Textilindustrie und Handel, und demonstrieren bei prunkvollen Hochzeiten oder Beschneidungszeremonien gerne öffentlich ihr Standesbewußtsein. Und obwohl sich wie in allen Suqs auch in jenen von Fes das Handwerk in der Defensive befindet, ist seine Bedeutung hier vergleichsweise immer noch groß.

*Im Westabschnitt der Talaa Kebira, der oberen der beiden Hauptstraßen, ragen aus einer Hausfassade 13 merkwürdige Holzkonsolen – die Reste einer 600 Jahre alten Wasseruhr. Wie ihre Mechanik funktionierte? Die Nachwelt rätselt. Fest steht, daß sie mit einem Glockenspiel die Gebetszeiten einläutete.*
*Oben: Die Grabmoschee Idris II.*

In Korporationen sind 30.000 Meister organisiert. Mehr als die Hälfte der 300.000 Altstadt-Bewohner leben von handwerklicher Arbeit. Man unterscheidet 780 verschiedene Berufe. Da gibt es die *mschatin*, die Kammacher, die noch eigenhändig toten Ochsen die Hörner abtrennen, diese der Länge nach öffnen, über einem Feuer entrollen und daraus mit einer Handsäge und außerordentlicher Geduld Zahn für Zahn sägen. Und die Glutmacher, die in ihren tiefen, rußigen Gelassen frühmorgens an Schlosser und Schmiede, Köche und Kesselflicker glosende Holzscheite verteilen, mit denen diese ihre eigenen, kleineren Feuer entfachen. Es gibt Messerschmiede und Scherenschleifer, öffentliche Schreiber mit vorsintflutlichen Schreibmaschinen, Frauen, die hauptberuflich Hände und Füße mit *harqus*, Ornamenten aus Henna, bemalen, und Gemeinschaftsbäcker, zu denen die Familien Morgen für Morgen ihre teigigen, individuell gekennzeichneten Brotfladen bringen. Auch existieren eigene Märkte für so spezielle Waren wie Schlüssel, Pflüge und Ledersättel, für Oliven und Schnecken und Honig und Salz. Nur jenes freundliche kleine Büro, in dem Buben, wenn sie beim Teeholen ihre Groschen verloren, diese, um der Prügelstrafe zu entgehen, ersetzt bekamen, hat leider schon vor etlichen Jahren seine Pforten geschlossen.

*Das Viertel der Gerber im Quartier Chouara ist einer der archaischsten Orte der Stadt. Dieser Eindruck wird noch durch die überaus herben Gerüche der Tierhäute und Gerbemittel verstärkt. Der Standort des Gewerbes wurde einst bewußt gewählt: Hier verläßt der Wad Fes, der Fluß, die Stadt und schwemmt alle anfallenden Giftrückstände mit sich.*

Zu einem gewissen Grad trügt freilich die Idylle: Auch Fes ist in seinem Innersten akut bedroht, ist, wie der hier geborene, berühmte Schriftsteller Tahar Ben Jelloun einmal schrieb, ein „Gedicht ohne Musik“. Seit Jahrzehnten, vor allem seit der Unabhängigkeit (1956), drängen mehr und mehr Menschen vom Land in die Stadt. Die Einwohnerzahl hat sich in nur dreißig Jahren auf eine Million vervierfacht. Innerhalb der Mauern der Medina leben pro Hektar beinah tausend Personen. Viele Patrizier haben ihren Wohnsitz in die Neustadt verlegt. Ihre alten Paläste sind meist mit Zuzüglern überfüllt. Seither verfällt die Bausubstanz, und mit ihr die gesamte Infrastruktur. Der einst vielgepriesene „Fluß der Perlen“ ist im Osten, wo er die Stadt verläßt, ökologisch tot. Anfang der achtziger Jahre hat die UNESCO die Altstadt unter ihren Schutz gestellt. Ein umfangreiches Rettungsprogramm wurde erarbeitet. Eine der kurzfristigeren Maßnahmen sieht vor, in den nächsten Jahren rund 70.000 Bewohner in Neubauten an der Peripherie umzusiedeln. Allein diese Aktion soll mehrere hundert Millionen Dollar kosten. Ob sie jemals abgeschlossen sein wird?

شیراز

# SCHIRAS

Stadt des Wissens und der Poesie, der Gärten, Rosen und des Weins ... Nein, es sind keine schmeichlerischen Klischees, ersonnen in tausendundein exotischen Träumen, mit denen die Welt Schiras seit tausend Jahren bedenkt. Die Attribute, so zauberhaft sie auch anmuten mögen, haben ihre Wurzeln in einer Wirklichkeit, die noch vor zwei, drei Generationen bestanden hat.

Die Hauptstadt der Provinz Fars im Südiran war tatsächlich viele Jahrhunderte lang ein Zentrum größter Gelehrsamkeit, bevölkert von überdurchschnittlich vielen Doktoren, Juristen und Alchimisten, Astronomen und Mathematikern. Hier wurden zwei der bedeutendsten Poeten der persischen Sprache, Hafis und Saadi, geboren, hier wirkten sie und sind bestattet. Hier zog man mit mehr Hingabe als irgendwo sonst Rosen, diese duftenden Symbole sufischer Vollkommenheit, die während der Himmelfahrt des Propheten aus seinem Schweiße entstanden sein sollen; und die berühmten Schiras-Trauben, deren samtig-roter Saft noch heute Weinkenner in aller Welt begeistert. Und wenn die üppig

*Wie in der Antike und im Christentum, so gilt auch im Islam die Rose als esoterisches Zeichen. Von ihrem Duft und ihrer Kraft als Paradies- und Liebessymbol ließen sich in Schiras, einem Zentrum der Rosenzucht, von alters her Mystiker und Poeten inspirieren.. Rechts oben: das Mausoleum von Hafis (gest. 1390), dessen Verse Goethe zu seinem „West-östlichen Diwan" anregten.*

blühenden Gärten als Metapher für ein paradiesisches Klima stehen, hat auch dies seine Richtigkeit. Denn Schiras, 1.500 Meter über dem Meer gelegen, ist von der Natur mit einem schützenden Ring aus Bergen gesegnet, mit Überfluß an Wasser, und einer Luft, die insbesondere im Frühjahr von unübertrefflicher Milde ist.
Die Vorzüge dieses Ortes hatten Siedler bereits 600 v. Chr., zur Zeit der Achaimeniden, entdeckt. Unter den Sassaniden war Schiras dann schon ein wichtiges Regionalzentrum und knapp nach der Jahrtausendwende stand es, schön und reich wie es war, sogar im Ruf eines zweiten Bagdad. Durch die geschickte Politik der Atabegs, der Provinzgouverneure, von den mongolischen Horden Dschingis Chans und Timurs verschont, mauserte es sich in den folgenden Jahrhunderten zu einem der führenden islamischen Zentren für Literatur, Kalligraphie, Malerei und Architektur. Ein Rang, den es in der Ära der Safawiden trotz der übermächtigen Konkurrenz durch Isfahan halten konnte. Erst Anfang des 18. Jahrhunderts erlebte Schiras, bedingt durch mehrere Erdbeben und Epidemien, die Einfälle der Afghanen und die Belagerung durch Nadir Schah, eine Phase des Niedergangs. Ihr folgte allerdings schon ab 1751 eine zwar kurze, aber umso glorreichere Blütezeit. Denn in diesem Jahr machte Karim Khan, der Begründer der Zand-Dynastie (1750 bis 1794), Schiras zur Hauptstadt ganz Persiens.
Der neue Regent – er nannte sich bescheiden *wakil*, Statthalter – erwies sich als weise und wohltätig, und als Mäzen. Er befestigte die Stadt mit Gräben und Mauern, legte mit Hilfe eines komplizierten Kanalsystems weitläufige Gärten und Plantagen an und förderte alle Arten von Kunst. Zwölftausend Handwerker und Künstler aus dem ganzen Land lud er ein, ihm außerhalb der alten Stadt einen königlichen Bezirk zu schaffen. Das Ergebnis: eine mächtige Zitadelle – der *Ark*, eine Moschee – die *Masdsched-e Wakil*, ein Bad – das *Hammam-e Wakil*, zwei Wasserreservoirs, dazwischen Alleen, der Garten *Bagh-e Nasar*, ein Platz für Reit- und Polospiele, und – ein Basar.

Selbstverständlich hatte die Metropole Schiras schon zuvor über große Basare verfügt (von ihnen ist heute nur noch der gekrümmte *Bazar-e Ordu* übrig). Doch mit den neuen Bauten konnte sich keiner messen. Allein schon ihre Lage in der Nähe des *Istachr*-Tores, durch das man die Stadt

*Der Basar von Schiras gilt dank seiner ausgewogenen Proportionen als schönste Marktanlage des Iran. Seine Hauptachse (unten), bestehend aus dem Basar-e Wakil und dem Basar-e Nou, gleicht einem riesigen Kirchenschiff. Sie ist über 500 m lang und 20 m breit. Die insgesamt sechs Tore werden noch heute nach Ladenschluß und an Feiertagen verriegelt und bewacht.*

*Das Dachgewölbe des Basar-e Wakil besteht aus zwei Decken. Der 60 cm breite Zwischenraum schützt die Passanten vor den manchmal extremen Außentemperaturen. Die elf Meter hohe Innendecke ist mit Ornamenten aus Ziegelsteinen kunstvoll verziert. Dank einer ausgeklügelten Statik hat die Konstruktion in den über 200 Jahren ihres Bestehens so manches Erdbeben unbeschadet überstanden.*

Richtung Isfahan verließ, prädestinierte sie zum nunmehr bedeutendsten Handelsplatz. *Bazar-e Wakil* und *Bazar-e Nou*, so hießen und heißen ihre beiden schnurgeraden Hauptabschnitte immer noch, sind gemeinsam über 500 Meter lang und von zahlreichen Karawansereien gesäumt. Sämtliche Ladenstraßen besitzen ein doppeltes Gewölbe, dessen Luftpolster sie von Hitze und Kälte isoliert. Wo sich die zentrale Achse, das sogenannte „mittlere Band" (pers.: *rasteh*), mit den zwei wichtigsten Seitenflügeln kreuzt, erhebt sich zwanzig Meter hoch ein *tscharsu*. Unter seiner achteckigen Kuppel befanden sich zu Zeiten Karim Khans einerseits die Basarverwaltung, andrerseits ein von unterirdischen Kanälen gespeistes Wasserbecken, mit dem sich das Mikroklima des Basars regulieren ließ. Alles in allem war die Pracht des Basars so groß, daß die Stadt hohe Gäste und offizielle Gesandtschaften unter seinem Dach feierlich zu empfangen pflegte.

1794 wurde Lutf Ali Khan, der Letzte aus dem Geschlecht der Zand, ermordet. Die Erben seiner Herrschaft, die Kadscharen, verlegten ihre Residenz in das 700 km weiter nördlich gelegene Teheran. Schiras konnte zwar dank spezieller Hoheitsrechte und seiner Schlüsselposition an der wichtigen Handelsstraße Richtung Buschehr am Golf einen gewissen Wohlstand wahren, politisch sank es jedoch zur Provinzstadt herab. Im 20. Jahrhundert nahm dann jenes Schicksal seinen Lauf, das Schiras mit allen iranischen Großstädten teilt: Angelockt durch die neuen Arbeitsplätze in der Industrie, strömte die völlig verarmte Landbevölkerung in die Provinzmetropolen. Diese begannen zu wachsen, wurden „modernisiert" und platzten bald aus allen Nähten.

Die Einwohnerzahl von Schiras stieg zwischen 1960 und dem Revolutionsjahr 1979 von 120.000 auf 460.000. 1993 vermeldete die offizielle Statistik 1,4 Millionen. In Wahrheit dürften es bereits über zwei sein. Die alte Anmut droht in vielen Bezirken endgültig der Häßlichkeit aller planlos wuchernden Großstädte zu weichen. Die Gärten und auch die weitläufigen Freiflächen des Königsbezirks sind zu beträchtlichen Teilen bereits verbetoniert, das

SCHIRAS – DAS BASARVIERTEL

EINZELMÄRKTE: *1 Basar der Hutmacher, 2 Ex-Textil-Basar, 3 Ex-Köchermacher-Basar, 4 Ex-Schwertmacher-Basar, 5 Ex-Posamentier-Basar, 6 Basar-e Nou, 7 Basar-e Ordu, 8 Basar-e Mesgari (Kupfermacher), 9 Basar-e Moschir, 10 Basar-e Hadsch.* MOSCHEEN: *11 Masched-e Wakil, 12 e Nou, 13 e Dschamee (Freitagsmoschee), 14 Hadsch-Ghani.* MAUSOLEEN: *15 Baghe-ye Sayyed Mir Mohammad.* KORANSCHULEN: *16 Madresseye Achabada Chan, 17 Madresse Chan.* KARAWANSEREIEN: *18 Karawansaraiye Rezasadeh, 19 Mehdieh, 20 Suchteh, 21 Gomrok, 22 Ahmadi, 23 Rohani, 24 Phil (Teppich), 25 Moschir (Kunsthandwerk).* BÄDER: *26 Hammam-e Wakil, 27 e Nakhschak.* SONSTIGES: *28 Arg-e Karim Chani (Ark/Zitadelle), 29 Muze-ye Pars (Pars Museum).* STRASSEN: *30 Bolvar-e Karim Chan-e Zand, 31 Cheyabun-e Lotf Ali Chan-e Zand.*

RAHMENDEKOR: *Schiras-Teppich;* ILLUSTRATION: *Hafis-Mausoleum.*

Allgemeine Zeichenerklärung siehe Seite 146

Trinkwasser ist rar. Aus manchen Quartieren der Altstadt wurden, weil die eingesessenen Bewohner in moderne Häuser an der Peripherie übersiedelten, Hochburgen der Kleinkriminalität. Dazu kommt, daß Schiras schon in den dreißiger Jahren durch den Bau der Transiranischen Eisenbahn vom Kaspischen Meer nach Khorramschar seine Bedeutung als Transitstation und damit einen beträchtlichen Teil seiner Handelsumsätze eingebüßt hat.

Der Zug der Zeit machte auch vor dem Basar nicht halt: Bereits 1936 wurde in einem Akt urbanistischer Barbarei quer durch den Hutmacherbasar eine Straßenschneise, der *Bolvar-e Karim Khan-e Zand*, geschlagen. Wenig später schüttete man das Wasserbecken zu und den Boden des mittleren Bandes um einen Meter auf, was die Luftzirkulation empfindlich verschlechterte. Mittlerweile sind die meisten Karawansereien zu Parkplätzen, Notunterkünften für Zuzügler oder – bestenfalls – zu Teppichlagern umfunktioniert und durch Zubauten aus Aluminium und Wellblech entstellt. Die alte branchenweise Sortierung der Waren hat sich – bis auf den Bereich der Kupfermacher – aufgelöst. Viele Läden wurden in kleinere Einheiten zerteilt. Ihr Angebot besteht mehrheitlich aus Industrieprodukten, und von den traditionellen Erzeugnissen der Region sind nur noch die Teppiche in größeren Mengen zu finden.
All diese Widrigkeiten ändern freilich an einer Tatsache nichts: Mögen die Basare der heiligen Städte Qom und Meschhed dank der feilgeboten Devotionalien auch geweihter sein; mag der Basar von Teheran ökonomisch weit wichtiger, der von Kashan architektonisch origineller und der von Isfahan größer und für sein erlesenes Kunsthandwerk berühmter sein – in seiner Einheitlichkeit und der Harmonie seiner Formen ist der Basar von Schiras im ganzen Iran unübertroffen.

*Ein Gebäude wie das über 600 Jahre alte „Choda Chane", das „Haus Gottes", im Hof der alten Freitagsmoschee (oben), findet sich in der gesamten islamischen Architektur kein zweites Mal.*
*Es wurde der würfelförmigen Kaaba von Mekka nachempfunden und dient als Schrein für wertvolle Korankopien.*
*Das Mausoleum des Schah Cheragh ist für die Schiiten ein wichtiger Wallfahrtsort. Unter seiner markanten Kuppel ruht Sayyed Mir Ahmads, der Bruder von Reza, dem hochverehrten achten Imam.*
*Der 130 Jahre alte Saray Moschir (unten) diente den Basaris ursprünglich als Geldinstitut. Heute beherbergt diese mustergültig renovierte Karawanserei Läden für Kunsthandwerk und Souvenirs.*

اصفهان

# ISFAHAN

Was für ein Entree zu einem Basar! Ein Platz, fünfhundert Meter lang und hundertfünfzig breit – siebenmal so groß wie der Markusplatz in Venedig! In seiner Mitte: Blumen, Bäume, ein riesiges Wasserbecken mit Fontänen. An allen vier Seiten: imposante Fronten aus doppelstöckigen Loggienhäusern mit Souvenir- und Kunsthandwerksläden. Im Norden: das Prunkportal, durch das man die *Qaiseriye*, den „Kaiserlichen" Basar, betritt. Im Westen: der Königspalast *Ali Kapu* mit seinem von 18 enormen Holzsäulen gestützten, weithin sichtbaren Baldachin. Und im Osten und Süden zwei Moscheen, die zu den grandiosesten Bauten des ganzen Islam zählen: die *Masdschid-i-Lotfollah* und die *Masdschid-i-Schah*.

Erstere, die kleinere und ältere der beiden (erbaut 1602–1618), besitzt die vermutlich vollkommenste Fayence-Kuppel der Welt – ein Wunder, sowohl was Farbgebung als auch Musterung betrifft, filigraner noch und leuchtender als jeder Teppich. Letztere – sie trägt seit einigen Jahren offiziell den Namen „Imam Khomeini-Moschee" – ist in ihrer Schönheit *und* ihren Ausmaßen atemberaubend. An die fünfzig Meter sind ihre Minarette hoch. Gar 54 m beträgt der Durchmesser ihrer Kuppel. 18 Millionen Ziegel wurden für ihren Bau (1612–1630) verwendet, und 500.000 sogenannte *kashi haftrang*, „siebenfarbige", im Grundton jedoch vorwiegend blaue, glasierte Kacheln.

Doch selbst eine so eindrucksvolle Kulisse und die ambitionierten Renovierungsarbeiten der letzten Jahre können nicht darüber hinwegtäuschen, daß der *Maidan-i-Schah*, der „Imam-Platz" wie er neuerdings heißt, nur noch einen Abglanz seiner einstigen Pracht vermittelt. Kurz nach seiner Entstehung, im 17. Jahrhundert, pflegten hier an Feiertagen in Anwesenheit des Königs vielerlei Spektakel stattzufinden: Löwen-, Stier- und Ringkämpfe, Ritterturniere und – die Torstangen an den beiden Querseiten zeugen noch heute davon – Polospiele. Zu besonderen Anlässen wurden legendäre Feuerwerke inszeniert, und in den Loggien eigens riesige, ziselierte Laternen aus Messing montiert, die das festliche Treiben illuminierten. An Werktagen hingegen, berichteten die zahlreichen europäischen Reisenden, sei der Platz voller Händler gewesen. Die Waren lagen, durch Sonnensegel geschützt, auf Teppichen ausgebreitet. Dutzende Geldwechsler saßen auf ihren quadratischen Bettgestellen, neben sich kleine Lederbeutel oder Metalltresore. Vor dem Tor zur Schah-Moschee wurden vormittags Kamele und Pferde verkauft. Nachmittags schlugen dort Tischler, Holz- und Vogelhändler ihre Stände auf. Und zweimal täglich wurde auf den Emporen des Basarportals, das bis heute als *Naqqarehane*, als Trommel-Haus, bezeichnet wird, ein ganz spezielles Hofzeremoniell abgehalten. „Alle Abend", so staunte ein Gast aus Deutschland, „bey der Sonnen Untergang und zu Mitternacht/ viel Personen gehen hin zu spielen/ etliche auff gemeinen Trompeten/ etliche auff Paucken/ und andere mit einer sonderlichen Art ungemeiner Trompeten ... Solches giebt einen sehr starcken Klang von sich/ also daß man dessen Musique/ durch die gantze Stadt höret."

*Die Masdschid-i-Lotfollah (links: ihr Eingangsportal) und die Schah- alias Emam Khomeini-Moschee (unten: Front-Iwan und Kuppel): Beide Bauwerke entstanden auf Anordnung von Schah Abbas als Teile seines grandiosen Kaiserplatz-Ensembles und bilden den Höhepunkt persischer Fayencekunst. Die zeitgenössischen Chronisten müssen von ihnen so beeindruckt gewesen sein, daß sie, was ganz unüblich war, die Namen ihrer Architekten in Urkunden verewigten: Ali Reza Abbasi und Ostad Ali Akbar-i Isfahani.*

„Esfahan nesf-e dschahan" – „Isfahan ist die Hälfte der Welt". Darf es angesichts einer so glanzvollen Vergangenheit verwundern, daß die Einheimischen diesen selbstbewußten Spruch noch heute gern stolz im Munde führen?

Schon die achaimenidischen Großkönige vor rund 2.500 Jahren hatten die Reize der Wüstensiedlung – ihre Lage in 1.600 Meter Höhe an den Ufern des wasserreichen *Zayande-Rud* – so sehr geschätzt, daß sie aus ihr eine Residenzstadt machten. Den Sassaniden (224–651 n. Chr.) diente *Sephhahane* (pers. für Heeressammelplatz) dann als Garnisons- und Provinzzentrum. Doch größere kulturelle Bedeutung erlangte es erst um das Jahr 1000 – zuerst unter dem schiitischen Emir Ala ad-Daula, dem es gelang, den großen Avicenna an seinen Hof zu holen. Und wenig später unter dem Seldschuken-

*Si-o-Seh Pol, die „Brücke der 33 Bögen" (auch Pol-i Allahverdi Chan genannt), bildet das Bindeglied zwischen dem südlichen und nördlichen Abschnitt des Tschahar Bagh-Boulevard. Sie wurde vor kurzem aus Gründen des Denkmalschutzes für den Autoverkehr gesperrt und ist seither ein umso beliebterer Treffpunkt für Flaneure.*

fürsten Togril-Beg, der es zur Hauptstadt seines Reiches erhob. Zu dieser Zeit existierten zwei Zentren: das ältere *Gayy* in der Gegend der *Scharistan*-Brücke, und – drei Kilometer weiter westlich, rund um die bereits damals bestehende Freitagsmoschee – *al-Yahudiya*, benannt nach jener großen jüdischen Gemeinde, deren Mitglieder sich als Nachkommen ihrer von Nebukadnezar nach Babylon und von Kyros später nach Persien verschleppten Glaubensbrüder betrachteten.

Seinen legendären Ruf als architektonisches Gesamtkunstwerk verdankt Isfahan freilich einem Mann, der erst Ende des 16. Jahrhunderts den Thron erklomm: dem Safawiden Schah Abbas I. Er erkor die schwer geprüfte Stadt, über die in der Zwischenzeit sowohl die Mongolen (1240 ) als auch die Horden Timurs (1387) gekommen waren, im Jahr 1598 zu seiner Residenz. Kosmopolitisch und universal gebildet wie er war, knüpfte er Kontakte zu den Herrscherhäusern des Westens, und bewog die ersten europäischen Kaufleute, Engländer und Holländer, sich in Persien niederzulassen. Am südlichen Flußufer siedelte er armenische Christen, be-

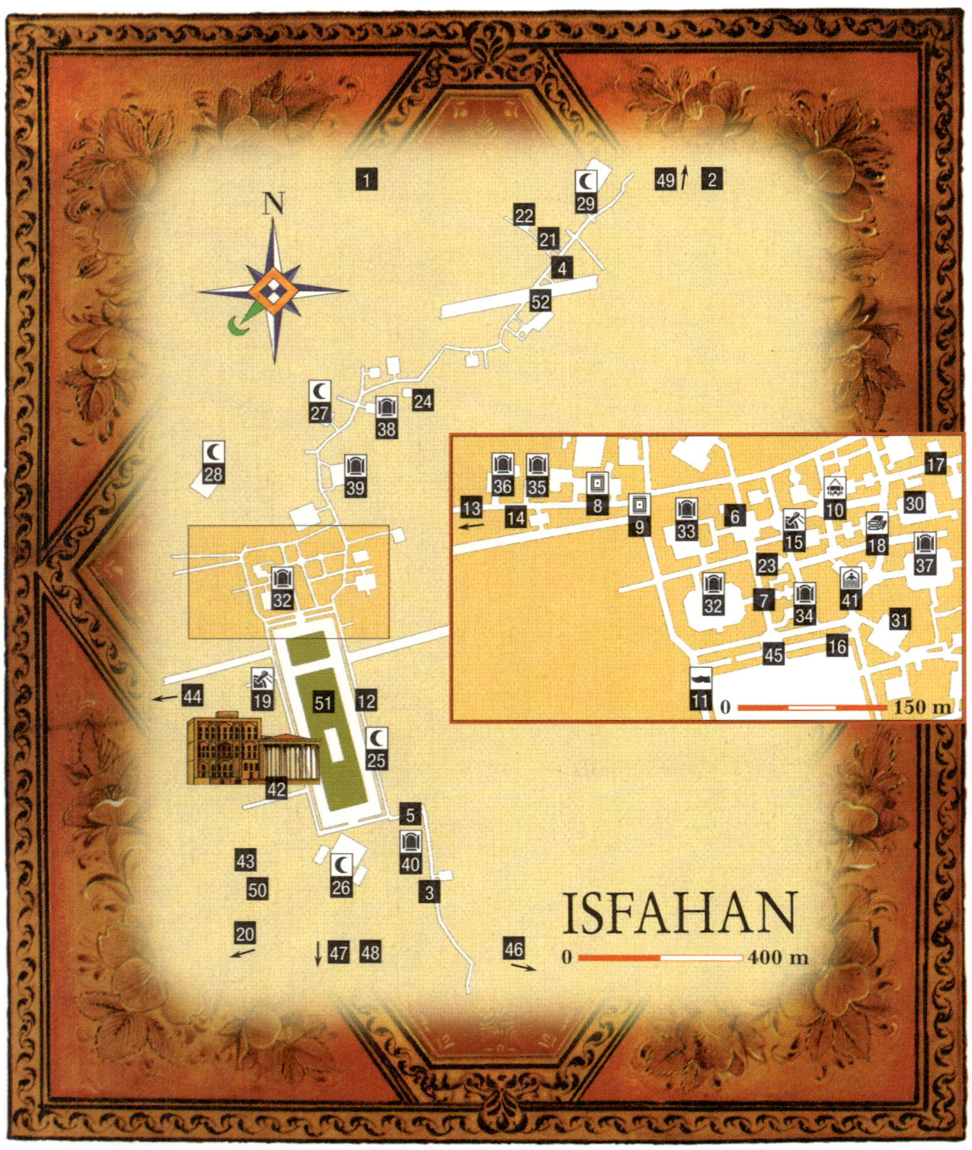


ISFAHAN – DAS BASARVIERTEL

EINZELMÄRKTE (BASARE): *1 Basar Dar-Dascht, 2 Basar Madschlesi, 3 Hasan-Abad, 4 Schah e-Bozorg, 5 Maqsud, 6 Dschitsazha, 7 Qaiseriye (Kunsthandwerk, Antiquitäten, Souvenirs), 8 Farsch Foruschha (Teppiche), 9 Rangrazan (Färber & Teppiche), 10 Zargarha e-Tala, 11 Kaffaschha (Schuhmacher), 12 Ahnagaran (Eisenschmiede), 13 Ghanadi (Zucker), 14 Kaschisazi (Fliesen-Macher), 15 Karbasforuschha/ = Samarvasazha (Samowar-Macher), 16 Sarrafan (ex-Goldwechsler, alte Münzen), 17 Monaggem-Baschi (Wolle, Seide, Requisiten für Teppichreparatur), 18 Mohles (Textilien), 19 Mesgaran (Kupferschmiede), 20 Basar e-Honar (Kunsthandwerk).* SPEZ. WERKSTÄTTEN & LÄDEN: *21 Ölpresse „Asri", 22 Ölpresse „Koy Schamaleh", 23 Gaz-Erzeugung, 24 Färber (im ex-Hammam Goud).* MOSCHEEN (MASDSCHID): *25 Masdschid-i-Lotfollah, 26 i-Schah (Emam Khomeini), 27 Nou, 28 Hakim, 29 Dschame (Große M.).* KORANSCHULEN (MADRESSE): *30 Dschadde-Bozorg, 31 Molla-Abdollah.* KARAWANSEREIEN & HALLEN (SARAI & TIMCE): *32 Schah-Sarai, 33 Dschitsazha, 34 Schelle (Stoffdrucker/Qalamkar), 35 Lindsch, 36 Borudscheniha, 37 Mohles, 38 Haddschi Karim, 39 Arbab, 40 Abbas Yavari.* BÄDER (HAMMAM): *41 Schah.* PALÄSTE: *42 Ali Kapu (Königspalast), 43 Hascht Behescht, 44 Tschehel Sutun.* SONSTIGES: *45 Naqqarehane (Trommelhaus = Basar-Portal), 46 Scharistan-Brücke, 47 Si-o-Seh Pol (Brücke der 33 Bögen), 48 Dscholfa (Armenier-Viertel), 49 Dschoubareh (Juden-Viertel), 50 Tschahar Bagh.* STRASSEN: *51 Maidan-i-Schah (e-Emam), 52 Alter Platz.*

RAHMENDEKOR: *Pergamentmalerei aus der Kadscharen-Zeit;* ILLUSTRATION: *Königspalast Ali Kapu.*

Allgemeine Zeichenerklärung siehe Seite 146

*Auch die Brücke Pol-i Chadschu – im Bild: die Längsachse des Untergeschosses – ist dank ihrer Pavillons, Arkaden und den Stufen zwischen den Abflußkanälen in erster Linie ein Ort der Erholung, erst in zweiter ein Verkehrsweg und Wehr für die Wasser des Zayande-Rud. Vorhergehende Seite oben: ein Fayencenteppich von transzendenter Symbolik – die Kuppel der Masdschid-i-Lotfollah; unten: der Blick von der Terrasse des Tschehel Sutun, des „Pavillons der vierzig Säulen", wie ihn schon sein Bauherr, Schah Abbas, genoß.*

kannt als hochtalentierte Unternehmer, aus der nordpersischen Stadt Jolfa an. (Das gleichnamige Viertel beherbergt bis heute eine große christliche Kolonie.) Zugleich lud er aus allen Teilen des Landes, aber auch aus China und Indien, Europa und der Levante zahllose Baumeister und Künstler ein – auf daß sie der alten Stadt ein neues Gesicht verliehen.

Sie schufen ihm einen streng geometrischen Palastbezirk, den *Tschahar Bagh*, mit ausgedehnten, von Promenaden und Kanälen durchzogenen Lustgärten, mit monumentalen Verwaltungsgebäuden, höfischen Manufakturen, Gartenschlössern wie dem „Palast der Acht Paradiese", *Hascht Behescht*, oder dem „Pavillon der Vierzig Säulen", *Tschehel Sutun*, und der seit kurzem für den Autoverkehr gesperrten *Si-o-Seh Pol*, der „Brücke der 33 Bögen". Herzstück der Anlage war jener vier Kilometer lange Boulevard, der noch heute, durch den Fluß zweigeteilt, die wichtigste Nord-Süd-Verkehrsachse darstellt.

Anfang des 18. Jahrhunderts, am Ende der ebenso kurzen wie glorreichen Ära der Safawiden, waren über hundertfünfzig neue Moscheen entstanden; dazu an die fünfzig Koranschulen, Dutzende Karawansereien und über zweihundert öffentliche Bäder. Das Zentrum der städtischen Aktivitäten hatte sich vom mittelalterlichen Kern nahe der Freitagsmoschee Richtung Südwesten, in das Gebiet rund um den Maidan-i-Schah verlagert. Und mit ihm das Zentrum des Basars.

Spätestens seit dem 11. Jahrhundert war der Alte Platz (*maidan*) der Mittelpunkt der Metropole gewesen. Schon dort gab es ein Schloß, ein Trommelhaus, eine Qaiseriye und Läden, in denen man, wie der Chronist Mafarruhi notierte, „Seide aus Kufa, Brokat aus Byzanz, Stoffe aus Ägypten, Edelsteine aus Bahrain, Elfenbein aus Indien und viele andere Waren" feilbot. Spätestens seit damals existierten auch entlang den Hauptstraßen, die von diesem Maidan sternförmig abgingen, Märkte. Man-

*Zu den für Isfahan charakteristischen Bauten gehören die riesigen Taubentürme. Wie Wehrburgen säumen sie zu Hunderten die Straßen und Felder der Umgebung. Die Exkremente der Vögel dienten früher als Dünger für die berühmten Melonen. Heute sind nur mehr ein paar Dutzend Gebäude „bewohnt". Linkes Bild: Ob Blütenkompositionen, kufische Schriftleisten oder Medaillons und Ranken eines Gebetsteppichmusters – dank der 500.000 vorwiegend gelben, kobaltblauen und türkisen Kacheln verschmelzen in der Schah-(Emam Khomeini) Moschee Architektur und Dekor zu einer vollkommenen Einheit.*

*Ali Kapu, die monumentale Residenz, war zugleich das Tor zu den kaiserlichen Parks. Seine Terrassenhalle mit dem von 18 schlanken Holzsäulen gestützten flachen Dach ist eines der Wahrzeichen des Maidan-i-Schah. Schah Abbas benutzte sie als eine Art Herrscherloge, von der aus er die Paraden und Polospiele auf dem Platz verfolgte. Wie raffiniert man am Hofe zu feiern wußte, beweist das Musikzimmer im Obergeschoß (nächste Doppelseite). Seine Wände und Nischen sind mit einer Membran aus Holz und Gips überzogen, in die man, um die Akustik zu verfeinern, kunstvoll geformte Ausnehmungen schnitt.*

*Obwohl die industriell gefertigten Konsumgüter auch in Isfahan den Basar überfluten, ist die Vielfalt an Handwerken hier noch erstaunlich groß. Ein Paradeprodukt ist Qalamkar – händisch bedruckter Stoff (oben: ein Laden in der Qaiseriye). Der ganze Stolz der Schmiedezunft ist „Allamat", der metallene, mit Glöckchen behangene Lebensbaum, der beim Aschura-Fest der großen Prozession vorangetragen wird.*

che, wie der *Basar Dar-Dascht* oder der *Basar Madschlesi*, dienen noch in der Gegenwart als Quartierbasare. Die Ladengasse, die zu den westlichen Stadttoren führte, bildet bis heute die wichtigste Längsstraße des Basars, und mit ihren 1,5 km außerdem die längste überwölbte Basargasse der Welt. Wie alt sie ist, zeigt sich allein daran, daß sie etwa zwei Meter über dem Niveau der angrenzenden Höfe verläuft – auf einem über die Jahrhunderte entstandenen Damm aus Bauschutt und Abfällen.
Es war Schah Abbas, der im Zuge der radikalen Umgestaltung der Stadt auch zahlreiche neue Basare bauen ließ: die Gebäude rund um den Maidan-i-Schah (die ursprünglich viele Kaffeehäuser beherbergten); den *Hasan-Abad-* und den *Maqsoud-Basar* im Südosten; vor allem aber den weitflächigen Basar im Norden. Während der Alte Maidan schon bald zum Holz- und Gemüsemarkt verkam, etablierten sich hier, wo die Höflinge, Soldaten und Besucher des nahegelegenen Tschahar Bagh hohe Umsätze versprachen, die Betriebe des gehobenen Einzelhandels. Insbesondere der Bereich östlich der Hauptachse, der Qaiseriye und ihrer Verlängerung, dem *Dschitsazha-*, oder Stoffdrucker-Basar, wurde zum Prestige-Standort. Er beherbergte Makler und Münzpräger, Geldwechsler und Goldschmiede, Kaffeehändler, Büchsen- und Samowarmacher. In dem weniger stark frequentierten Westteil hingegen, rund um den monumentalen Dschitsazha-, sowie *Schah-Sarai*, waren die einfacheren Handwerker zu Hause, die Färber, Schuhmacher und Schmiede, und die Kattun- und Musselin-, also Baumwoll-Drucker.

Seither hat sich vieles verändert. In den Gassen und Höfen des nordwestlichen Basarbezirks haben sich die Teppich-Händler mit ihren Läden und Lagern, Büros und Reparaturwerkstätten ausgebreitet. In der Qaiseriye nehmen aufgrund der zwischen dem Zweiten Weltkrieg und den späten siebziger Jahren stark angeschwollenen Touristenströme Miniaturmaler, Souvenir- und Antiquitätenhändler die Plätze des traditionellen Handwerks ein. Viele Import-Export-Firmen sind nach Teheran, und die meisten Großhändler mit ihren sperrigen Waren an die verkehrsgünstigeren Ausfallstraßen abgewandert. Und die Geschäfte mit westlichen Konsumgütern, die sich an ein kaufkräftiges Publikum richten, findet man längst im modernen Geschäftsviertel entlang dem *Tschahar Bagh*-Boulevard. Auch hat man – die iranischen Urbanisten scheinen dies generell recht gern zu tun – den *Basar-*

*Schah* in der Nähe des Alten Maidan durch eine breite Straße brutal zerschnitten.
Dennoch: verglichen mit den desaströsen Entwicklungen in anderen Ballungsräumen, hat das historische Zentrum der 1,2-Millionen-Stadt, die übrigens als Hochburg der Fundamentalisten-Partei „Hizbollah" gilt, den Einbruch der Moderne bisher recht gut überstanden. Seine Silhouette wird nach wie vor von den traditionellen, niederen Lehmhäusern bestimmt, und sein Flair von den vielen Alleen und Grünflächen und den Flaniermeilen am Fluß.
Auch der Basar hatte, alles in allem, Glück: Er wurde nie von schweren Erdbeben heimgesucht. Und bei den Plünderungen durch die Afghanen (1722) und die Truppen des persischen Despoten Nadir Schah (1732) blieb seine Bausubstanz im großen und ganzen unversehrt. So bildet er noch heute eine Art Mustersammlung der islamischen Profanarchitektur aus dem letzten halben Jahrtausend. Er birgt rund fünf Kilometer lange, teils mit Ziegelgewölben, teils mit Pappelbalken gedeckte Ladengassen und weit über hundert Karawansereien (*sarai*); außerdem zahlreiche gedeckte Hallen (*timce*) und Verbindungstrakte (*dehliz*), moderne, aber verhältnismäßig behutsam eingepaßte Gebäude aus Beton, Stahl und Glas sowie drei Kuppelbauten (*tschaharsu*), wie sie sonst nur in Zentralasien zu finden sind, und mehrere seltsame, fensterlose, meist halb in den Boden eingelassene Pfeilerhallen, die irgendwann Anfang des 19. Jahrhunderts entstanden und ursprünglich wahrscheinlich als Lager oder Kamelställe verwendet wurden.
Eine ähnlich beachtliche Vielfalt hat sich auch das ansässige Gewerbe bewahrt. Selbstverständlich sind die Zeiten vorbei, da sich, wie ein „Vademecum für nach Isfahan kommende Fernkaufleute" einst vermerkte, in seinen Sarais „jemenitische Korallen, tibetanischer Moschus oder aleppinisches Quietsch-Spielzeug" (sic!) stapelten, da Hammelkopf-Köche und Kamelfell-Abdecker ihrer Arbeit nachgingen, und georgische Hausdienerinnen, aber auch indische Elefanten wohlfeil waren. Doch in vielen Winkeln kann man noch heute lebende Fossilien aus der vorindustriellen Zeit entdecken: Brokatweber etwa, Stoffdrucker und Samowar-Macher, Kachel- und Teppichmuster-Maler, Färber, Erbsenröster, Zukkerhutgießer, und, nicht zu vergessen, jene Spezialisten, die aus Holzschäften und Metallketten die Geißeln fabrizieren, mit denen sich strenggläubige Schiiten alljährlich zu *aschura*, dem Fest zu Ehren des Märtyrers Hussein, in der Manier mittelalterlicher Flagellanten blutig schlagen.

*In den Seitengassen rund um die 900 Jahre alte Freitagsmoschee findet man noch einige urtümliche Ölpressen und Getreidemühlen. Wie ganz allgemein im Iran, so werden seit etlichen Jahren auch in Isfahan zahlreiche Kunstdenkmäler restauriert – beispielsweise das Naqqarehane oder Trommelhaus, das kolossale Eingangsportal des Basars.*

سمرقند بخارى جيوا

# SAMARKAND, BUCHARA & CHIWA

Nimmt man eine Asienkarte zur Hand und zieht eine Linie von China bis zum Mittelmeer und eine andere von Moskau nach Indien, so schneiden sich die beiden in einer Region, die in der jüngeren Vergangenheit ziemlich abseits des Weltgeschehens lag, in früheren Jahrhunderten jedoch mehrere Male dessen Brennpunkt bildete. Diese Region – sie hieß bei den alten Griechen *Transoxanien*, bei den Arabern *Mawarannahr*, und bei den russischen Besatzern im 19. Jahrhundert ihrer großteils turksprachigen Bewohner wegen *Turkestan* – ist wie kaum eine zweite von extremen Gegensätzen geprägt.

Ihren Kern bilden zwei Wüsten, *Kysyl-kum* und *Kara-kum*, in denen Sand- und Schneestürme toben und Temperaturen zwischen minus und plus fünfzig Grad herrschen. An ihren Rändern dehnen sich endlose Steppen, die mächtigen Gebirgszüge des *Pamir* und *Tienschan*, und der *Aralsee*, einer der größten Binnenseen der Erde. Durchschnitten wird diese gewaltige Landschaft von zwei langen Flüssen – dem *Syr Darja* und dem *Amu Darja*. Sie sind beide

*Der Registan von Samarkand ist der prächtigste Platz in ganz Zentralasien. Im Bild: die Medrese Tillja-Kari im Festornat der allabendlichen Son-et-Lumière-Schau. Mitte des 17. Jahrhunderts erbaut, ist sie die jüngste der drei theologischen Hochschulen, die das riesige Geviert umstehen. Ihre Fassade bildet einen gewaltigen Teppich aus Fayencen. Ihr Innenraum – rechts unten – trägt ein Kleid aus Blattgold und Lapislazuli.*

gesäumt von fruchtbaren Oasen. Dort ist das Klima vergleichsweise mild und das Dasein komfortabel.
Die Bewohner dieser Oasen, seßhafte Bauern, lebten von Urzeiten an bis zum Beginn dieses Jahrhunderts im ständigen Konflikt mit den Nomaden, deren Heimat der unwirtliche, leere Raum jenseits der schmalen Grünzonen war. Hatten sie Kraft, gelang es ihnen, ihr Territorium mit Wällen abzusichern. Zeigten sie Schwäche, wurden sie von den berittenen Jägern überfallen und ihre verästelten Bewässerungskanäle, die Lebensadern ihrer Zivilisation, zerstört.
Noch ärger als an diesen lokalen Kriegen hatte das Land stets an den Invasionen fremder Völker zu leiden. Alexander der Große, Dschingis Chan und Timur Lenk, Hunnen, Türken, Araber und Russen – die Eroberer kamen aus allen Himmelsrichtungen und wüteten mit einer Blutrünstigkeit, die in der Weltgeschichte ihresgleichen sucht. Immer wieder wurden Städte, ja ganze Kulturen ausgelöscht. Manche freilich, um wenig später in alter Blüte aufzuerstehen.
Ein besonders drastisches Beispiel für die Gewalttätigkeit der örtlichen Geschichte bietet die Stadt *Kunja-Urgentsch*. Am Unterlauf des Amu Darja gelegen, bildete sie bereits in vorislamischer Zeit einen bedeutenden Handelsknotenpunkt. Unter den Arabern stieg sie zur Hauptstadt der Oase *Choresm* und für kurze Zeit – nach der Zerstörung Bagdads und vor dem Aufstieg Kairos – sogar zu einem glänzenden Mittelpunkt der islamischen Welt auf. Sie besaß prächtige Paläste, Moscheen und Mausoleen und zählte mehrere hunderttausend Einwohner. Im Jahr 1221 wurde sie von Dschingis Chan erobert. Der Mongole ließ ihre Bevölkerung niedermetzeln oder verschleppen, ihre Staudämme einreißen, und verwandelte sie, wie der persische Historiker Dschuwaini berichtet, „zu einem Wohnort der Schakale und Eulen“. Wenig später erlebte sie unter einer lokalen Sufi-Dynastie eine Renaissance. Doch 1379 belagerte Timur Lenk die Stadt, und neun Jahre später machte er sie dem Erdboden gleich. Kunja-Urgentsch wurde erst im 19. Jahrhundert neugegründet.
Auch auf künstlerischem Gebiet stießen in Zentralasien seit jeher Gegensätze aufeinander. Doch in diesem Fall wirkten sie befruchtend: Indem griechische, indische und persische, chinesische und vor allem arabisch-islamische Elemente mit den örtlichen Traditionen der Steppenbewohner verschmolzen,

*„Wenn du an unserer Macht zweifelst – betrachte unsere Bauten!“ Was Timur, der Schöpfer Samarkands, an eines der Stadttore schreiben ließ, gilt ganz besonders für seine Freitagsmoschee Bibi Chanum (im Bild: eine Nebenkuppel). Deren 43 m hoher Gebetssaal stürzte zwar bald nach seiner Vollendung ein. Doch selbst die Ruine – sie wird zur Zeit mit Hilfe der Unesco rekonstruiert – macht den Größenwahn ihres Bauherrn deutlich.*

سمرقند بخاری جیوا

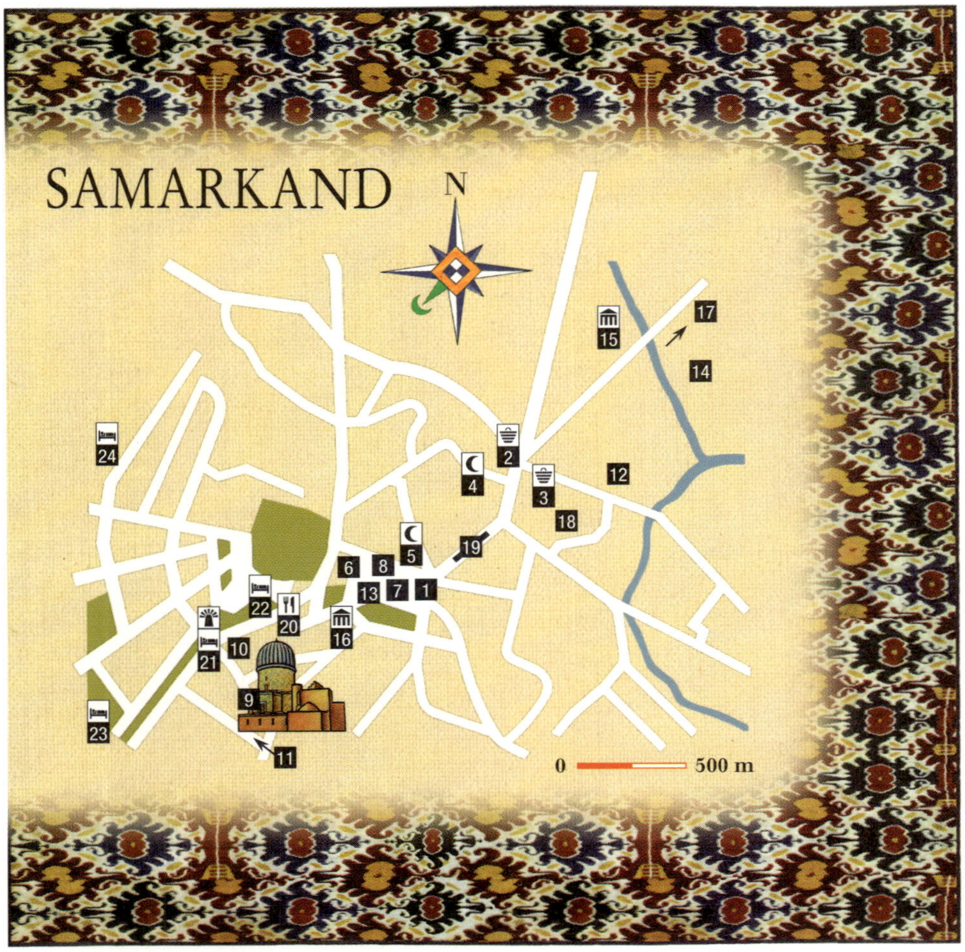


**SAMARKAND**

BASARE & MARKTBAUTEN: *1 Tscharsu, 2 Siaber (Kolchos-) Markt, 3 Sonntagsmarkt.* MOSCHEEN: *4 Bibi Chanum, 5 Jubiläumsmoschee (2500 Jahre Samarkand).* KORANSCHULEN: *6 Medrese Ulug Beg, 7 Schir-Dor, 8 Tillja-Kari (Souvenirmarkt).* MAUSOLEEN: *9 Gur Emir (Timurs Grab), 10 Ruchabad, 11 Ak-Saray, 12 Gräberstadt Schah-i Zinda.* SONSTIGES: *13 Registan, 14 Ulug Beg-Observatorium, 15 Archäologisches Museum/Afrasiab, 16 Museum für Stadtgeschichte, Kunst und Kultur, 17 Alte Serafschan-Brücke, 18 Dschungut Machalla (Jüd. Viertel), 19 Taschkenter Straße.* RESTAURANT: *20 „Sogda“.* HOTELS: *21 „Samarkand“ (+Restaurant), 22 „Koksaray“ (+Restaurant), 23 „Serafschan“, 24 „Registan“.*

RAHMENDEKOR: *Seidener Parda-Wandbehang, um 1900;*
ILLUSTRATION: *Timur-Mausoleum Gur Emir.*

Allgemeine Zeichenerklärung siehe Seite 146

**BUCHARA**

BASARE & MARKTBAUTEN: *1 Tak-i Sargaron (ehem. Juwelier-Basar), 2 Tak-i-Telpak Furuschon (ehem. Mützenmacher-Basar), 3 Tak-i Sarafon (ehem. Geldwechsler-Basar), 4 Tim Abdullah-Chan (ehem. Stoffbasar), 5 Zentraler Basar, 6 Neuer Basar.* MOSCHEEN: *7 Bolo Chaus, 8 Kaljan (+Minarett), 9 Magoki-Attari, 10 Baljand, 11 Namasga, 12 Chodscha Sain ed-Din.* KORANSCHULEN: *13 Medrese Mir-i Arab, 14 Ulug Beg, 15 Abdulasis-Chan, 16 Kukeldasch, 17 Nadir-Diwan-Beg, 18 Madar-i Chan, 19 Abdullah-Chan, 20 Tschar-Minar.* BRUNNEN, BÄDER, WASSERBECKEN: *21 Tschaschma-Ajub, 22 Ljabi-Chaus, 23 Hammam Sarafon (unter restaur.), 24 Hammam Furuschon (nur Männer), 25 Hammam Kalan (nur Frauen).* SONSTIGES: *26 Zitadelle (Ark + Registan), 27 Mausoleum der Samaniden, 28 Chaniga Nadir-Diwan-Beg (ehem. Pilgerherberge), 29 Chaniga Faisabad (ehem. Pilgerherberge).* RESTAURANTS: *30 „Gorsin“ (orientalisch), 31 „Baht“ (koreanisch).* AUSSICHTSPUNKTE: *32 Wasserturm, 33 Riesenrad.* HOTELS: *34 „Buchara“.*

RAHMENDEKOR: *Seidener Parda-Wandbehang, um 1900;*
ILLUSTRATION: *Samaniden-Mausoleum.*

Allgemeine Zeichenerklärung siehe Seite 146

entstanden neue, eigenständige Ausdrucksformen. Sie zeigten sich vor allem bei der Stoffherstellung, bei Schmuck, Keramik und Ziselierarbeiten aus Metall. Aber auch die Baukunst entwickelte eine eigene Sprache – etwa bei der phantasievollen Dekorierung mit gebrannten und glasierten Ziegeln, mit Alabaster, Schnitzwerk und Terrakotten. Oder bei der Vervollkommnung der Gewölbekonstruktionen. Insbesondere für die Basarbauten ersannen die heimischen Architekten eine Form, die einmalig ist in der islamischen Welt: die sogenannten *Tak, Tim* oder *Tscharsu.* Sie bestehen aus verschieden großen, ineinander verschachtelten Räumen und Kuppeln, und erheben sich meist über einer Straßenkreuzung. Trotz der häufigen militärischen Heimsuchungen entwickelten sich Städte wie *Buchara, Chiwa* und *Samarkand* zu geistigen und wirtschaftlichen Zentren, deren Kraft in alle Winkel der damals bekannten Welt ausstrahlte. In ihren Bibliotheken und Koranschulen studierten und lehrten Männer wie der Mathematiker al-Choresmi, der Astronom und Geograph al-Biruni, und der wohl bedeutsamste Gelehrte, den der Orient je hervorgebracht hat – der im Westen als Avicenna bekannte Abu Ali Ibn Sina.

*Die Nekropole Schah-i Sinda, der „lebende König", in Afrosiab, dem alten Samarkand: Der Komplex aus Mausoleen und Moscheen, von Timur für Angehörige und treue Freunde angelegt, gilt bis heute als Wallfahrtsort. Denn hier soll Kussam ibn Abbas, der Wegbereiter des Islam in Zentralasien, in einer Höhle verborgen fastend und betend leben.*
*Oben: Restaurierungsarbeiten in einer Kuppelnische.*

In ihren Ateliers und Werkstätten wurden die in Europa so begehrten Seiden- und Baumwollgarne gesponnen, Teppiche geknüpft, Miniaturen gemalt und Waffen geschmiedet, wurde die sogenannte „Turkestanische Keramik" modelliert und – unter Anleitung chinesischer Kriegsgefangener – das berühmte Hadernpapier geschöpft.
Zum zeitweiligen Reichtum der Städte trug aber auch ihre Lage am zentralen Abschnitt der Seidenstraße bei: Es gab keine Ware, die, unterwegs zwischen Ost- und Vorderasien, zwischen Indien, Rußland und Nordafrika, nicht in ihren Karawansereien zwischenlagerte. Und es gab keinen Händler, der sich in den schattigen Oasen nicht gerne ein wenig von den Strapazen der oft mehrjährigen Reise erholte.
Diese Blütezeiten liegen allerdings mit Ausnahme der Chiwas mehrere Jahrhunderte zurück. Heute kämpft die Region um den Anschluß an die Gegenwart. Denn die Hauptrouten für den Ferntransport führen längst über die Meere und durch die Luft. Auch die großen Touristenströme fließen anderswo. Vor allem aber ist in der Zwischenzeit ein Mann über das Land gekommen, dem es, gemeinsam mit

**CHIWA – ITSCHAN KALA – DIE ALTSTADT**

MOSCHEEN: *1 Dschuma (Freitags-)Moschee, 2 Ak.* MINARETTE: *3 Kalta Minar.* KORANSCHULEN: *4 Medrese Schirgasi-Chan, 5 Islam Chodscha (+Minarett), 6 Arab-Chan, 7 Kutlug-Murad-Inak, 8 Alla-Kuli-Chan, 9 Basar.* MAUSOLEEN: *10 Seid-Allauddin, 11 Pahlawan Mahmud.* BRUNNEN & BÄDER: *12 Anusch-Chan Badehaus, 13 Brunnen „Cheiwak".* KARAWANSEREIEN: *14 Tim Alla-Kuli-Chan.* STADTTORE: *15 Ata Darwasa, 16 Palwan Darwasa, 17 Dascht Darwasa, 18 Bachtscha Darwasa.* SONSTIGES: *19 Zitadelle (Kunja Ark), 20 Tasch-Hauli-Palast, 21 Palast Nurulla-Bai.* HOTEL: *22 Medrese Amin-Chan (Souvenirläden).*

RAHMENDEKOR: *Seidener Parda-Wandbehang, um 1900;* ILLUSTRATION: *Stadttor Ata Darwasa.*

Allgemeine Zeichenerklärung siehe Seite 146

*Bester Beweis für die Rolle Samarkands als Geisteszentrum ist die berühmte Sternwarte aus dem 15. Jahrhundert. Sie wurde auf Anordnung Ulug Begs, einem Enkel Timurs und begnadeten Astronomen, errichtet und galt seinerzeit als modernste sternenkundliche Forschungsstätte der Welt. Viele Generationen von Archäologen rätselten über den Standort des ursprünglich überkuppelten dreistöckigen Gebäudes. Erst im Jahre 1908 entdeckten Russen sein Herzstück – jenen gewaltigen, teilweise in den Felsen getriebenen Sextanten, mit dem einst – ohne Teleskop – die Positionen von über tausend Sternen exakt bestimmt wurden.*

seinen Amtsnachfolgern, gelang, der Bevölkerung in nur siebzig Jahren fast alle Lebensgrundlagen zu rauben: Josef Stalin.

Seiner Terrorherrschaft fiel ein Großteil der Bauern und Intelligenz sowie der gesamte islamische Klerus zum Opfer. Er zog dem Land willkürliche Grenzen und pflanzte so den Keim für künftige Zwietracht zwischen den ansässigen Usbeken, Tadschiken und Tataren. Zugleich verstreute er, um die wirtschaftliche Abhängigkeit zu erhöhen, zusammengehörige Produktionsstätten über sein halbes Imperium und lenkte, ganz Kolonialherr, die Profite aus den riesigen Gas- und Goldvorkommen nach Moskau um. Moscheen verwandelte er in Kinos und Lagerhäuser, Karawansereien und Marktanlagen sprengte er in die Luft. Kurzum: er tat sein Bestes, eine 2500jährige Geschichte auszuradieren. Wobei er, am Rande sei's erwähnt, auch einige wenige positive Taten setzte. Etwa, indem er die Bevölkerung alphabetisieren und den *parandscha* verbrennen ließ, jenen dichtgewebten Roßhaarschleier, mit dem die Frauen zuvor Körper und Gesicht komplett hatten verhüllen müssen.

Chruschtschow und Breschnew machten dann aus dem Land die größte Baumwoll-Monokultur der Welt. Mit dem Ergebnis, daß Kunstdünger und Pestizide die Flüsse total verseuchten und der aberwitzige Wasserverbrauch zur allmählichen Austrocknung des Aralsees führte.

Trotz dieser Hypothek haben die Menschen das vom Gold ihrer Zähne blitzende Lächeln nicht ganz verloren: Immer noch kann man sie in Hinterhöfen und Gärten auf den traditionellen *tschipoj*, den flachen, hölzernen Lagerstätten, beim *plow*, dem Nationalgericht aus Lamm, Reis und Karotten, sitzen sehen. Immer noch lassen die Alten in den düsteren Ecken der Teehäuser ihre Wachteln um die Wette kämpfen. Und kommt einer der wenigen Fremden des Weges, heißen Sie ihn mit einem herzlichen „Sog Boling", einem „Prost!", in der Runde willkommen und kredenzen ihm in Salzwasser gekochte Marillenkerne und den obligaten Grünen Tee.

Im Spätsommer 1991, als die Republik Usbekistan ihre Unabhängigkeit erklärte, hat außerdem eine gewisse Rückbesinnung auf die eigenen Wurzeln eingesetzt. Hunderte Gebetshäuser wurden seither wiedereröffnet. An den Grabmälern der großen Mystiker, wie etwa dem des in der Nähe Bucharas ruhenden Begründers der Sufi-Bruderschaft der Naqschbandi, wird wieder offen und in Massen gebetet. Auf den bisherigen Lenin-Plätzen stehen neuerdings Denkmäler von Timur und dem Nationaldichter Alischer Nawoi. Und im Herbst 1993 haben die Usbeken beschlossen, ihre Sprache künftig nicht mehr wie bisher in kyrillischen, sondern in lateinischen

*Rechte Seite: Der Blick vom Wasserturm neben der Bolo Chaus-Moschee auf die Mauern und das Osttor der Zitadelle (Ark) von Buchara. Die heutige Festung stammt aus dem 18. Jahrhundert. Ihre Vorgängerin wurde von Dschingis Chan völlig zerstört. Auf dem Registan, dem weiten freien Platz zu ihren Füßen, fand noch vor hundert Jahren täglich ein großer Basar statt.*

*Buntes Treiben im großen Freitagsbasar der Provinz Urgut im Süden von Samarkand: Die Gifthändler haben gut lachen. Offensichtlich verfügen sie über ein todsicheres Mittel gegen Ratten. Mit gemischten Gefühlen schaut hingegen der kleine Bub in die Welt. Ihm steht das Ritual der Beschneidung bevor. Ob ihn das festlich geschmückte Mützchen über den Schmerz hinwegtrösten wird?*

Buchstaben zu schreiben, also ihr türkisches Erbe wiederzubeleben. Zugleich weht ein Hauch von privatem Geschäftsgeist durch das Land: Entlang der endlosen Maulbeerbaumalleen blüht an einfachen Verkaufsständen das „bizness“ mit Marlboro-Zigaretten, Wodka, Champansk, Bounty, Mars und Snickers-Riegeln. In den Privatabteilungen der Kolchosmärkte arrangieren die Bauern, so hat es den Anschein, ihr überschüssiges Obst und Gemüse liebevoller als früher. An neuralgischen Ecken wird, zu unerschwinglichen Preisen freilich, in Schubkarren Fleisch feilgeboten. Und so manche Gasse verströmt beinah schon so etwas wie echte Basar-Atmosphäre.

Zum Beispiel **Samarkand**. Kein anderer Ort Zentralasiens hat die romantischen Phantasien der Europäer über die Jahrhunderte ähnlich beflügelt. Kein anderer galt so sehr als Synonym für mystische Größe und überwältigende Pracht. Diese Stadt am Fluß *Serafschan* war schon zur Zeit Alexanders des Großen, als sie noch *Maracanda* beziehungsweise *Afrosiab* hieß, eine blühende Handelsstation. Doch ihren sagenhaften Ruhm verdankt sie ausschließlich Timur Lenk, jenem entfernten Verwandten Dschingis Chans, der sie nach dem Mongolensturm wieder aufbaute. Timur war ein Despot, der wie nur wenige Figuren der Weltgeschichte im wahrsten Sinne des Wortes zu allem fähig war. Zu den unbeschreiblichsten Grausamkeiten – aus den Schädeln seiner bestialisch getöteten Gegner ließ er Mauern und Türme bauen. Und zu den grandiosesten künstlerischen Schöpfungen – die Moscheen, Mausoleen, Medresen und Paläste, die er gegen Ende des 14. Jahrhunderts in seiner Hauptstadt bauen ließ, waren für die damalige Zeit absolut beispiellos.

17 Millionen Menschen, so schätzt man, kamen durch Timurs Kriegszüge, die ihn bis nach Damaskus, nach Delhi und knapp vor Moskau führten, um. Untertanen jedoch, die über Talent verfügten, entrannen dem Tod. Denn in allen Provinzen seines Riesenreichs, in Fars, Aserbeidschan, Syrien und dem Irak, in Indien, dem Choresm und Chorassan, verschonte der Tyrann die Meister des Kunsthandwerks, um sie in seine „Stadt der Städte“ zu verschleppen. Dort hielt er, wie Ruy Gonzalez de Clavijo, der Gesandte Heinrich III. von Kastilien berichtete, allein in seiner Burg Tausende von ihnen gefangen, „damit sie ihm ihr restliches Leben lang

Rüstungen und Helme sowie Bogen und Pfeile fertigten".

Als hemmungsloser Förderer von Handwerk und Handel ließ er in nur zwanzig Tagen und ohne Rücksicht auf bestehende Bauten quer durch Samarkand eine Marktstraße schlagen. Sie war zu beiden Seiten von Läden gesäumt und zur Gänze überdacht. Wo sie sich mit den anderen Fernstraßen traf, die strahlenförmig von den Toren der neuen Stadtmauer ins Zentrum führten, befahl er, einen riesigen Kuppelbasar zu bauen.

Rund um diesen legte wenig später Timurs Enkel, der berühmte Astronom Ulug Beg, den *Registan* an, den „sandigen Platz". Hier wurden ab nun Befehle verkündet, Militärparaden abgehalten, Verbrecher hingerichtet und ihre abgeschlagenen Köpfe auf hohen Stangen dem Volk präsentiert – ein Brauch übrigens, der bis ins Jahr 1868 üblich war. Unter Ulug Beg entstand auch die erste jener drei Medresen, die noch heute den Registan umstehen. Die anderen beiden – *Schir Dor* und *Tillja-Kari* – kamen erst nach der Schleifung älterer Moscheen und Karawansereien, Mitte des 17. Jahrhunderts hinzu.

Rauf Klischew, der Direktor jener staatlichen Behörde, die seit längerem die *Ulug Beg-Medrese* von Grund auf renoviert, verwahrt in seinem Büro am Registan stapelweise historische Photos. Sie zeigen, wie der Platz Ende des 19. Jahrhunderts aussah: Die Fassaden, Kuppeln und Minarette der drei Koranschulen sind vom Zahn der Zeit und mehreren Erdbeben arg mitgenommen. Doch zu ihren Füßen wogt, ganz im Gegensatz zu heute, das Durcheinander eines orientalischen Markts. Zu erkennen sind beturbante Händler, die, neben sich ihre Ware aufgehäuft, in Holzhütten oder unter einfachen Zeltplanen hocken. Ein Wasserreservoir. Drumherum ein Fuhrpark von Eseln und großrädrigen Pferdekarren. Und eine Menschenmenge, die sich in Kreisen um Gaukler, Garköche und Märchenerzähler drängt.

*Auch Teppiche werden im Basar feilgeboten. Qualitätsstücke wie die legendären, von Nomaden geknüpften Bucharas sucht man hier freilich vergebens. Was in Usbekistan heute auf die Märkte kommt, hat mit jenen höchstens den Namen gemein. Unten: Eine Kolchosbäuerin präsentiert ihren ganzen Reichtum: Maulbeeren, Naturseide und – vergoldete Kunstzähne.*

Heute erinnern nur noch ein einsamer Tscharsu (nordöstlich des Platzes) und ein rostiges Karawanendenkmal (im Osten) an das kommerzielle Treiben von einst. Wer einen lebendigen Markt erleben will, muß ans andere Ende der *Taschkenter* Straße, der zentralen Einkaufs- und Fußgängerzone der Stadt, gehen. Dort, im Schatten der kolossalen Ruine von Timurs Freitagsmoschee *Bibi Chanum*, hat täglich der sogenannte *Siaber* Markt seine Pforten geöffnet. Angeboten werden vor allem alltägliche

Lebensmittel, aber auch allerlei Spezialitäten – von *han atlas*, der bunt gefärbten Naturseide aus dem *Fergana*-Tal, über den dicken, als Teppich benützten Webstoff *susane*, bis zum örtlichen Cognac, Marke „Samarkand". Der Sonntagsmarkt, gleich vis-à-vis gelegen, deckt den Bedarf der Einheimischen an billiger Importware aus der Türkei.

Der berührendste Markt weit und breit ist jener im *Dschugut Machalla*, dem jüdischen Viertel, wo dreimal in der Woche Tausende Frauen und Männer, die zu ihren Angehörigen nach Brooklyn oder Tel Aviv auswandern wollen, auf Käufer für ihren kümmerlichen Hausrat, ihre Töpfe und Bettwäsche, Kleider und Schuhe, warten. Der maßgeblichste hingegen ist der *Dschuma-* oder *Freitagsbasar*. Er liegt zwanzig Kilometer südlich der Stadt an der Straße nach Tadschikistan, inmitten der für ihren Tabak berühmten Provinz *Urgut*. Als einer der fünf großen Freitagsmärkte Usbekistans – die übrigens seit Sowjetzeiten an Sonntagen stattfinden – lockt er regelmäßig ein sehenswertes menschliches Panoptikum an: Kriegsveteranen mit dem roten Sowjetstern am Revers, die stolz von ihren Kämpfen gegen die Deutschen erzählen. Wandernde Derwische, die um Almosen betteln und Spender segnen, indem sie, heilige Sprüche murmelnd, mit Geldscheinen über ihre Köpfe streichen. Bäuerinnen in herrlich bunten Trachten, die Passanten stumm und geduldig Selbstgehäkeltes zum Kauf entgegenstrecken. Köche, die, in den charakteristischen Steppmantel, den *tschopan*, gehüllt, lautstark ihre Kichererbsen mit Hammelfleisch und ihre in Öl fritierten Fische preisen. Nicht zu vergessen den *nasoratschi*, den staatlichen Basarkontrollor, der sich stichprobenartig und der Wichtigkeit seines Amtes überaus bewußt, von den privaten Händlern die Quittungen für die Standgebühr zeigen läßt.

Die eindrucksvollsten Zeugnisse alter Basararchitektur haben sich allerdings in **Buchara** erhalten, der etwa 300 Kilometer weiter westlich gelegenen, ewigen Rivalin von Samarkand. Die Rede ist von jenen drei prächtigen Tscharsu aus dem 16. Jahrhundert, die den zahllosen Erdbeben standgehalten haben und heute, vorbildhaft renoviert, wieder Läden und Werkstätten beherbergen. Sie stellen zwar nur noch einen kleinen Rest jener vollständig überkuppelten Basarstraße dar, die sich früher durch den ganzen *Schakristan*, den historischen Stadtkern, wand. Doch sie erleichtern die Vorstellung erheblich, wie es hier seinerzeit zugegangen sein muß. Damals, als Buchara noch von der Seidenstraße lebte.

Beispielsweise im *Tak-i Telpak Furuschon*, dem Basar der Mützenmacher: In diesem raffiniert asymmetrischen, sechseckigen Bau, unter dessen mächtiger Kuppel fünf Straßen in unterschiedlichen Winkeln zusammenlaufen, muß ein ständiges Kommen und Gehen gewesen sein. Immerhin galt er als beste Adresse für Mützen aus Fell, für die mit Goldfäden oder Glasperlen bestickten *tjubetejka*-Kappen, und für jene bis zu zwanzig Meter langen, kunstvoll gewickelten Turbane, die beim Tod ihres Trägers als sein Leichentuch dienten. Oder im *Tak-i Sargaron*, der „Kuppel der Juweliere", den man an der Stelle des antiken *Tscharsu Bukhari* errichtete: Hier befanden sich einst über dreißig Werkstätten samt Ambossen, Blasebälgen und Schmelzöfen. Besonders emsiges Treiben herrschte vermutlich im *Tak-i Sarafon*, wo die Geldwechsler, vorwiegend Hindus, mit Valuten und fremdem Geld handelten; und im angrenzenden Bad gleichen Namens, dem angeblich schönsten im ganzen Land. Der schmale, säuberlich in Ziegel gefaßte Kanal, an dessen Ufern beide stehen, ist übrigens jener *Sharirud* oder Gold-Kanal, durch den bis ins 19. Jahrhundert zweimal im Monat die Reservoirs der Stadt über ein kompliziertes Schleusensystem mit Wasser aus dem Serafschan aufgefüllt wurden.

Verschwunden ist hingegen der sogenannte *Mogh-* oder *Mond*-Basar, auf dem in vorislamischer Zeit an bestimmten Festtagen in Anwesenheit des Herrschers Bilder örtlicher Gottheiten verkauft wurden. An seiner Stelle steht heute das älteste Gebetshaus Mittelasiens, die – stark rekonstruierte – *Magoki-Attari* Moschee. Verschwunden ist auch die indische Karawanserei, die sich zwischen der Kuppel der Juweliere und der *Tim Abdullah-Chan*, in der noch heute Seidenstoffe verkauft werden, befand. Und auf der anderen Seite der Altstadt, am *Ljabi-Chaus*, kann man zwar am schattigen Ufer eines kleinen künstlichen Sees wunderbar Tee trinken. Der Basar

*„Bukhar" – so nannten die Zoroastrer eine „Quelle der Weisheit". In seiner besten Zeit besaß Buchara 180 Koranschulen mit über 30.000 Studenten. Die Sowjets ließen zwar alle bis auf eine schließen, doch seit der Unabhängigkeitserklärung, 1991, ist die Stadt auf dem besten Weg, ihrem Namen erneut alle Ehre zu machen. Einige hundert angehende Theologen sind mittlerweile wieder inskribiert. Links: Koranstudenten vor dem Portal der Kaljan Moschee. Unten: Dieselbe Moschee samt ihrem Minarett, dem „Todesturm", von dem man noch zu Beginn dieses Jahrhunderts Delinquenten hinabzustürzen pflegte. Oben: die 1807 erbaute Medrese Tschar Minar. Vorhergehende Doppelseite: die Kuppellandschaft des Tak-i Sarafon, des ehemaligen Geldwechslerbasars von Buchara. Der Bau ist ein klassisches Beispiel für die unverwechselbare Basararchitektur Zentralasiens.*

aber, in dem man ihn kaufen konnte, besteht dort längst nicht mehr.
Auch auf dem *Registan* ist, wie auf dessen Gegenstück in Samarkand, alles soziale Leben erstorben. Kein Waffen- und kein Sklavenmarkt mehr, kein Spital, kein Arsenal und keine Gilden-Moscheen. Einzig das mächtige, reich mit Gitterwerk verzierte Portal, das auf den *Ark*, die Zitadelle, führt, spiegelt noch die frühere Pracht des Platzes wider. Dafür herrscht im nahen, modernen, sogenannten „zentralen Basar" Hochbetrieb. Speziell an den beiden Markttagen Sonntag und Donnerstag, wenn Seiltänzer und andere Zirkusakrobaten vor den Kunden ihre Kunststücke zeigen, und Musiker sie auf der *surnai*, einer Art altertümlichen Klarinette, und auf der *karnai* (Trompete) dabei begleiten.

Ein Kuriosum, und zwar sowohl in historischer als auch in architektonischer Hinsicht, stellt das weit im Westen gelegene **Chiwa** dar. Diese Oasenstadt am Ufer des Amu Darja fristete den Großteil ihrer 2500jährigen Vergangenheit als eher unbedeutende Station an einem Nebenast der Seidenstraße, von der die Händler südwärts nach *Merv* und nordwärts nach *Astrachan* am Kaspischen Meer weiterzogen. Erst im Jahr 1592 löste sie das zerstörte Kunja-Urgentsch als Residenz der Chane von Choresm ab. Und ihre eigentliche Blüte erlebte sie gar erst Mitte des 19. Jahrhunderts, nachdem sie von dem persischen Eroberer Nadir Schah zwischenzeitlich fast vollständig zerstört worden war. Der späte (und relativ kurz währende) Reichtum rührte von einem alles andere als edlen Geschäft: dem exzessiven Handel mit Sklaven. Allein aus Persien wanderte damals in wenigen Jahrzehnten rund eine Million über Chiwa in die – vornehmlich russische – Gefangenschaft. Ungefähr 60.000 von ihnen zwang der Chan, ihm seine Festungsstadt mit monumentalen Bauwerken zu verschönern.
In diesen Jahren galt Chiwa unter Europäern als einer der gefährlichsten Orte der Welt. „Wer diese Stadt einmal betreten hat, verliert alle Hoffnung, so wie sie verliert, wer die Hölle betritt. Ihr Kerker ist von pfadlosen Wüsten umgeben, deren einzige Bewohner die Menschenhändler sind." Der so stöhnte, war der englische Captain James Abbott, der 1839 hierher gesandt worden war, um den bedrohlich naherückenden Russen Paroli zu bieten. Sein harsches Urteil ist kaum verwunderlich: Tausende Ausländer vegetierten damals in den örtlichen Verliesen dahin. Und zahlreiche Reisende hatten ihre arglose Neugier bereits mit dem Tod bezahlt. Noch 1863 mußte Arminius Vambery, ein ungarischer Orientalist, der sich als Derwisch verkleidet nach Chiwa gewagt hatte, mit ansehen, wie Gefangenen bei lebendigem

Leib die Augen herausgeschnitten wurden, und „ihr Folterer sein blutiges Messer an ihren Bärten reinigte". Und sogar noch um die Jahrhundertwende verspürte ein gewisser Robert Jefferson, der die zehntausend Kilometer von London mit eigener Muskelkraft auf dem Fahrrad angereist war, nichts, als „das dringende Bedürfnis, diesen Ort so rasch wie möglich wieder zu verlassen".
Als Chiwa schließlich 1924 in die Sowjetunion eingegliedert und zur Sperrzone erklärt wurde, verschwand es hinter einem Vorhang des Vergessens. Das Staunen war allerdings groß, als dieser sich 1968 wieder hob: Die angrenzende Neustadt (*Dischan Kala*) war zwar, so zeigte sich, in der Zwischenzeit teilweise niedergerissen und im Moskauer Betonplattenstil wiederaufgebaut worden. Das historische, dreißig Hektar große Festungsareal *Itschan Kala* jedoch präsentierte sich den ausländischen Gästen des staatlichen Reisebüros Intourist als Stein gewordenes Märchen aus 1001 Nacht – als vollständig konservierte Feudalstadt aus dem islamischen Mittelalter. *Tasch-hauli* und *Kunja Ark*, ihre beiden weitläufigen Palastkomplexe, sind akkurat restauriert. Ebenso die Dutzenden Medresen und Mausoleen mit ihren typisch floralen blauen und erdfarbenen Majoliken. Die tausendjährigen Holzsäulen der Freitagsmoschee; die wohl berühmtesten Zeugnisse choresmischer Schnitzkunst, sind unversehrt. Die unvergleichlich prächtig verzierten Minarette *Kalta-Minar* und *Islam Chodscha* erstrahlen, neu glasiert, im ursprünglichen Glanz. Und sogar der alte Basar in der Karawanserei des *Alla-Kuli-Chan* ist noch in Betrieb. Wenn auch deutlich reduziert: Denn innerhalb des über zwei Kilometer langen Mauerrings, der diese Museumsstadt umgibt, leben mittlerweile nur noch knapp 2.000 Menschen.

*Das rund 300 km südlich des Aralsees gelegene Chiwa gilt, obwohl in seiner heutigen Form größtenteils erst vor knapp 200 Jahren von persischen Sklaven erbaut, als Musterbeispiel einer feudalen islamisch geprägten Stadt. Eines ihrer Wahrzeichen ist das 1910 entstandene, mit Keramikbändern verzierte Minarett Islam Chodscha (links oben), ein anderes die Dschuma-(Freitags-)Moschee mit ihren teilweise tausend Jahre alten hölzernen Säulen (darunter). Das Mausoleum des Volksheiligen Pahlawan Mahmud (oben) war bis 1960 Heiligtum, danach dreißig Jahre lang Museum. Seit dem Ende der UDSSR erfüllt es wieder seinen eigentlichen Zweck. Einen Höhepunkt choresmischer Architektur bildet der Palast des Chan, Tasch-Hauli (unten: ein Detail aus dem Haremshof).*

Autor und Photograph bedanken sich bei folgenden Personen für Rat und Tat:

Hanne Egghardt, Peter Gallhofer, Siegfried Haas, Diether Lenhart, Tarek Many, Raschid Hoda, Auguste Kern, Fritz Langauer, Nosratollah Rastegar, Michael Schrott, Alice Weiss (alle: Wien), Stefan Makowski (Straß im Attergau), Mara Kaselitz (Frankfurt), Alberto Valese (Venedig), Brigitte Agstner-Gehring, Mohamed Amer, Anwar Abou Elella, Margarete Hasbani, Ernst Huber (Kairo), Bashir Al Ash, Naschad Scharaf (Damaskus), Edip Eroglu, Celik Gülersoy (Istanbul), Yahya Al Haifi (Sanaa), Klaus & Yvonne Gruschwitz, Horst Kauch, Ghazi Al Tajir (Dubai), Abdussalam Sultan (Tripolis), Mohammed El Abassi, Jamila Binous, Zakia El Mechat, Zoubeir Mouhli (Tunis), Yousfi Mohsen (Kairouan), Abdellatif Rifi Mbarki (Fes), Mohammed Agouri (Marrakesch), Werner K. Koch (Dschedda), Evelyn & Joachim Brennhausen, Martina Javidnia-Ehlers, Sepehr Sepahrom (Teheran), Ahmad Ghazavi (Isfahan), Sabit Madaliev (Taschkent), Osoad Sabirowa, Flora Gataullina (Samarkand), Bella Awanesowa (Buchara), Elena Allajarowa (Chiwa).
Besonders herzlicher Dank gilt Diane Naar und Elisabeth Vidotto für ihre Anregungen, Geduld und direkte Hilfe.

# DAS LICHT DER BASARE

Der Basar, das Herz der Metropolen unter dem Halbmond und dem gleißenden Sonnenlicht, zwischen Atlas-Gebirge, in endlosen Wüsten, an der wechselhaften Levante oder in der Steppe am Fuße des Pamirs, ist Ruhepol und Treffpunkt, Umschlagplatz und Erzeugerwerkstatt für Menschen verschiedener Stämme und Staaten, für Individuen unterschiedlicher Mentalität und vielseitiger Fähigkeiten. Er ist ein gewachsenes Refugium, eine Mixtur aus den Bauphasen seiner zeitbedingten (Lebens-)Stile und politischen Geschichten, eine Verschmelzung aus Altem und Neuem, ein kosmopolitisches Chaos, dessen Ordnung durch eines gesichert ist: durch die Gesetze des gemeinsamen Glaubens.

Dieses Spektakel der Vielfalt, dieser Hort der Farben, Düfte und Künste ist mehr als nur Schauplatz für die Sinne, er ist auch Sinnplatz für die Form der Gesellschaft.

Das Licht der Basare – das ist nicht dasselbe wie wenn man vom Licht des Südens, Griechenlands, dem polarer Breiten oder der Toskana spricht. Es hat mehr mit dem matten Schein gemütlicher Wohnstuben und der punktuellen Beleuchtung von Unterwelten gemein, es ist mehr der Schatten, der das Licht hervorhebt.

Die eigenen Erfahrungen, Erlebnisse und vor allem Begegnungen haben mich mehr beeindruckt als alle Literatur. Besonders das einfache, „normale" Alltagsleben in fremder Umgebung hat mir die dortige Kultur verständlicher gemacht. Die Offenheit, Gastfreundschaft und Toleranz, die einem persönlich zuteil werden, erzeugen Sympathie und friedliche Ausgeglichenheit, wie man sie selbst zu Hause nicht oft erlebt. So fand ich auf natürliche Weise den Mittelpunkt meines Interesses, meiner Bilder: die Menschen.

Die Menschen der Basare sind das eigentliche Licht, der Fotograf ist dabei nur eine flüchtige Erscheinung, die der Basarbetrieb nicht braucht, ja seine Originalität eher stört als bereichert. Je „unsichtbarer" er agiert, umso lieber wird er gesehen! Dienlich ist es, kleine, leise Kameras und „schnelle" Filme zu verwenden. Aber das Verhalten des Fotografen steht jedenfalls weit vor dem technischen Aufwand für das Gelingen „echter" Bilder.

Sicher, noch bevor ich viele Male mit gezielten Aufträgen in die archaische Welt der Händler und Handwerker zurückgekehrt bin, habe ich mich auf nichts als mein Gefühl verlassen und „aus dem Bauch" nur die Menschen fotografiert, mit denen, durch die Zeit, die ich mit ihnen verbrachte, ein Vertrauen entstanden war, das meine Tätigkeit ebenso natürlich geschehen ließ, wie die der fokussierten Personen. Diese Gleichberechtigung steht immer als feiner, wortloser Garant für gegenseitiges Verständnis auf dem Spiel.

Seit nunmehr fünfunddreißig Reisen in mehr als zwanzig islamische Länder versuche ich dieser Maxime treu zu bleiben, denn grelle Sensationen berühren ebensowenig mein Interesse wie kalte, ethnische Dokumentationen. Mein Feld ist die individuelle Welt des anderen. Es gilt, das Neue ständig wahrzunehmen, zu entdecken und selbst einzutauchen. Das ist das *eine,* es mitteilen, es in seinem vorhandenen Licht aufnehmen, fotografieren zu wollen das *andere* Element *meiner* Welt. Ein Zeit- und Situationsdokument bleibt ein Foto immer, ob es Kunst ist oder wird, muß nicht interessieren, da es dafür ohnehin keine Regeln gibt.

„Begegnungen" nannte ich 1977 meine erste Ausstellung, die Zeugnis vom Wesen meines Fernwehs und der Anziehung der orientalischen Welt ablegte, als sie einige Jahre in deutschen und österreichischen Museen und Galerien mit erstaunlichem Interesse besucht wurde.

Hiermit danke ich allen, die meine Arbeit im Basar unterstützt und geduldet haben und möchte, daß meine Fotos *für* den Erhalt der Lebendigkeit dieser Kulturstätte stehen.

Kurt-Michael Westermann,
im August 1994

*Äußerste Seltenheit: Fotografen-Atelier im Basar. Niamey, Niger*

# GLOSSAR

**Azan:** Gebetsruf
**Amin:** Zunftmeister (auch: arif, rais oder scheykh)
**Ark:** in Zentralasien gebräuchliche Bezeichnung für Stadtbefestigung, Zitadelle, Herrschersitz

**Bab:** (Stadt-)Tor, Eingang
**Bagh:** höfischer Garten
**Bakschisch:** von jeglicher Gegenleistung unabhängiges kleines Almosen
**Bait:** Haus, wörtlich auch: Familie
**Baraka:** Segen, Gnade
**Basar:** persische Bezeichnung für Markt (arab.: Suq); traditionelles Wirtschafts-, Handels- und Produktionszentrum jeder islamischen Stadt
**Basilica:** öffentlichen Zwecken dienende Halle römischer Städte
**Basmala:** jeder Koransure und auch vielen Handlungen vorangestellte Kurzform der Formel „bismi llahi r-rahmani r-rahim" – „Im Namen des barmherzigen und gütigen Gottes"
**Bedesten:** gedeckte Kaufhalle für besonders kostbare Waren im Basarzentrum, fungierte ursprünglich als „Schatzhaus"
**Bir:** Brunnen
**Burnus:** heller Kapuzenmantel aus Wolle, vornehmlich von Männern im Maghreb getragen

**Cami** (türk.): Freitagsmoschee
**Carsi** (türk.): Markt (auch: Marktgasse oder -gebäude)
**Chechia:** traditionelle, in Tunesien hergestellte, meist rot gefärbte Filzmütze
**Chamsa:** wörtlich „fünf", auch Bezeichnung für die „Hand der Fatima", ein beliebtes Amulett gegen den Bösen Blick
**Chutba:** Freitagspredigt

**Dar:** Haus
**Darwasa:** Tor, Portal eines Hauses in Zentralasien
**Derwisch:** islamischer Mystiker sufischer Herkunft, größtenteils in Bruderschaften zusammengeschlossen
**Dhimmi:** wörtlich „Schutzbefohlener"; Andersgläubiger im islamischen Herrschaftsbereich
**Dschamal:** Kamel
**Dschambiya:** arabischer Krummdolch
**Dschar:** Klientelverhältnis zwischen „Patron" und „Schützling", Patriziern und deren minderprivilegierten Nachbarn
**Dschellabiya:** vor allem in Ägypten getragener Baumwollumhang
**Dschemaa:** Moschee
**Dschebel:** Berg
**Dschedid:** neu
**Dschinn:** Geisterwesen feurigen Ursprungs
**Dschiwar:** mündliche Vereinbarung zur Solidarität zwischen benachbarten Einzelpersonen
**Dschubba** (auch gandura): ärmellose, mit einer Schärpe umwickelte Tunika der Maghrebinerinnen

**Emir:** ursprüngl. hoher Verwaltungsbeamter, später auch Fürstentitel
**Esunduq:** Gemeinschaftskasse einer Bruderschaft oder Zunft

**Fetwa:** vom Mufti erstelltes Gutachten bezüglich Fragen religiös-rechtlicher Natur
**Fityan:** Angehörige islamischer Männerbünde
**Fez:** in Nordafrika getragene, meist rot gefärbte zylindrische Kopfbedeckung aus Filz
**Funduq:** wörtlich „Hotel"; maghrebinische Bezeichnung für Händlerherberge (= Khan)
**Futuwwa:** wörtlich „Jugend"; Tugenden wie Frömmigkeit, Selbstlosigkeit und Tapferkeit umfassendes Ideal, dem sich im klassischen Islam zahlreiche esoterische Männerbünde – u. a. Derwischorden – verpflichtet fühlten

**Ghusl:** große, rituelle Waschung, bei der der ganze Körper einschließlich der Haare gereinigt wird oder untertauchen muß

**Hadith:** Aussprüche und Taten des Propheten Mohammed
**Hadsch:** Pilgerfahrt nach Mekka
**Hadscham:** Barbier, der nebenbei auch als Dentist, Tätowierer, Beschneider und Schröpfer tätig ist
**Hadschi:** Mekkapilger
**Hafiz:** wörtlich der „Bewahrende"; Beiname für jemanden, der den Koran auswendig gelernt hat
**Hakawati:** ehemals hauptberuflicher Geschichtenerzähler im Kaffeehaus; heute, wenn überhaupt, nur noch zu Ramadan anzutreffen
**Hakim:** im weiteren Sinne „Weiser", „Philosoph"; im engeren „Doktor" und „Arzt"
**Hammal:** Lastenträger
**Hammam:** (Warm-)Bad
**Hanut:** Laden bzw. Werkstatt, Basarbox
**Haramlik:** Frauen- bzw. Privatgemächer im islamischen Haus oder Palast (siehe auch: Harem)
**Hara:** wörtlich „Gatte"; Wohnquartier
**Harem:** wörtlich „geweihter", „geschützter", „verbotener" Ort; gebraucht für die Frauen- bzw. Privatgemächer im islamischen Haus oder Palast
**Harqus:** mit Henna oder anderen in Öl verrührten Farben aufgemalte Tätowierung; vor allem im Maghreb von Frauen als magische Zeichen auf Gesicht, Händen und Füßen getragen
**Hidschra:** heimliche „Emigration" des Propheten von Mekka nach Medina/Yatrib im Jahr 622; Beginn der islamischen Zeitrechnung

**Id al-fitr** (türk.: seker bayrami): „Fest des Fastenbrechens" am Ende des Fastenmonats Ramadan
**Ihram:** Weihezustand, in dem sich ein Pilger in Mekka befindet
**Imam:** ursprünglich Synonym für „Kalif", den Leiter der Gesamtgemeinde, bei den Sunniten Vorbeter, bei den Schiiten auch Haupt und oberster Lehrer der Gemeinschaft der Gläubigen
**Ismailiten:** Angehörige einer schiitischen Sekte, die Ismail, den Sohn des 6. Imams, für den rechtmäßigen Leiter der Gesamtgemeinde halten und seine Wiederkehr als „Mahdi" (Messias) erwarten
**Iwan:** zum Hof hin geöffnete, überwölbte Halle in Moscheen und arabischen Wohnhäusern

**Kaaba:** das zentrale Heiligtum des Islams – ein würfelförmiges, von einer schwarzen Brokatdecke verhängtes Gebäude in der großen Moschee von Mekka, das den „Schwarzen Stein", einen Meteoriten, birgt
**Kadi:** vom Herrscher bestellter Richter, zu dessen Aufgaben unter anderem auch die Aufsicht über Stiftungen, Erbschaften, etc. zählte
**Kaftan:** langärmeliger, vorne offener, ursprünglich türkischer Mantel
**Kalam** (türk.: divit): Schreibfeder aus Schilfrohr für Kalligraphen
**Kalif:** geistiges Oberhaupt des Islam, wörtlich „Stellvertreter Mohammeds"
**Karawanserei:** Rasthaus für Überlandkarawanen
**Kasbah:** Festung; in Nordafrika auch: arabisches Altstadtviertel
**Khan** (türk.: Han): meist innerstädtische Herberge für Kaufleute und Reisende; im türkisch-mongolischen Bereich auch Bezeichnung für den Herrscher
**Kismet:** von Gott vorherbestimmtes Schicksal
**Koran:** das heilige Buch in arabischer Sprache; nach islamischer Auffassung die Mohammed zwischen 610 und 632 offenbarte, seit Ewigkeit bestehende letzte Botschaft Gottes an die Menschheit
**Kufi:** archaische Type der arabischen Schrift

**Machzen:** der Machtapparat des Monarchen
**Mafradsch:** Empfangsraum des Hausherrn im obersten Stock jemenitischer Stadthäuser
**Maghreb:** islamischer Westen, heute: Tunesien, Algerien, Marokko
**Mahalle** (türk.:): Stadtviertel
**Mahriya:** Aussteuer für verheiratete Frauen, früher aus Schmuck, heute häufig aus Geld bestehend
**Maidan:** Platz
**Maqsura:** durch Schranken abgegrenzte Herrscherloge in der Moschee
**Marabut:** islamischer Heiliger sowie dessen Grabmal
**Maristan:** Spital
**Maschrabiya:** Erker aus gedrechseltem, filigranem Holzgitterwerk an alten orientalischen Häusern
**Masdschid** (türk.: mescit): kleine Alltagsmoschee
**Mastaba:** Steinbank, ursprünglich jedem Basarladen vorgelagert
**Mazalim:** direkt dem Herrscher und seinen Vertretern unterstelltes Gericht
**Medersa** (auch: **Medrese**): höhere theologische Schule
**Medina:** arabische Stadt, heute meist für Altstadt
**Mellah:** Judenviertel

**Mihrab:** leere Nische, die im Inneren der Moschee die Gebetsrichtung nach Mekka anzeigt
**Minarett:** der jeder Freitagsmoschee zugehörige Turm für den Gebetsruf
**Moschee:** islamischer Kultbau, in dem sich Moslems zum öffentlichen und privaten Gebet einfinden
**Minbar:** Kanzel für die Freitagspredigt in der Moschee, ursprünglich Herrscher- und Richtersitz des Kalifen
**Muezzin:** Gebetsrufer
**Mufti:** von der Obrigkeit ernannter Rechtsgelehrter; berät die Gläubigen in Fragen der frommen Lebensführung und erstellt verbindliche Rechtsgutachten
**Muhtasib:** Marktaufseher mit vielfältigen städtischen Ordnungsfunktionen wie Preis- und Qualitätskontrolle, Überwachung der öffentlichen Moral ...
**Mulid:** religiöses Fest zu Ehren eines Heiligen

**Narghile** (auch: **schischa**): Wasserpfeife
**Nashki:** kursive Type der arabischen Schrift
**Nazar** (türk.: göz boncugu): Böser Blick

**Qahwa:** Kaffee, ürsprüngliche Bedeutung angeblich „Wein"
**Qaiseriya:** wörtlich „Kaiserhalle"; in Basaren des Maghrebs: zentraler, allseits versperrbarer Gassenkomplex für den Verkauf von kostbaren Waren, insbesondere Stoffen; in der Levante: kleiner Khan
**Qanat** (auch: **khettara** od. **foggara**): vor allem in der Sahara und im iranischen Hochland gebräuchliches Schacht- und Stollensystem, mit dessen Hilfe Brunnenwasser unterirdisch über weite Strecken geleitet wird
**Oud:** Laute
**Oued** (auch: **Wad**): Fluß

**Pascha:** Titel eines Generals oder Provinzgouverneurs

**Qamis:** kragenloses, bis über das Knie fallendes Hemd
**Qibla:** Gebetsrichtung gen Mekka

**Rasteh** (pers.:): die zentrale Achse des Hauptbasars
**Ribat:** Klosterburg, ab dem 9. Jahrhundert im Maghreb entwickelt

**Sabil:** wörtlich „Weg", bezeichnet vor allem von Privatleuten gestiftete öffentliche Brunnen
**Sadaqa:** freiwillige Almosenspende
**Salamlik:** öffentlicher, auch männlichen Gästen zugänglicher Bereich jedes Hauses
**Samsarah:** bis zu siebenstöckige Sonderform eines Khans, ausschließlich in Städten des Jemen zu finden
**Saray:** türk. für „Palast", in Persien auch: Khankomplex
**Schariya:** das islamische Recht, das nach moslemischer Auffassung die von Gott gesetzte, für die ganze Welt gültige Ordnung enthält
**Scharif** (Mz: **Schurfa**): als adelig geltende Abkömmlinge des Propheten Mohammed
**Scheykh:** vieldeutiger Ehrentitel für eine Autoritätsperson; bei Beduinen in der Regel frei gewähltes Stammesoberhaupt; in Dörfern Ortsvorsteher; im geistlichen Bereich bedeutender Theologe oder Mystiker
**Scheykh al-Mascheykh** (auch: **schahbander** od. **kethuda**): der aus dem Kreis sämtlicher Zunftmeister gewählte „Zunftpräsident"
**Schiiten:** Angehörige einer der beiden Hauptkonfessionen des Islam (siehe auch: Sunniten), die einzig Ali und dessen Nachkommen aus der Ehe mit Fatima als rechtmäßige Leiter der Gesamtgemeinde anerkennen
**Sufismus:** islamische Mystik; benannt nach dem Büßergewand aus Wolle (arab.: suf), das ihre Anhänger, die Sufi, trugen
**Sultan:** unter den Seldschuken und Osmanen gebräuchlicher Herrschertitel

**Sunna:** mündliche Überlieferung von Leben, Wirken und Aussprüchen des Propheten Mohammed; für die nach ihr benannten Sunniten zweite Glaubensquelle nach dem Koran
**Sunniten:** Anhänger der orthodoxen Sunna
**Suq** (oft auch: **Souk**): Markt (arab.)
**Sure:** die insgesamt 114 Kapitel des Koran
**Suwwaqa:** Marktgänger

**Tak** (auch: **Tim**): Kuppelbasar
**Taqiya:** kleine, gestickte, meist weiße Baumwollkappe
**Tarbusch:** in Ägypten gebräuchlicher, zylindrischer, meist roter Filzhut
**Tekke:** Derwischkloster
**Tschador** (pers.: „Zelt"): Körper und Kopf bedeckender, schwarzer Umhang
**Tscharsu:** Kuppelbasar über einer Straßenkreuzung
**Tughra:** kunstvoll verzierter Namenszug des Sultans

**Ulema:** höhere Geistlichkeit, Gemeinschaft der Rechtsgelehrten
**Umma:** Gemeinschaft aller Moslems

**Wakalat:** nur in Kairo zu findende, mehrgeschossige Sonderform eines Khans
**Wala:** Schutz- und Treuepakt, den der Einzelhändler oder Handwerker mit seinem Berufsverband schließt
**Waqf:** fromme Stiftung
**Wesir:** hohe Staatsbeamte; Großwesir: „Ministerpräsident" im Osmanischen Reich
**Wudu:** kleine rituelle Waschung, bei der Gesicht, Hände, Unterarme und Füße zu waschen, und der Kopf mit der nassen Hand abzureiben sind

**Yali:** Sommerresidenzen am Bosporus- oder Meeresufer

**Zakat:** Almosensteuer
**Zawiya:** mystische Bruderschaft, auch deren Kloster

## ZUR SCHREIBWEISE

Begriffe und Namen aus dem Arabischen, Persischen oder Türkischen in deutsche Umschrift zu übertragen, ist stets ein problematisches Unterfangen. Denn viele Laute und Schriftzeichen aus diesen Sprachen haben im lateinischen Alphabet keine Entsprechung. Jede Lösung ist deshalb von vornherein nur Kompromiß.

Eine akribische Verwendung all jener Hilfszeichen, die etwa Kehlpreßlaute, „emphatische" Konsonanten, lange Vokale oder Stimmeinsätze kennzeichnen, wäre zwar wissenschaftlich korrekt, würde aber erschweren, was dieses Buch eigentlich erleichtern will: das Verständnis für die und die Orientierung in der arabischen Welt. Deshalb haben wir generell auf diakritische Zeichen verzichtet. Der Einfachheit halber wurden die in den jeweiligen Ländern auf Wegweisern, Landkarten und in Reiseführern gebräuchlichen Umschreibungen übernommen. Allerdings nicht ganz konsequent. Denn manchmal folgen sie den englischen oder französischen Schreib- und Aussprachegewohnheiten, manchmal sind sie aber auch dem Schriftbild bei der Verwendung im Deutschen angepaßt. So ist in der Regel *sh* oder *ch* durch *sch* und *j* oder *dj* durch *dsch* ersetzt. Aus dem Qadi wurde der Kadi und aus dem qaftan der Kaftan. Wie gesagt: ein Kompromiß.

Die Fachtermini sind übrigens bei ihrer ersten Nennung in jedem Kapitel kursiv und klein, bei jeder weiteren normal und groß geschrieben, topographische Namen hingegen immer groß.

# ZEITTAFEL

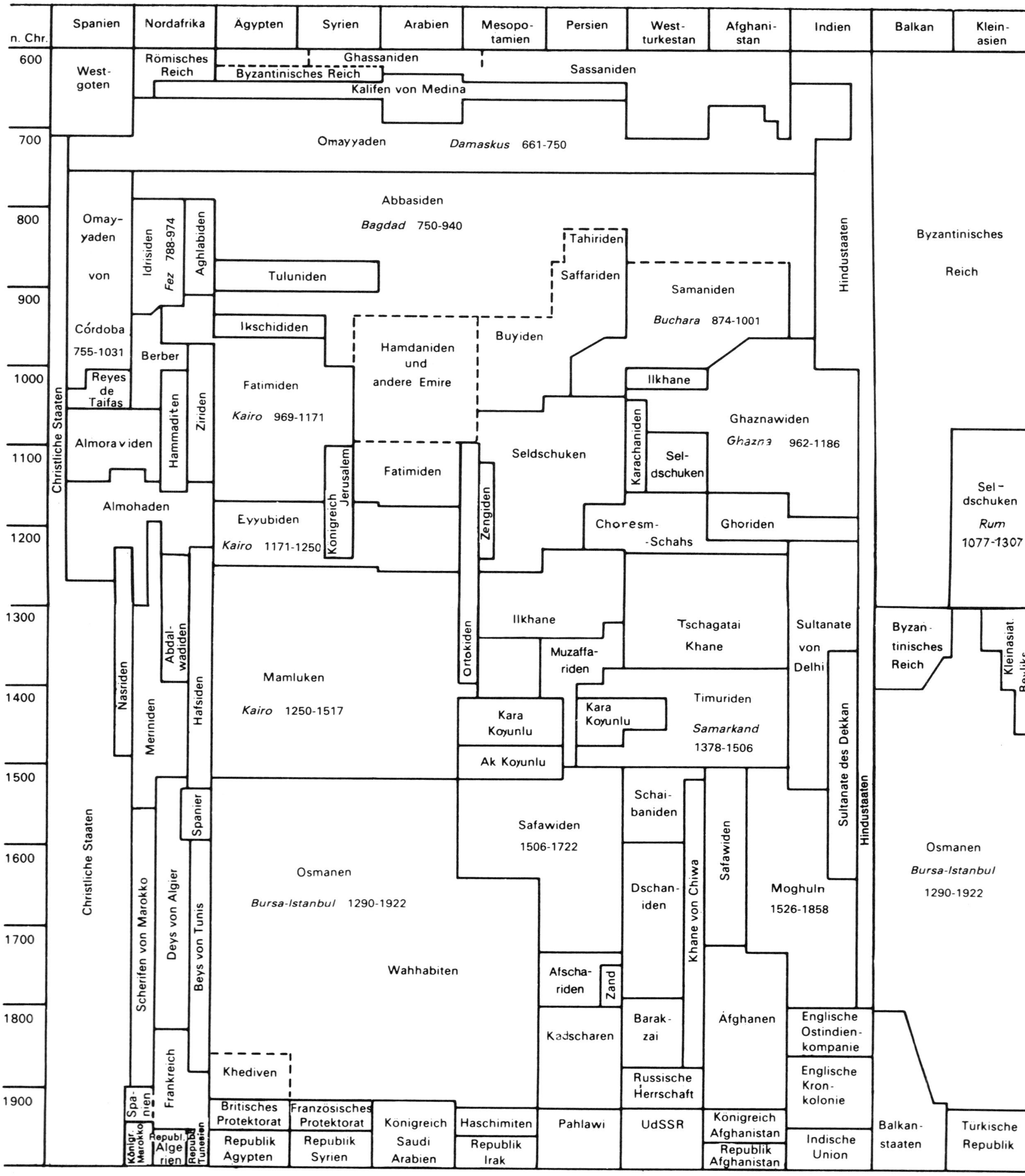
n. Chr.
Spanien
Nordafrika
Ägypten
Syrien
Arabien
Mesopotamien
Persien
Westturkestan
Afghanistan
Indien
Balkan
Kleinasien
600
700
800
900
1000
1100
1200
1300
1400
1500
1600
1700
1800
1900
Westgoten
Römisches Reich
Ghassaniden
Byzantinisches Reich
Sassaniden
Kalifen von Medina
Omayyaden Damaskus 661-750
Abbasiden Bagdad 750-940
Omayyaden von Córdoba 755-1031
Idrisiden Fez 788-974
Aghlabiden
Tuluniden
Tahiriden
Saffariden
Samaniden Buchara 874-1001
Hindustaaten
Byzantinisches Reich
Ikschididen
Hamdaniden und andere Emire
Buyiden
Berber
Reyes de Taifas
Fatimiden Kairo 969-1171
Ilkhane
Ghaznawiden Ghazna 962-1186
Hammaditen
Ziriden
Almoraviden
Christliche Staaten
Königreich Jerusalem
Fatimiden
Seldschuken
Karachaniden
Seldschuken
Zengiden
Almohaden
Eyyubiden Kairo 1171-1250
Choresm-Schahs
Ghoriden
Seldschuken Rum 1077-1307
Ilkhane
Tschagatai Khane
Sultanate von Delhi
Byzantinisches Reich
Kleinasiat. Beyliks
Ortokiden
Muzaffariden
Abdalwadiden
Nasriden
Meriniden
Hafsiden
Mamluken Kairo 1250-1517
Kara Koyunlu
Kara Koyunlu
Timuriden Samarkand 1378-1506
Ak Koyunlu
Sultanate des Dekkan
Hindustaaten
Schaibaniden
Safawiden 1506-1722
Spanier
Safawiden
Osmanen Bursa-Istanbul 1290-1922
Osmanen Bursa-Istanbul 1290-1922
Christliche Staaten
Dschaniden
Khane von Chiwa
Moghuln 1526-1858
Scherifen von Marokko
Deys von Algier
Beys von Tunis
Wahhabiten
Afschariden
Zand
Kadscharen
Barakzai
Afghanen
Englische Ostindienkompanie
Frankreich
Khediven
Russische Herrschaft
Englische Kronkolonie
Spanien
Britisches Protektorat
Französisches Protektorat
Königreich Saudi Arabien
Haschimiten
Pahlawi
UdSSR
Königreich Afghanistan
Balkanstaaten
Türkische Republik
Königr. Marokko
Republ. Algerien
Republ. Tunesien
Republik Ägypten
Republik Syrien
Republik Irak
Republik Afghanistan
Indische Union

# BIBLIOGRAPHIE


## ALLGEMEINE KUNST- UND KULTURGESCHICHTE

Asad, Muhammad: *Der Weg nach Mekka.* Luchterhand, Hamburg 1992

Bianca, Stefano: *Hofhaus und Paradiesgarten – Architektur und Lebensformen in der islamischen Welt.* C. H. Beck, München 1991

Boorstin, Daniel J.: *The Discoverers.* Vintage, New York 1985

Brandenburg, Dietrich: *Die Ärzte des Propheten – Islam und Medizin.* Edition q, Berlin 1992

Croutier, Alev Lytle: *Harem – Die Welt hinter dem Schleier.* Heyne, München 1989

Dermenghem, Emile: *Mohammed.* Rowohlt, Reinbek bei Hamburg 1960

Donini, Pier Giovanni: *Arab Travelers and Geographers.* Immel, London 1991

Duri, Abdalaziz: *Arabische Wirtschaftsgeschichte.* Artemis, Zürich 1979

Durou, Jean-Marc: *In der Tiefe der Sahara.* Bucher, München u. Marseille 1993

Faroqhi, Suraiya: *Herrscher über Mekka – Die Geschichte der Pilgerfahrt.* Artemis, München 1990

Fernea, Elizabeth W. u. Robert A.: *The Arab World – Personal Encounters.* Anchor, New York 1985

Garcia, Michèle Maurin: *Le Henné – Plante du Paradis.* Eddif, Genf 1992

Gosciniak, Hans-Thomas (Hrsg.): *Kleine Geschichte der islamischen Kunst.* DuMont, Köln 1991

Göttler, Gerhard: *Die Tuareg – Kulturelle Einheit und regionale Vielfalt eines Hirtenvolkes.* DuMont, Köln 1989

Grunebaum, Gustave Edmund von (Hrsg.): *Der Islam I und II.* Fischer, Frankfurt/Main 1971

Heller, Erdmute u. Mosbahi, Hassouna: *Hinter den Schleiern des Islam – Erotik und Sexualität in der arabischen Kultur.* C. H. Beck, München 1993

Khuri, Fuad I.: *Tents and Pyramids.* Saqi, London 1990

Kreiser, Klaus u. Wielandt, Rotraud (Hrsg.): *Lexikon der Islamischen Welt.* Kohlhammer, Stuttgart 1992

Kühnel, Ernst: *Islamische Kleinkunst.* Klinkhardt & Biermann, Braunschweig 1963

Lewis, Bernard: *The World of Islam – Faith, People, Culture.* Thames and Hudson, London 1976

Michell, George (Hrsg.): *Architecture of the Islamic World.* Thames and Hudson, London 1978

Nippa, Annegret: *Haus und Familie in arabischen Ländern, vom Mittelalter bis zur Gegenwart.* C. H. Beck, München 1991

Raymond, André: *The Great Arab Cities in the 16th–18th Centuries.* N. Y. Universtiy Press, New York 1984

Reisch, Max: *Karawanenstraßen Asiens.* Welsermühl, Wels 1974

Renz, Alfred: *Geschichte und Stätten des Islam von Spanien bis Indien.* Prestel, München 1977

Riazuddin, Akhtar: *History of Handicrafts, Pakistan – India.* National Hijra Council, Islamabad 1988

Ricketts, Howard: *Splendeur des Armes Orientales.* ACTE-EXPO, Paris 1988

Salahdine, Mohamed: *Les Petits Metiers Clandestins.* Eddif Maroc, Casablanca 1988

Scharabi, Mohamed: *Der Bazar – Das traditionelle Stadtzentrum im Nahen Osten und seine Handelseinrichtungen.* Wasmuth, Tübingen 1985

Secret, Edmond: *Les Sept Printemps de Fès.* Amiens 1990

Shah, Idries: *Die Sufis – Botschaft der Derwische, Weisheit der Magier.* Diederichs, München 1976

Simon, Karl Günter: *Islam – Und alles in Allahs Namen.* Gruner & Jahr/GEO, Hamburg 1988

Taeschner, Franz: *Zünfte und Bruderschaften im Islam: Texte zur Geschichte der Futuwwa.* Artemis, Zürich 1979

Thesiger, Wilfred: *Arabian Sands.* Penguin, London 1959

Wirth, Eugen: *Zum Problem des Basars.* Aus „Der Islam", Berlin 1975

Zaman, Hasanuz: *Economic Functions of an Islamic State.* The Islamic Foundation, Karachi 1981

## ZU EINZELNEN STÄDTEN, LÄNDERN UND REGIONEN

Adnan, Ethel u. Nachef, Michel: *Maroc – l'artisanat créateur.* Almadariss, Paris/Casablanca, 1983

Akhmisse, Mustapha: *Médecine, Magie et Sorcellerie au Maroc.* Casablanca 1985

Barisch, Klaus u. Lissi: *Istanbul.* DuMont, Köln 1976

Bausani, Alessandro u. a.: *Iran – The Future on the Plateau.* Giovanni de Agostini, Rom 1976

Bell, Gertrude: *Syria – The Desert & The Sown.* Heinemann, London 1908

Beyer, Ursula (Hrsg.): *Kairo – Die Mutter aller Städte.* Insel, Frankfurt/Main 1983

Binous, Jamila u. a.: *Tunis.* Sud Editions, Tunis 1985

Burckhardt, Titus: *Fes, Stadt des Islam.* Graf-Verlag, Olten 1960

Chwaszcza, Joachim (Hrsg.): *Jemen.* APA, Berlin 1993

Daum, Werner (Hrsg.): *Jemen.* Pinguin, Innsbruck u. Frankfurt/Main 1987

Dostal, Walter: *Der Markt in Sanaa.* Akademie d. Wissenschaften, Wien 1979

Freely, John u. Sumner-Boyd, Hilary: *Istanbul.* Prestel, München 1972

Gallwitz, Esther (Hrsg.): *Istanbul.* Insel, Frankfurt/Main 1981

Garcin, Jean Paul: *Damaskus.* Librairie Universelle, Tunis 1982

Gaube, Heinz u. Wirth, Eugen: *Der Bazar von Isfahan.* Reichert, Wiesbaden 1978

Gaube, Heinz u. Wirth, Eugen: *Aleppo – historische und geographische Beiträge zur baulichen Gestaltung, zur sozialen Organisation und zur wirtschaftlichen Dynamik einer vorderasiatischen Fernhandelsmetropole.* Reichert, Wiesbaden 1984

Gaudio, Attilio: *Fes – Joyau de la civilisation islamique.* Les Presses de l'UNESCO, Paris 1982

Gippenreiter, Vadim E. u. Magowan, Robin: *Fabled Cities of Central Asia.* Abbeville, New York 1989

Glazebrook, Philip: *Journey to Khiva.* Harper Collins, London 1992

Gülersoy, Celik: *Story of the Grand Bazaar (Istanbul).* Kitabligi, Istanbul 1990

Hambly, Gavin (Hrsg.): *Zentralasien.* Fischer, Frankfurt/Main 1966

Heard-Bey, Frauke: *From Trucial States to United Arab Emirates.* London 1982

Helfritz, Hans: *Marokko.* DuMont, Köln 1980

Herzog, Werner: *Der Maghreb: Marokko, Algerien, Tunesien.* Beck, München 1990

Hopkirk, Kathleen: *A Traveller's Companion to Central Asia.* Murray, London 1993

Kalter, Johannes: *The Arts and Crafts of Syria.* Thames and Hudson, London 1992

Knobloch, Edgar: *Turkestan – Taschkent, Buchara, Samarkand.* Prestel, München 1973

Köhler, Michael: *Tunesien.* DuMont, Köln 1983

Lawton, John u. Venturi, Francesco: *Samarkand and Bukhara.* Tauris Parke, London 1991

Maheu, René u. Boissel, Jean: *Iran – Rebirth of a timeless Empire.* éditions j. a., Paris 1976

Neumann, Wolfgang: *Die Berber – Vielfalt und Einheit einer alten nordafrikanischen Kultur.* DuMont, Köln 1983

Odenthal, Johannes: *Syrien.* DuMont, Köln 1982

Pander, Klaus: *Sowjetischer Orient – Kunst und Kultur, Geschichte und Gegenwart der Völker Mittelasiens.* DuMont, Köln 1982

Pope, Arthur Upham: *Persian Architecture.* Oxford Univ. Press, London 1969

Raymond, André u. Wiet, Gaston: *Les Marchés du Caire.* Institut Francais d'Archéologie Orientale, Paris 1979

Renz, Alfred: *Marokko.* Prestel, München 1984

Renz, Alfred: *Tunesien.* Prestel, München 1979

Sack, Dorothée: *Damaskus.* Philipp von Zabern, Mainz/Rhein 1989

Sami, Ali: *Shiraz.* Schiras 1971

Scheck, Frank Rainer: *Jordanien – Völker und Kulturen zwischen Jordan und Rotem Meer.* DuMont, Köln 1985

Scholl-Latour, Peter: *Den Gottlosen die Hölle – Der Islam im zerfallenden Sowjetreich.* Bertelsmann, München 1991

Schweizer, Gerhard: *Iran – Drehscheibe zwischen Ost und West.* Klett-Cotta, Stuttgart 1991

Semsek, Hans-Günter: *Ägypten – Die klassische Nil-Reise.* DuMont, Köln 1990

Sözen, Metin: *The Evolution of Turkish Art and Architecture.* Haset, Istanbul 1987

Stevens, Roger: *The Land of the Great Sophy.* Methuen, London 1962

Thubron, Colin: *Mirror to Damascus.* Arrow, London 1967

Wald, Peter: *Kairo.* DuMont, Köln 1982

Wald, Peter: *Der Jemen.* DuMont, Köln 1980

# REGISTER

## ORTS- UND SACHREGISTER

## PERSONEN- UND NAMENSREGISTER